W0195736

Roswitha Gruber

Das Leben ist kein Oktoberfest

Roswitha Gruber

Das Leben ist kein Oktoberfest

Eine Wirtin erzählt

rosenheimer

© 2013 Rosenheimer Verlagshaus GmbH & Co. KG,
Rosenheim
www.rosenheimer.com

Titelfoto: © Klaus G. Förg, Rosenheim
Lektorat: Gisela Faller, Stuttgart
Satz: Satzpunkt Ursula Ewert GmbH, Bayreuth
Druck und Bindung: CPI Moravia Books s.r.o.
Printed in Czech Republic

ISBN 978-3-475-54182-7

Inhalt

Vorwort

Vor einigen Jahren, als ich noch in einer kleinen hessischen Gemeinde wohnte, organisierte diese eine Busfahrt nach Berlin, an der ich teilnahm. Unterwegs schon fiel mir eine Dame auf, weil sie so elegant gekleidet war, während ich und die anderen Reiseteilnehmer eher sportlich-saloppe Sachen trugen. Am Eingang zum Reichstag kam ich dann mit dieser Dame ins Gespräch. Sie stammte aus Bayern, und ich stand gerade im Begriff, dorthin umzusiedeln. So hatten wir gleich genügend Anknüpfungspunkte und unterhielten uns noch sehr oft auf dieser Reise. Aber auch nach der Rückkehr trafen wir uns immer mal wieder, und jedes Mal erzählte sie mir aus ihrem Leben.

Als ich dann nach Bayern zog, riss der Kontakt zu Liesl nicht ab. Immer, wenn ich im Rhein-Main-Gebiet weile, besuche ich sie, und wenn sie in Bayern Verwandtenbesuche macht, schaut sie bei mir herein. Bei jeder unserer Begegnungen erfuhr ich ein bisschen mehr über sie. Und von Mal zu Mal wurde sie interessanter für mich als Schriftstellerin.

Das Leben hatte erstaunlich viele Höhen und Tiefen für sie bereit gehalten; ihr war keine Demütigung und kein finanzieller Verlust erspart geblieben. Doch sie hat sich nie unterkriegen lassen. Wenn sie ganz unten war, ist sie weder dem Staat noch sonst jemandem zur

Last gefallen, sie selbst war es, die immer wieder die Ärmel aufgekrempelt und einen Neuanfang geschafft hat. Daher gilt ihr meine volle Bewunderung.

So unglaubwürdig einiges in ihrer Biografie auch klingen mag, es ist tatsächlich alles so passiert. Liesl hat mir erlaubt, über ihr bewegtes Leben ein Buch zu schreiben, welches ich Ihnen hiermit vorlege.

Roswitha Gruber

Überraschung im Kreißsaal

Bei meiner Geburt hatte ich es sehr eilig. Es war am 7. Januar 1937 in der Münchener Frauenklinik, da drängelte ich mich vor und kam als erster Zwilling um 10.15 Uhr mit einem kräftigen Schrei ans Tageslicht. Mein einziger Fehler dabei war, dass ich nicht als Junge auf die Welt gekommen bin. Nachdem die Hebamme mich abgenabelt hatte, wickelte sie mich in eine Sanitaswindel und reichte mich dem renommierten Professor Gutewohl, der auf ausdrücklichen Wunsch meiner Mutter anwesend war. Während er mich eingehend untersuchte, bemühte sich die Hebamme weiterhin um die Gebärende. Sie vermutete nämlich, es könne noch ein zweites Kind folgen.

Unterdessen forderte meine Mutter ungeduldig: »Herr Professor, nun reichen Sie mir endlich meinen Sohn!«

Er unterließ es, sie darauf hinzuweisen, dass ich eine Tochter war. »Sofort, gnädige Frau«, sagte er. »Es ist alles in Ordnung. Ein kerngesundes Kind. Meinen Glückwunsch!« Damit übergab er ihr das nackte Menschlein, das er wieder mit der schützenden Windel umhüllt hatte.

Triumphierend schlug meine Mutter die Windel auseinander und stieß einen spitzen Schrei aus: »Nein, das ist nicht mein Kind! Ich habe einen Sohn geboren!«

9

Mit ausgestreckten Armen hielt sie mich von sich, als ob ich eine glitschige Kröte wäre, und ich begann vor Schreck zu schreien. Der Professor, der befürchtete, sie könne mich fallen lassen, griff rasch zu und barg mich in seinen Armen. »Aber gnädige Frau, so fassen Sie sich doch! Natürlich ist das Ihr Kind. Da Sie zur Zeit die einzige Gebärende in diesem Kreißsaal sind, ist eine Verwechslung ausgeschlossen.«

»Aber ... ein Mädchen!«, schrie meine Mutter hysterisch auf. »O Gott! Das überleb ich nicht. Ich bring mich um!«

»Aber, aber, Frau Wagner, wie können Sie so etwas sagen!«, mischte sich nun die Hebamme ein. »So etwas darf man ja noch nicht mal denken! Außerdem, wie wir vermutet haben, kommt noch ein zweites Kind. Das kann doch der erhoffte Bub sein.«

»Wenn das erste Kind ein Mädchen ist, wird auch das zweite eines sein!« Meine Mutter klang völlig verzweifelt.

Jetzt wandte sich der Professor wieder an die Kreißende: »Das ist keineswegs gesagt, gnädige Frau. Bis jetzt spricht nichts dafür, dass es sich um eineiige Zwillinge handelt. Bei zweieiigen Zwillingen kann das zweite Kind auch ein Junge sein.«

Die Unterhaltung brach ab, weil meine Mutter erneut mit Presswehen zu kämpfen hatte. Genau fünf Minuten nach dem ersten Kind war das zweite da, völlig problemlos, denn es hatte ein zierlicheres Köpfchen als das erste. Auch dieses Kind ließ spontan – wenn auch in gemäßigterer Lautstärke – seine Stimme ertönen, sehr zur Beruhigung der beiden Geburtshelfer. Professor Gutewohl untersuchte dieses Kind ebenfalls gründlich, bevor er es der Wöchnerin reichte. »Sie haben recht gehabt, gnädige Frau. Das zweite Kind ist ebenfalls ein Mädchen, obwohl zweifelsfrei zu erkennen ist, dass es sich um zweieiige Zwillinge handelt.«

Wir waren nämlich schon bei der Geburt so unterschiedlich, wie Zwillinge unterschiedlicher nicht sein können: Ich blond und blauäugig und von kräftiger Statur, meine Schwester zierlicher mit brünettem Haar und braunen Augen.

»Dieses Mädchen ist Ihnen wie aus dem Gesicht geschnitten, gnädige Frau«, sagte der Professor, als er ihr das zweite Kind reichte. »Dann kommt das andere wohl mehr nach Ihrem Herrn Gemahl? Beide jedoch sind allerliebste kleine Wesen. Zu Ihren hübschen Töchtern kann ich Ihnen nur gratulieren.«

Er beobachtete seine Patientin aufmerksam, um gleich rettend eingreifen zu können, falls sie etwas Unüberlegtes tat. Erstaunlicherweise aber nahm sie dieses Kind an. Sie hob die Windel ein wenig hoch, wohl um sich vom Wahrheitsgehalt der Worte des Mediziners zu überzeugen. Dann drückte sie das hilflose Wesen kurz an sich, nicht besonders herzlich, aber immerhin.

Das nächste Kapitel dieses »Dramas« spielte sich in einem Zimmer der ersten Klasse auf der Wochenstation ab. Am Nachmittag desselben Tages stürmte mein Vater, der Obersturmbannführer Ludwig Wagner, mit einem Arm voll roter Rosen in das Wochenbettzimmer meiner Mutter. Er strahlte über das ganze Gesicht. »Herzlichen Glückwunsch, Traudl! Da hast du dich aber beeilt. Ich war völlig überrascht, als ich den Anruf aus dem Krankenhaus erhielt. Mit dem freudigen

Ereignis hatte ich frühestens in einer Woche gerechnet.«

»Ludwig, du sollst mich doch nicht mehr Traudl
nennen«, rügte die junge Mutter ihren Gatten. »Du
weißt doch, seit wir wer sind, ist das nicht mehr angebracht.«

»A geh, Traudl, hier hört uns doch eh keiner«, verteidigte er sich lachend.

»Du sollst dich an ›Gertraud‹ gewöhnen«, beharrte
sie, »sonst rutscht dir die ›Traudl‹ auch raus, wenn
Leute dabei sind.«

Dann erst nahm sie huldvoll die Rosen entgegen,
zwölf langstielige, dunkelrote Rosen. Zu dieser Jahres-
zeit mussten sie ein Vermögen gekostet haben.

Mutters Augen füllten sich mit Tränen. »Sie sind
wunderschön! Danke, Ludwig!«, brachte sie mühsam
heraus. »Leider war die Ausgabe völlig umsonst.« Sie
begann zu schluchzen.

»Wie? Was?«, fragte er erschrocken. »Ist das Kind
tot?«

»Nein, nein«, sie wischte sich über die Augen. »Aber
es ist nicht der Sohn, auf den wir gehofft hatten.«

»Also wieder eine Tochter«, stellte er resignierend
fest.

Sie schüttelte heftig den Kopf. Erneut quollen Tränen aus ihren Augen.

»Kein Sohn und keine Tochter? Willst du mich zum
Narren halten?« Seine Stimme nahm eine gewisse
Schärfe an.

»*Zwei* Töchter sind es«, schluchzte sie auf.

»Zwei Töchter? Sind sie gesund?«

Gertraud nickte.

»Dann gibt es doch gar keinen Grund zum Weinen.« Er zog sein großes, weißes Taschentuch hervor und trocknete ihr liebevoll die Tränen ab.

Nachdem er sich auf der Säuglingsstation seine beiden Töchter angeschaut hatte, kehrte er in das Zimmer seiner Frau zurück. »Das sind ja zwei ganz süße Dirndln. Dafür hast du die Rosen allemal verdient.« Mit diesen Worten überspielte er seine eigene Enttäuschung, denn ein Sohn wäre auch sein sehnlichster Wunsch gewesen. »Nun ja, mein Herz, diesmal hat es mit dem Buben nicht geklappt, bestimmt aber klappt es beim nächsten Mal.«

Sie nickte dazu nur schwach. Gleichzeitig aber dachte sie: Oh nein, ein nächstes Mal wird es nicht geben.

»Jetzt stehen wir vor dem Problem mit den Namen«, sagte sie laut zu ihrem Mann. »Mit einem Ludwig ist es ja nun nichts. Oder sollen wir eines der Dirndln Ludowika nennen?«

»Aber nein, diesen Namen möchte ich aufsparen für den Stammhalter, der gewiss noch kommt.«

Sie lächelte säuerlich. »Hast recht«, gab sie zu. »Außerdem hätten wir dann noch immer keinen Namen für das andere Kind.«

Nachdem beide eine Weile nachgedacht und verschiedene Vorschläge vorgebracht und wieder verworfen hatten, hellte sich sein Gesicht auf: »Ich hab's!«, rief er aus. »Weißt du noch, wie wir den Namen von Gudrun ausgesucht haben? Wir haben erst diskutiert, ob wir den Namen deiner oder meiner Mutter nehmen sollten und dann doch einen ganz anderen gewählt, damit keine von beiden beleidigt sein kann. Aber diesmal ist es doch ideal: Wir nennen sie nach unseren Müttern: Elisabeth und Margarete.«

Gertraud gefiel dieser Vorschlag auf Anhieb. »Ja, Liesl und Gretl, das passt auch gut für Zwillinge.«

Als Ludwig wieder gegangen war, wanderten die Gedanken der jungen Mutter zurück in die Zeit vor fünf Jahren, denn an ihre erste Entbindung erinnerte sie sich nur mit Schrecken. Unter ungeheuren Schmerzen und Lebensgefahr hatte sie ihre Tochter Gudrun zu Hause zur Welt gebracht. Danach hatte sie sich geschworen, diese Prozedur nie wieder über sich ergehen zu lassen. Zwei Jahre geduldigen Werbens hatte ihr Mann benötigt, bis sie ihn endlich wieder ins eheliche Bett gelassen hatte.

Alleine hätte er diese Überzeugungsarbeit aber bestimmt nicht geschafft. Es war die nach 1933 aufgekommene Ideologie von der Mutterschaft, die seine heimliche Verbündete wurde, denn ihr gelang es schließlich, meine Mutter davon zu überzeugen, dass ein Frauenleben nur durch die Geburt eines Sohnes wirklich Erfüllung findet. Daneben fühlte sie aber auch eine Verpflichtung, mit einem Sohn eine gewisse Dankesschuld gegenüber ihrem Ehemann, aber auch gegenüber dem Regime abzutragen. Das Regime hatte immerhin ihrem Mann den beruflichen Aufstieg er-möglicht und ihnen damit zu Wohlstand und Ansehen verholfen und zu dem angenehmen Leben, das sie jetzt führten.

Gertraud stammte aus einfachen Verhältnissen. Ihr Vater, Friedrich Klein, war Ofensetzer in Kulmbach, und sein Verdienst war nicht gerade üppig, zumal er davon sechs Kinder zu ernähren hatte. Zum Glück

14

brauchte er keine Miete zu zahlen. Sie lebten nämlich in dem kleinen Haus, das Friedrich samt der Werkstatt von seinem Vater geerbt hatte. Wenn andere arbeitslos wurden, hatte er dennoch immer sein Auskommen gehabt, trotz des Weltkrieges, trotz der Inflationszeit, trotz der anschließenden allgemeinen Arbeitslosigkeit.

Gertrauds Eltern hatten – und dafür galt ihnen die volle Bewunderung ihrer Tochter – das Kunststück fertiggebracht, alle Kinder, selbst die Mädchen, etwas lernen zu lassen, obwohl man damals noch Lehrgeld zahlen musste. Ihr ältester Bruder hatte selbstverständlich vom Vater das Ofensetzerhandwerk gelernt und lebte davon, dass er offene Kamine und Kachelöfen in herrschaftliche Häuser einbaute. Gerburg, ihre ältere Schwester, hatte die Gastronomie von der Pike auf gelernt und dann das unverschämte Glück gehabt, in ein Hotel am Tegernsee einheiraten zu können. Dort war sie nun die geachtete, tonangebende Chefin. Sie selbst, Gertraud, hatte aber ebenfalls Glück gehabt. Ihrer Neigung entsprechend hatte sie das Handwerk einer Damenschneiderin erlernen dürfen. Da sie auf diesem Gebiet ein überdurchschnittliches Talent besaß, gepaart mit Ehrgeiz und Zielstrebigkeit, legte sie bereits mit vierundzwanzig Jahren die Meisterprüfung ab. Als frischgebackene Schneidermeisterin war sie 1927 auf Anraten ihrer Lehrherrin in die NSDAP eingetreten. Ihre Meisterin hatte gemeint, dann habe sie bessere berufliche Aufstiegsmöglichkeiten. Die Parteizugehörigkeit hatte ihr in der Tat nicht nur dabei geholfen, sich selbstständig zu machen, sondern sie auch mit einem gutaussehenden Mann zusammengeführt. Ludwig Wagner war ebenfalls ein neues Parteimitglied. Da er sich in der Partei sehr engagierte, brachte er alle Voraussetzungen mit, um Karriere zu machen.

Bei ihrer Hochzeit im Jahre 1930 – Ludwig war noch ein kleiner Beamter beim Finanzamt in Kulmbach – waren sie froh gewesen, Unterschlupf in zwei Zimmern in Ludwigs Elternhaus zu finden. Sein Vater, Braumeister, wie es sie viele gab in Kulmbach, war ein rechtschaffener Mann und hatte es schon frühzeitig aus eigener Kraft zu einem Einfamilienhaus gebracht. Dennoch atmete das junge Ehepaar Wagner auf, als es dieser Enge entrinnen konnte. Nach wenigen Jahren hatte man den strebsamen Ludwig nach München berufen, wo er eine gut bezahlte Stelle in der SS-Kleiderkasse bekam. Nun konnte sich die junge Familie in München eine stattliche Fünfzimmerwohnung mit Küche und Bad leisten.

Da Ludwig es in so kurzer Zeit schon so weit gebracht hatte, war davon auszugehen, dass er noch weitere Sprossen auf der Karriereleiter erklimmen werde. Dazu konnte es nur dienlich sein, wenn er einen Sohn vorzuweisen hatte. So hatte sich das seine Frau überlegt, und deshalb überwand sie ihre Angst vor einer weiteren Entbindung. Aber zunächst tat sich nichts. Es dauerte über ein Jahr, bis sie endlich erste Schwangerschaftsanzeichen entdeckte. Aufmerksam hatte sie seitdem jede Veränderung an ihrem Körper beobachtet, aber ihrem Ehemann das süße Geheimnis erst anvertraut, als sie ihrer Sache ganz sicher war. Sein strahlendes Gesicht in diesem Augenblick würde sie nie wieder vergessen.

Ihre zweite Schwangerschaft verlief ganz anders als die erste: Die Kindsbewegungen waren heftiger, sie nahm schneller und mehr an Leibesumfang zu. Deshalb war sie felsenfest davon überzeugt, diesmal den Stammhalter in sich zu tragen. Dieses Kind sollte aber nicht in solcher Bescheidenheit zur Welt kommen wie ihre Tochter. Zum einen würde sie auf die bestmögliche medizinische Betreuung bestehen, und das konnten sie sich ja auch leisten. Man war ja inzwischen wer und verfügte auch über die nötigen finanziellen Mittel. Eine billige, bescheidene Hausgeburt hatten sie nicht mehr nötig. Man war es seinem Stand im Gegenteil sogar schuldig, zur Entbindung die beste Klinik aufzusuchen, die verfügbar war. Und kein Geringerer als Professor Gutewohl sollte die Entbindung leiten.

Mit dem Sohn war es ja nun leider nichts geworden. Aber mit drei Töchtern hatte sie, überlegte sie, bereits einen ausreichenden Beitrag zur Bevölkerungspolitik geleistet.

Als Ludwig am Tag nach der Geburt seiner Zwillinge auf seiner Dienststelle erschien, blickte er in lauter erwartungsvolle Gesichter. »Was ist los, Leute? Ran an die Arbeit!«, versuchte er sie anzufeuern.

Der Dienstälteste trat mutig vor: »Wie, Sie haben keinen Sekt mitgebracht? Wir wollen doch mit Ihnen auf Ihren Stammhalter anstoßen.«

»Da gibt es nichts anzustoßen. Statt des erwarteten Sohnes habe ich zwei Töchter bekommen.«

»Gleich zwei auf einmal? Da wird sich der Führer aber freuen. Das ist allemal ein Grund, anzustoßen«, mischte sich sein Vorgesetzter ein, der in diesem Moment den Raum betreten und den letzten Satz noch

mitbekommen hatte. »Zum Glück habe ich für diesen
Fall vorgesorgt.«

Hinter ihm drängte sich seine Sekretärin in den
Raum, die den kaltgestellten Sekt und Gläser brachte.

»Auf Ihr Wohl, mein lieber Wagner, auf das Wohl
Ihrer verehrten Frau Gemahlin und selbstverständlich
auf das Ihrer beiden Töchter, zu denen wir alle herzlich gratulieren.«

Die ganze Belegschaft stimmte in das Prosit mit ein,
und jeder bemühte sich, mit seinem Glas an das des
jungen Vaters und das des Vorgesetzten anzustoßen.

»Das Deutsche Reich kann nicht existieren, wenn
nur männliche Kinder geboren werden«, dozierte der
Chef. »Wenn das Deutsche Reich blühen und gedei-
hen soll, braucht es ebenso viele Töchter, die zu gesun-
den Frauen heranwachsen und zu vorbildlichen Müttern werden. Sie können mit Recht stolz sein auf Ihre
tapfere Gattin und Ihre drei prächtigen Mädels!« Alle
stellten ihre Gläser ab und applaudierten.

Mein Vater war somit mit seinem Schicksal wieder
ausgesöhnt. Aber einen Sohn hätte er trotzdem gerne
gehabt. Er nahm sich vor, so lange weiterzumachen,
bis er einen Sohn haben würde. Dass ihn das einiges an
Überzeugungsarbeit kosten würde, konnte er sich
natürlich ausmalen.

Zunächst aber hatte er auf Drängen seiner Frau eine
andere Mission zu erledigen. Noch während sie auf
der Wochenstation von Professor Gutewohl lag,
schickte Frau Gertraud ihren Mann los, damit er ihr
ein Dienstmädchen besorge. Das war schwieriger, als
er sich das vorgestellt hatte. Anders, als er geglaubt
hatte, brauchte er nicht einfach nur seine parteiinter-

nen Beziehungen spielen zu lassen. Es gäbe dringendere Fälle als den seinen, wies man ihn ab. Außerdem, auf eine kostenlose Hilfskraft dürfe er nicht rechnen. Insgeheim hatte er zwar schon darauf spekuliert, aber das gab er nicht zu. »Ich rede ja nicht von kostenlos«, versicherte er. »Mir geht es darum, überhaupt ein Dienstmädchen zu bekommen, und ich will es selbstverständlich regulär entlohnen. Meine Frau wird mit den Zwillingen total überlastet sein, zumal auch noch unsere Fünfjährige zu versorgen ist.«

»Da müssen Sie sich schon an das Arbeitsamt wenden«, ließ man ihn wissen, »wie jeder andere auch.«

Das tat er sogleich, wobei er auf seine niedrige Parteinummer hinwies. Diese nützte ihm in diesem Falle auch nicht viel. Wie jeder andere Bürger des Staates käme er auf eine Warteliste und müsse sich gedulden, bis er an der Reihe wäre, hieß es dort.

»Und was ist mit meiner Frau? Die dreht mir in der Zeit durch«, wagte er einen letzten Einwand.

»Also gut, ich werde dazu schreiben, dass es dringend ist. Mehr kann ich für Sie nicht tun.« Damit entließ ihn das Schreibfräulein.

Aber dieser Zusatz nützte auch nichts. Als Gertraud aus dem Krankenhaus nach Hause kam, musste sie zusehen, wie sie alleine zurechtkam. Obwohl sie ihre Fünfjährige vorerst bei ihren Schwiegereltern ließ, war sie nach drei Wochen mit den Nerven völlig am Ende. Da tauchte, wie ein rettender Engel, eine Nachbarin bei ihr auf. Sie komme von der Frauenschaft, erklärte sie. Man habe erfahren, dass sie Zwillinge bekommen habe, deshalb werde man ihr so lange, bis sie ein Dienstmädchen gefunden habe, im Rahmen der Nachbarschaftshilfe stundenweise beistehen. Diese Hilfe nahm meine Mutter nur zu gern an.

Jetzt konnte sie auch endlich ihren Gynäkologen aufsuchen.

»Alles in Ordnung, gnädige Frau«, konstatierte Professor Gutewohl nach der sorgfältigen Untersuchung. »Alles bildet sich vorbildlich zurück, sodass Sie nach der nötigen Schonfrist mit weiterem Kindersegen und mit dem ersehnten Stammhalter rechnen können.«

Da er das so optimistisch vorbrachte, schluckte sie nervös. »Aus diesem Grund bin ich hauptsächlich hier. Ich möchte Sie bitten, weiteren Kindersegen bei mir zu verhindern.«

»Und was erwarten Sie da von mir?«, fragte er ruhig, aber doch ein wenig kühler.

»Das müssten Sie doch besser wissen als ich. Sie sind doch der Fachmann, Herr Professor. Ich möchte, dass Sie mich sterilisieren.«

Der Mediziner zuckte sichtlich zusammen. »Das ist etwas Ungeheuerliches, was Sie da von mir verlangen.«

»Wieso?«, fragte die Patientin mit naivem Augenaufschlag. »Man hört doch jetzt allenthalben davon, dass Menschen sterilisiert werden.«

»Ja, schon«, gab der Professor gedehnt zur Antwort, um Zeit zu gewinnen. »Ja, Frau Wagner, es werden manchmal Sterilisierungen vorgenommen. Dabei handelt es sich aber um Menschen mit Geisteskrankheiten, bei denen es besser ist, wenn sie sich nicht fortpflanzen. Auch sterilisiert man Menschen, die an Erbkrankheiten leiden, weil man es ihren Nachkommen ersparen will, schon mit diesen Krankheiten geboren zu werden und dann an ihnen dahinzusiechen. Bei Ihnen jedoch, gnädige Frau, und Ihrem Herrn Gemahl, wo erbgesunder und hochwertiger Nachwuchs zu erwarten ist, kann ich diesen Schritt nicht verantworten. Er könnte mich auch in ernste Schwierigkeiten bringen.«

»Wieso denn?«, fragte sie mit unschuldig-koketter Miene. »Das braucht doch niemand zu erfahren. Was hier in Ihrer Sprechstunde, ganz unter uns, geschieht, geht doch niemanden etwas an.«

Der Arzt seufzte. »Ganz so einfach, wie Sie sich das vorstellen, Frau Wagner, liegen die Dinge nicht. Zu einem solchen Eingriff bedarf es eines Klinikaufenthaltes und der Assistenz von mindestens einer Schwester und eines Anästhesisten. Damit gäbe es schon zwei Mitwisser.«

»Und wenn ich denen ein Schweigegeld zahle?«

Der Gynäkologe schüttelte verärgert den Kopf. »Wissen Sie überhaupt, was Sie da von mir erwarten? Schweigegeld! Damit sind Sie und ich in ständiger Gefahr, erpresst zu werden. Sie verlangen von mir doch nicht, dass ich meine Existenz, wenn nicht gar mein Leben aufs Spiel setze?«

»Nein, keineswegs«, beteuerte sie.

»Angenommen aber, es gelänge uns, ganz im Geheimen, ohne jeden Mitwisser, diesen Eingriff vorzunehmen, so bräuchten Sie dazu – weil es ein endgültiger Schritt ist – die Genehmigung Ihres Gatten. Glauben Sie im Ernst, dass er Ihnen diese geben würde?«

»Um Gottes willen, nein! Er wünscht sich doch so sehr einen Sohn! Aber ich bin es doch, die unter den

Schwangerschaften und unter den Geburten unsäglich leidet.« Bittend sah sie ihn an.

Der Professor erinnerte sich daran, was für große Angst sie vor ihrer Entbindung gehabt hatte, weil ihre erste Geburt so dramatisch verlaufen war. »Nun, Ihre letzte Entbindung ist doch längst nicht so schlimm gewesen, wie Sie befürchtet hatten, oder? Sie haben doch nicht mehr gelitten als andere Mütter auch«, versuchte er mit einem verbindlichen Lächeln, seine Patientin wieder in die Realität zurückzuholen.

Damit kam er bei Frau Gertraud aber schlecht an. »Wie wollen Sie das denn beurteilen, Herr Professor? Können Sie denn meine Schmerzen spüren? Und die schlaflosen Nächte in der letzten Zeit mit den Zwillingen, ich stand kurz vor einem Nervenzusammenbruch, bis sich eine hilfreiche Nachbarin meiner erbarmte.«

Der Professor widersprach nicht. Diese Privatpatientin, deren Ehemann eine angesehene Stellung bekleidete, wollte er auf keinen Fall vergraulen. Er sah ein, dass er sie nicht ganz ungetröstet wegschicken durfte. »Sie haben recht, gnädige Frau«, gab er zu. »Die Schmerzen meiner Patientinnen kann ich natürlich nicht spüren. Aber so, wie Sie mir das jetzt schildern, muss ich davon ausgehen, dass Sie unter einer Wochenbettdepression leiden. Damit scheint es mir ratsam, Ihnen für eine gewisse Zeit ein Diaphragma zu verschreiben, damit Sie nicht zu schnell wieder schwanger werden. Die Belastung wäre sonst zu viel für Sie.«

»Ein Diaphragma?« Meine Mutter hatte dieses Wort noch nie gehört. »Und was ist das, bitte?«

»Man nennt es auch ›Pessar‹«, erklärte der Mediziner. »Das ist eine Art Kappe, die so über den Muttermund gestülpt wird, dass keine Spermien eindringen können. Damit lässt sich eine Schwangerschaft verhindern.«

Diese Lösung schien ihr vernünftig. »Aha! Dann werde ich mir sogleich ein solches Ding besorgen.«

Der Arzt erklärte ihr, dass das so einfach nicht gehe. Pessare gebe es in verschiedenen Größen, und sie müssten individuell angepasst werden. »Dazu muss ich Sie wieder in meine Sprechstunde bitten, wenn der Wochenfluss beendet ist. Dann kann ich Ihnen die richtige Portio-Kappe anpassen. Diese müssen Sie vor jedem Verkehr einsetzen und frühestens nach acht Stunden wieder entfernen.«

»Wäre es da nicht einfacher, wenn ich sie ständig trage?«, warf meine Mutter ein, aber der Professor schüttelte den Kopf. »Auf keinen Fall, gnädige Frau! Das Diaphragma darf nicht länger als vierundzwanzig Stunden in der Scheide verbleiben, weil es die empfindliche Schleimhaut zu sehr reizt. Außerdem muss ja das Monatsblut abfließen können.« Dann zählte er auf, was sonst noch zu beachten war: »Größte Sauberkeit ist unerlässlich. Also nach jeder Benutzung gründlich ausspülen. Außerdem müssen Sie alle sechs bis zwölf Monate zur Kontrolle kommen, weil es sein kann, dass im Lauf der Zeit eine andere Größe notwendig wird. Zusätzlich muss man beobachten, ob dieser Fremdkörper in der Vagina nicht zu Entzündungen und Ausfluss führt. Stellen Sie sich die Handhabung nur nicht gar zu einfach vor.«

Gertraud hörte nur mit halbem Ohr hin, denn ihr war eine ganz andere, sehr wichtige Frage eingefallen. »Und mein Mann, wird er von dem Pessar nichts merken?«

»Wenn Sie das Einsetzen und das Entfernen nicht gerade vor seinen Augen machen, wird er davon absolut nichts mitkriegen.«

Damit war sie beruhigt und wollte sich schon verabschieden, aber der Professor hatte noch weitere Instruktionen für sie.

»Noch eines muss ich Ihnen mit auf den Weg geben, gnädige Frau. Auch wenn die Größe des Pessars sich nicht ändern sollte, muss es aus Sicherheitsgründen und aus hygienischen Gründen nach zwei Jahren durch ein neues ersetzt werden. Ab diesem Zeitpunkt werden Sie aber gewiss von sich aus auf eine Weiterverwendung verzichten wollen.« Er lächelte verbindlich: »Dann sind Sie auch bereits siebenunddreißig, da wird es ohnehin höchste Zeit, damit Sie noch zu Ihrem Stammhalter kommen.«

Frau Gertraud lächelte verbindlich zurück und dachte: ›Red du nur, ich mache, was ich will.‹ Ihr Wunsch nach einem Sohn war mit der Geburt der Zwillinge endgültig gestorben. Zwei Jahre hatte sie nun erst einmal gewonnen. ›Und danach werden wir sehen, was sich machen lässt‹, dachte sie weiter.

Ludwig, mein Vater, war erstaunt und erfreut zugleich, dass er bereits wenige Monate nach der Geburt seiner beiden Töchter das eheliche Bett wieder teilen durfte. Er konnte ja nicht ahnen, dass hinter seinem Rücken ein Komplott geschmiedet worden war. Ein Stammhalter wurde ihm deshalb nicht mehr geboren, aber er hat nie erfahren, warum.

Das alles weiß ich natürlich nicht aus eigener Anschauung. Die Vorgänge um meine Geburt sind mir aber

24

wiederholt erzählt worden, und zwar sowohl von meiner Mutter als auch von meinem Vater. Die delikaten Dinge allerdings weiß ich von meiner Tante Gerburg. Sie war diejenige von den Schwestern meiner Mutter, mit der sie den vertrautesten Umgang pflegte, und ihr hatte sie die Sache mit dem Pessar anvertraut.

Das pflichtvergessene Kindermädchen

Den Fehler, nicht als Junge auf die Welt gekommen zu sein, hat mir meine Mutter nicht verziehen, so lange sie lebte. Ich dagegen habe, so weit ich zurückdenken kann, immer um ihre Liebe gebuhlt – und immer vergeblich. In meinem Leben ist das eine Art roter Faden gewesen, bis sie dann gestorben ist.

Meine am weitesten zurückreichende Erinnerung ist diese hier: Meine Schwester Gretl und ich sitzen in dunkelblaue Mäntelchen mit weißem Krägelchen gehüllt, weiße Strickmützen auf dem Kopf, weiße Fäustlinge an den Händen und weiße Lacklederstiefelchen an den Füßen auf einem Rodelschlitten, der quer auf einer Anhöhe steht. Ringsumher glitzert alles von Schnee, und es ist grimmig kalt.

Für die Geschichte zu diesem Erinnerungsbild muss ich ein bisschen weiter ausholen:

Der Winter 1939/40 war früh hereingebrochen, mit Glatteis, Schnee und empfindlicher Kälte, die noch bis weit in den Februar hinein anhielt. Die Kohlenhändler rieben sich die Hände, während so mancher Familienvater klagte, weil er Geld für zusätzliche Kohlen hinlegen musste. In der luxuriösen Wohnung der Familie Wagner dagegen wurde nicht geklagt. Seit mein Vater auf der Karriereleiter noch weiter aufgestiegen war, befand er sich ohnehin nur noch selten daheim. Sein Dienst hielt ihn für Tage oder gar Wochen von zu Hause fern. Meine Mutter dagegen genoss den Luxus, den er ihr bieten konnte, in vollen Zügen.

Da sich mein Vater in München bestens bewährt hatte, war er im Mai 1939 von höchster Stelle nach Berlin in die Hauptabteilung des »Hauptamtes Haushalt und Bauten« berufen worden. Seine Dienstbezeichnung war fortan »Leiter der Kleiderkasse«. Als solcher hatte er sämtliche Militärkleidung – beziehungsweise die dafür benötigten Rohstoffe – zu beschaffen. Da das Beste für das Deutsche Militär gerade gut genug war, führten ihn viele Reisen ins Ausland. Von dort besorgte er vor allem Winterbekleidungsstücke für die Waffen-SS und auch andere Waren, wie zum Beispiel Pelze, Papierwaren, Leder, Schuhe.

Meine Mutter störte es nicht, dass ihr Mann nur selten zu Hause war, wichtig war ihr nur, dass er genügend Geld heimbrachte und dass sie durch seine Position gesellschaftliches Ansehen genoss. Seit er das neue Amt bekleidete, konnten sie sich nicht nur diese Sieben-Zimmer-Wohnung in der Beletage in Friedenau leisten, einem der besten Stadtteile Berlins, sondern auch genügend Personal. Meinem Vater, der selbst nie einen Führerschein besaß, stand ständig ein Dienstwagen mit Chauffeur zur Verfügung. Leider durften wir Kinder nie in diesem Auto mitfahren, was wir sehr bedauerten. Frau Gertraud beschäftigte in ihrem Haushalt ganztägig ein Kindermädchen und eine Zugehfrau. Da mittlerweile das Pflichtjahr für alle deutschen Mädchen eingeführt war, gab es keine personellen Engpässe mehr.

In der großzügig geschnittenen Wohnung gab es für die Zugehfrau, Frau Kranz, außer Putzen noch eine Menge anderer Dinge zu tun. Denn wenn die gnädige Frau nicht gerade Einladungen gab oder solche besuchte, saß sie in ihrem »Boudoir« an der Nähmaschine. Nicht, dass sie das nötig gehabt hätte. Ihr Mann verdiente genug, um ihr die elegantesten Kleider – notfalls aus Paris – kaufen zu können. Aber meine Mutter hatte das Nähen von klein auf geliebt. Mit dem Stoff umzugehen, Entwürfe zu machen und sie umzusetzen, das war geradezu eine Leidenschaft von ihr. Der zusätzliche Effekt war, dass all ihre selbstgenähten Kleidungsstücke Modellcharakter besaßen. Für diese Kreationen erntete sie von ihren Mitbürgerinnen neidvolle Blicke oder unverhohlene Komplimente. Spitzbübisch konnte sie sich darüber freuen, wenn die eine oder andere sich erkundigte: »Frau Wagner, wo lassen Sie arbeiten?«

Mit keinem Wort verriet sie, dass sie ihre eigene Schneiderin war. Wie hätte sie denn vor den Damen der feinen Gesellschaft dagestanden, wenn sie zugegeben hätte, dass sie sich einer solchen handwerklichen Tätigkeit hingab? Außerdem brauchte niemand zu wissen, dass sie, die honorige Frau des Chefs der Kleiderkasse, einst ihren Lebensunterhalt durch Nähen verdient hatte.

Ausweichend, mit schelmischem Lächeln, pflegte sie zu antworten: »Staatsgeheimnis.«

Manchmal aber wollte es eine ganz genau wissen. »Aber Frau Wagner, mir als Ihrer Freundin können Sie die Adresse doch verraten.«

Wenn sie dann der Schalk ritt, pflegte sie ihr geheimnisvoll zuzuflüstern: »Aber bitte nicht weitersagen! Meine Schneiderin ist in Kulmbach zu Hause.« Damit hatte sie noch nicht mal die Unwahrheit gesagt, denn sie stammte ja aus Kulmbach. Dass sich eine der Damen von Berlin aus auf die Reise nach Kulmbach machen würde, nur um dort nähen zu lassen, war nicht zu befürchten, aber dass sie selbst in diesem kleinen bayerischen Ort nähen ließ, war durchaus glaubhaft. Sie fuhr ja oft genug hin, um ihre Eltern und Schwiegereltern und natürlich auch ihre älteste Tochter zu besuchen, die nun schon seit mehr als drei Jahren im Hause unserer Großeltern väterlicherseits lebte.

Vier Wochen vor der zweiten Niederkunft seiner Frau hatte mein Vater Gudrun dorthin gebracht, und seitdem war sie dort geblieben, denn meine Mutter fühlte sich trotz Kindermädchen und Putzfrau außerstande, drei Kleinkinder zu betreuen. So hatte sie ihre Älteste einfach in Kulmbach gelassen, und Gudrun war dort auch eingeschult worden. Das Kind war es zufrieden und die Großeltern ebenfalls. Die Ferien durfte sie allerdings regelmäßig im Elternhaus verbringen, damit sich Eltern und Kind nicht völlig entfremdeten.

Meine Mutter pflegte nicht nur ihre eigene Garderobe zu nähen, sondern schneiderte sogar die Kleidung für ihre drei Töchter nach selbstgemachten Entwürfen. Wenn sie schon keinen Sohn hatte, mit dem sie Staat machen konnte, wollte sie wenigstens um ihrer Töchter willen bewundert werden. Promenierte sie am Sonntagnachmittag mit ihren herausgeputzten Mädchen – alle im gleichen Look, wie man heute sagen würde – durch den Grunewald, folgten ihnen viele bewundernde Blicke. Manche Mutter blieb sogar stehen mit dem Ausruf: »Ach, wie entzückend! Wo haben Sie nur diese hübschen Kinderkleider her?«

In solchen Momenten schien es, dass sich meine Mutter nicht nur mit ihren drei Töchtern abgefunden hatte, sondern dass sie geradezu stolz auf sie war.

Im Sommer 1939 folgte der Höhepunkt des Jahres: Von Berlin aus fuhr die ganze Familie per Bahn für vier Wochen an die See. Natürlich mit Personal. Außer dem Kindermädchen Helma war auch Frau Kranz mit von der Partie. Ein ganzes Bahnabteil erster Klasse nahm Familie Wagner für sich in Anspruch. Mein Vater wollte seine Frau nicht ohne Unterstützung lassen, für den Fall, dass er aus beruflichen Gründen plötzlich abberufen werde. Dass dies passieren konnte, war ihm klar, denn im Deutschen Reich braute sich gerade etwas zusammen.

Rügen war das Ziel. Wenn Mutter Gertraud dort mit ihren drei Töchtern die Strandpromenade auf- und abging, vergaß sie vor lauter Stolz, dass sie keinen Sohn besaß. Die Komplimente der jungen Offiziere genoss sie sichtlich, die sie ob ihrer niedlichen Töchter bekam, die entweder alle in schneeweißen oder in rosaroten oder in himmelblauen wippenden Kleidchen steckten. Sie sahen wirklich entzückend aus, die eine blond, die andere braun und die dritte mit rötlichem Haar. Für Gertrauds Seele war es Balsam, wenn der eine oder andere schneidige Offizier stehen blieb und seufzte: »Hoffentlich werden Ihre wunderbaren Töchter bald groß, damit ich mich als Schwiegersohn bewerben kann.«

Wieder zu Hause, wusste die Mutter mit ihren drei Töchtern aber nicht viel anzufangen. Sie war immer recht erleichtert, wenn Gudrun wieder abgereist war und sich das Kindermädchen mit den Zwillingen außerhalb des Hauses beschäftigte. Das einzige, was sie an Zuwendung für ihre Mädchen übrig hatte, war, dass sie die Zartere, Sanftere der beiden, diejenige also, die ihr ähnlich sah, auf den Schoß nahm und mit verlorenem Blick an sich drückte.

Dieses Kind war leider nicht ich. Mit traurigen Augen zog ich mich in solchen Momenten nach kurzer Zeit still in den Spielwinkel zurück. Wenn aber der Papa nach Hause kam, stürzte ich jubelnd auf ihn zu und drängte mich in seine Arme. Er verstand sein Mädchen, das mit seinen blonden Haaren und den blauen Augen sein Ebenbild war. Von ihm erhielt die kleine Liesl die Zärtlichkeit, die ihr die Mutter vorenthielt.

Jetzt aber zurück zum Winter 1940 und meinem Erinnerungsbild. Nicht nur die Kohlenhändler freuten sich über die lang andauernde Kälte, sondern auch die Kinder. Ende Februar hatte es noch einmal ausgiebig geschneit, sodass man nach Herzenslust im Schnee toben konnte, selbst in einer Großstadt wie Berlin. Mit Sicherheit haben wir Kleinen die Winterfreuden schon vorher genutzt, etwa unter der Aufsicht des Kindermädchens im nahegelegenen Park Schneemänner gebaut, uns im Schnee gewälzt und uns damit beworfen. An diesem kalten Nachmittag Ende Februar jedoch, an den ich mich so lebhaft erinnere, hatte meine Mutter, die ihr Damenkränzchen zum Tee erwartete, Helma, unser Kindermädchen, beauftragt, mit uns in den Grunewald zu fahren. Dort sollten wir endlich unseren Rodelschlitten ausprobieren können.

Mit der Elektrischen, in der es von Schlitten und Kindern mit ihren Kindermädchen nur so wimmelte, gelangten wir an besagten Ort. Auf dem Schneehügel im Grunewald tummelten sich aber nicht nur unzählige Kinder mit Müttern oder Kindermädchen, sondern auch viele junge Soldaten, die gerade nicht im Fronteinsatz waren. Kaum hatten diese unsere Helma erblickt, begannen sie ihr den Hof zu machen. Augenblicklich hatte sie ihre eigentliche Aufgabe vergessen. Statt mit uns zu rodeln, ermahnte sie uns eindringlich: »Setzt euch schön brav auf den Schlitten und rührt euch nicht vom Fleck. Bald bin ich wieder da.«

Dann sah ich nur noch, wie sie sich zu einem Soldaten auf den Schlitten schwang und wie sie alle miteinander kichernd und jauchzend den Hang hinabsausten. Sehnsüchtig folgten ihnen unsere Blicke, bis sie keuchend wieder den Berg hinaufkamen. »So ist es brav!«, lobte uns Helma, um gleich darauf wieder mit einem Soldaten den Hang hinabzusausen. So geschah das ein ums andere Mal.

Meine Schwester Gretl, die Ruhigere und Bravere von uns Zwillingsschwestern, gehorchte. Unbeweglich blieb sie auf dem eisigen Gefährt sitzen. Mir aber, der Lebhafteren und Unternehmungslustigeren, wurde das bald zu dumm. Ich fand es nicht nur stinklangweilig, auf dem Schlitten zu sitzen, mir wurde es auch zu kalt. Deshalb sprang ich, sobald uns Helma den Rücken kehrte, auf und hopste um den Schlitten herum. Flugs setzte ich mich aber wieder darauf, sobald das Mädchen, mit ihren Verehrern lachend und scherzend, in Sichtweite kam.

Wie oft Helma den Berg hinabgesaust ist und wie lange wir dort gesessen haben, könnte ich nicht sagen, wenn ich nicht später erfahren hätte, dass es zwischen drei und vier Stunden gewesen sein müssen. Eine halbe Ewigkeit für ein Kind in meinem damaligen Alter! Als Helma endlich wieder bereit war, sich mit uns zu beschäftigen, fuhr sie aber nicht mit uns, wie ich erwartet hatte, den Hügel hinab, sondern sie sagte: »Jetzt wird es höchste Zeit, zurückzufahren, damit wir noch heimkommen, bevor es dunkel wird.«

Ich war maßlos enttäuscht. Aber dennoch sprang ich vom Schlitten und wollte losmarschieren in Richtung Straßenbahnhaltestelle.

»Halt! Hiergeblieben!« Helma hielt mich fest, während sie zu Gretl sagte, die sich nicht vom Fleck rührte. »Los, Gretl! Aufstehen! Es geht jetzt heim zur Mama.«

Aber meine Schwester bewegte sich nicht. Das Kindermädchen stupste sie an ... und da fiel Gretl vom Schlitten und blieb wie eine Puppe liegen, in genau derselben Haltung, wie sie auch gesessen hatte. Da fiel selbst mir auf, dass etwas nicht stimmte. Noch heute sehe ich aber vor allem das entsetzte Gesicht von Helma vor mir.

An das, was anschließend geschah, erinnere ich mich nur teilweise aus eigener Anschauung. Das meiste davon ist mir später von verschiedenen Personen erzählt worden: Das Kindermädchen trug meine erstarrte Schwester auf den Armen zur Straßenbahn, und ich trippelte, mich an ihrem Rocksaum festhaltend, neben ihr her. Einer von Helmas Rodelbekanntschaften, der ihr wie ein Schatten bis zu unserem Schlitten gefolgt war, trug ihr diesen nach bis in die Elektrische und von dort zu unserem Wohnhaus. Bevor Helma die Türklingel betätigte, tuschelten die beiden noch etwas miteinander. Dann verschwand er in der hereinbrechenden Dämmerung.

Unter den Damen von Mutters Teekränzchen, die gerade im Aufbrechen begriffen waren, befand sich auch die Gattin unseres Hausarztes. Mit einem Blick erfasste sie die Situation, als meine Mutter die halb erfrorene Gretl in Empfang nahm. »Mein Gott, Frau Wagner, das Kind braucht dringend ärztliche Hilfe. Ich werde umgehend meinen Mann herüberschicken. Als erste Maßnahme aber sollten Sie die Kleine sofort in heißes Badewasser stecken.«

Meine Mutter dankte höflich, meinte aber, das warme Wasser und ein vorgewärmtes Bett würden schon helfen, ein Arzt wäre sicher nicht nötig. In diesem Punkt irrte sie jedoch gewaltig. Als sie Gretl nach dem heißen Bad, in das auch ich vorsichtshalber gesteckt worden war, zu Bett gebracht hatte, bekam das Kind Schüttelfrost und hohes Fieber. Also telefonierte sie mit Dr. Krämer, der von seiner Frau bereits die Vorgeschichte gehört und damit gerechnet hatte, alarmiert zu werden. In kürzester Zeit war er da, schaute sich das völlig apathische Kind an, untersuchte es gewissenhaft und zuckte die Schultern. »Nach Lage der Dinge ist es für mich schwierig, eine genaue Diagnose zu stellen. Eines steht fest: Das Kind hat einen Kälteschock erlitten. Der hat entweder eine Meningitis oder einen Diabetes mellitus ausgelöst.«

»Herr Doktor«, bat meine Mutter, obwohl ihr ihre Unwissenheit peinlich war, »könnten Sie das bitte auch auf Deutsch sagen, damit ich es verstehe?«

Nun erfuhr sie, dass Gretl entweder eine Hirnhautentzündung davongetragen oder zuckerkrank geworden war. »Auf jeden Fall muss sie umgehend ins Krankenhaus«, betonte der Arzt. »Hier kann ich nichts für sie tun.«

Da er mit seinem Wagen gekommen war, bot er sich an, Mutter und Kind eigenhändig in die Klinik zu fahren, und so packte meine Mutter hastig das Nötigste für einen Krankenhausaufenthalt ihres Kindes zusammen, und dann waren sie fort.

Währenddessen blieb ich unter der Obhut des Kindermädchens zurück. Frau Kranz, die zunächst die Teetafel abgeräumt und das Geschirr gespült hatte, richtete für mich und Helma das Abendessen. Dann verließ sie das Haus.

Nun, da ich mit dem Mädchen allein war und sie mich ins Bett bringen musste, hatte sie die Gelegenheit, mir einzuschärfen, was ich meiner Mutter auf keinen Fall sagen durfte. »Erzähl der Mama bloß nicht, dass ihr die ganze Zeit allein auf dem Schlitten gesessen habt und dass ich mit den Soldaten gerodelt habe«, warnte sie mich mehrere Male. Damit tat sie wohl des Verkehrteste, was sie in ihrer Situation tun konnte, denn eine Dreijährige wäre vermutlich gar nicht auf die Idee gekommen, dies einen Tag später noch irgendjemandem gegenüber zu erwähnen. Wahrscheinlich hätte ich mich nicht einmal mehr daran erinnert. Aber so ist das Bild, wie ich mit meiner Schwester zusammen auf dem Schlitten saß, bis heute in mir geblieben.

Am nächsten Morgen saßen meine Mutter und ich zu zweit am Frühstückstisch. Nachdem das Kindermädchen mich gewaschen und angezogen hatte, war es aufgebrochen, um die Berufsschule zu besuchen, und Frau Kranz war noch nicht eingetroffen.

Meine Mutter war sehr schweigsam.

»Wo ist Gretl?«, fragte ich.

»Gretl ist sehr krank. Sie muss ein paar Tage im Krankenhaus bleiben«, erklärte die Mutter.

Darunter konnte ich mir nicht viel vorstellen. Aber da ich offenbar heute mit meiner Mutter alleine bleiben würde, witterte ich meine Chance. Flugs rutschte ich von meinem Stuhl herunter, drängte mich an die Mutter heran und streckte ihr die Ärmchen entgegen. Der Platz auf ihrem Schoß, auf dem sonst die Gretl saß, war ja verwaist. Dann würde sie doch ganz sicher mich zu sich heraufnehmen. Sie machte jedoch keinerlei Anstalten dazu. Ja, sie schien mich noch nicht einmal wahrzunehmen. Offenbar war sie mit ihren Gedanken ganz weit weg. Ich bemühte mich, ihre Aufmerksamkeit zu erregen.

»Das Schlittenfahren war gar nicht schön. Das darf ich aber nicht erzählen, hat Helma gesagt.«

Meine Mutter wurde tatsächlich hellhörig. »Was darfst du nicht erzählen?«

Ich erzählte es ihr. »Wir sind ganz allein auf dem Schlitten gesessen, aber Helma ist immerzu Schlitten gefahren!«

»Wie? Wo habt ihr auf dem Schlitten gesessen?«

»Oben.«

»Wo oben?«

»Oben auf dem Berg.«

Jetzt legte sie tatsächlich die Arme um mich und zog mich hinauf auf ihren Schoß. »Das musst du mir jetzt alles ganz genau erzählen.«

Selig schmiegte ich mich an sie und plapperte munter drauflos: »Wir sollen ganz brav sein, hat Helma gesagt, und ruhig sitzen, bis sie wiederkommt. Dann ist sie immer den Berg runtergesaust.«

»Aber wie denn, wenn ihr doch auf dem Schlitten gesessen habt?«

»Mit den Soldaten. Aber das darf ich auch nicht sagen, hat die Helma gesagt. Viele Soldaten waren da.«

»Und die Helma ist mit den Soldaten Schlitten gefahren?«

»Ja, ganz lange. Mir war sooo langweilig und ganz kalt. Deswegen war ich auch nicht brav.«

Das verstand meine Mutter erst nicht, erst als ich davon sprach, dass ich nicht wie befohlen sitzen geblieben, sondern herumgehüpft war, fiel bei ihr der Groschen.

»War denn die Gretl brav?«

Ja, das konnte ich bestätigen.

Nun war meiner Mutter alles klar. Noch am selben Tag wurde das pflichtvergessene Kindermädchen gefeuert. Es dauert einige Tage, bis wir ein neues hatten. So lange betreute mich Frau Kranz, wenn die Mutter ihre täglichen Besuche im Krankenhaus machte.

»Ich will auch Gretl besuchen«, bettelte ich zuweilen, aber die Mutter speiste mich immer mit einem »Das geht nicht« ab.

Sehr bald schon hatte man Gewissheit: Der Kälteschock hatte bei meiner Schwester Diabetes ausgelöst. Es hieß, damit man sie richtig einstellen könne, müsse sie einige Wochen in der Charité bleiben. In dieser Zeit schnappte Gretl dort aber alle Kinderkrankheiten auf, die es gab. Von Masern über Keuchhusten zu Windpocken, Mumps, Röteln und Scharlach machte sie nacheinander alles durch. Dadurch verlängerte sich ihr Krankenhausaufenthalt Monat um Monat. Nicht, dass jede Krankheit einen Monat gedauert hätte, aber durch jede neue Erkrankung musste die Insulingabe neu eingependelt werden.

Dieser lange Aufenthalt in der Klinik war nicht nur für meine Zwillingsschwester eine schlimme Zeit, sondern auch für mich. Ich vermisste sie unsäglich. Genauso wie vordem in dem winzigen Raum im Mutterleib hatten wir auch danach immer eine Einheit gebildet. Unserer gegenseitigen Anhänglichkeit tat es auch keinen Abbruch, dass wir sowohl im äußeren Erscheinungsbild als auch vom Charakter und Verhalten her sehr unterschiedlich waren. Im Gegenteil, wir ergänzten uns in wunderbarer Weise: Sie hatte mit ihrer sanften, stillen Art einen beruhigenden Einfluss auf mich, ließ sich aber von mir, der Keckeren, Unternehmungslustigeren, gerne ein bisschen mitreißen. Obwohl ich schon als kleines Kind genau wusste, dass Gretl Mutters Liebling war, empfand ich damals keinerlei Eifersucht auf die Schwester. Ich glaube, es war eher so, dass sie die Liebe, die ihr von unserer Mutter entgegengebracht wurde, an mich weiterreichte. Außerdem hatte ich ja meinen Papa. Damals legte ich mir in meinem kleinen Köpfchen die Sache so zurecht, dass sie Mamas Kind sei und ich Papas Kind.

Bis dahin waren wir noch nie getrennt gewesen. Es war mir also, als ob ein Stück von mir selbst fehle.

Aber auch die Vernachlässigung durch meine Mutter wurde für mich schmerzlicher, weil ich nun nicht mehr zum Ausgleich meine Zwillingsschwester hatte. Kehrte meine Mutter am Spätnachmittag nach Hause zurück, streckte ich meine Ärmchen Liebe heischend zu ihr empor. Doch sie speiste mich jedes Mal mit dem Satz ab: »Jetzt nicht, Liesl. Von dem Klinikbesuch bin ich fix und fertig.« Das neue Kindermädchen, Käthe, das wenige Tage nach dem Rauswurf von Helma bei uns Einzug hielt, wusste mich zwar zu beschäftigen, aber die fehlende Mutterliebe und die fehlende Nähe meiner Schwester konnte mir die Sechzehnjährige nicht ersetzen.

Ich wagte es nicht mehr, meine Mutter zu bitten, mich bei einem ihrer Besuche mitzunehmen, aber als mein Vater nach Hause kam und sich anschickte, nun auch ins Krankenhaus zu Gretl zu gehen, bat ich: »Mitgehen, Papa, auch Gretl besuchen.« Da erklärte er mir ganz lieb: »Liesl, das geht nicht. Gretl ist sehr krank. Sonst steckst du dich an und wirst auch noch krank. Das wäre sehr schlimm für mich, wenn mein Goldschatz auch noch krank würde.«

Wenn ich auch bei meiner Mutter nichts galt, für meinen Papa war ich ein Goldschatz! Das zu wissen half mir auch, wenn der Papa fern von zu Hause weilte. Die Lichtblicke, welche die Besuche meines Vaters für mich darstellten, wurden aber immer seltener und immer kürzer. Es war ja Krieg, und das Vaterland forderte immer mehr Einsatz von ihm. Dennoch reichten seine Besuche aus, um mir das Gefühl zu vermitteln, angenommen zu sein und geliebt zu werden.

Endlich wurde Gretl von Vater und Mutter wieder aus der Klinik abgeholt. Wie freute ich mich auf das Wiedersehen! Ebenso groß war aber auch meine Enttäuschung. Als ich auf sie zustürzen und sie umarmen wollte, wurde ich von meiner Mutter zurückgedrängt. »Halt, Liesl, nicht so stürmisch! Deine Schwester ist noch sehr schwach. Du wirfst sie sonst um.«

Auch sonst musste ich mich erst wieder an sie gewöhnen. In der Zeit ihres Krankenhausaufenthaltes war sie in ihrer körperlichen und geistigen Entwicklung stehengeblieben. Ich, die ich früher nur zwei Zentimeter größer als Gretl gewesen war, überragte sie nun fast um Haupteslänge. Auch war ich in meiner geistig-seelischen und sozialen Entwicklung wesentlich weiter, was sich vor allem im Sprechen zeigte. Durch den intensiven Umgang mit mir holte sie den geistig-sozialen Rückstand bald wieder auf, das körperliche Defizit aber blieb. Obwohl bei ihr das Wachstum nach einigen Wochen wieder einsetzte, hat sie ihren Rückstand nie mehr aufgeholt, da ich in gleichem Maße weiterwuchs wie bisher, und so blieb ich immer einen Kopf größer als sie. Das störte uns aber beide nicht. Ja, es war so, dass ich, die Größere und Kräftigere, die Beschützerrolle übernahm und sie sich in der Rolle des schutzbedürftigen, hilflosen Kindes wohlfühlte.

Hatte mich meine Mutter vorher schon kaum beachtet, so wurde es nach Gretls chronischer Erkrankung noch schlimmer. Die Mutter hatte nur noch Augen und Ohren für das kranke, schwächliche Kind. Immer wieder nahm sie es auf den Schoß, hätschelte und tätschelte es und flüsterte Worte wie: »Ach, mein armer kleiner Liebling.« Diese Zurücksetzung machte mich zwar traurig, aber ich war über mein Alter hinaus verständig und sah ein, dass Gretl wegen ihrer Krankheit mehr Aufmerksamkeit und Zuwendung brauchte als ich. Daher entwickelte ich keine Eifersuchtsgefühle meiner Schwester gegenüber. Im Gegenteil, ich war selbst bemüht, dem armen kranken Kind das Leben so angenehm wie möglich zu machen, und steckte in vielem zurück.

Mein Vater, dem das nicht verborgen blieb, machte sich offensichtlich Sorgen um mich. Bei seinen spärlichen Besuchen versuchte er, auszugleichen, was mir sonst vorenthalten wurde, indem er sich überwiegend mit mir befasste. Er nahm mich in den Arm, er spielte mit mir, er las mir Einschlafgeschichten vor.

Noch deutlich erinnere ich mich an das Weihnachtsfest 1940. Der große Baum im Salon erstrahlte im Lichterglanz. Wir Mädchen machten uns über unsere Geschenke her. Jede von uns schälte eine wunderbare Puppe aus einem Karton, Gretl eine mit brauen Locken und ich eine mit blonden Zöpfen. Nur einen Moment lang schauten wir die Puppen an, dann streckten wir sie wortlos einander entgegen und tauschten sie. Danach wiegte jede ihr Puppenkind liebevoll in den Armen. Nun zog meine Mutter meine Schwester mitsamt ihrer Puppe auf den Schoß und drückte sie zärtlich an sich. Während ich dastand und mir völlig vereinsamt vorkam, spürte ich auf einmal die starken Arme meines Vaters, der mich zu sich emporhob. »Na, meine Große, wie soll dein Puppenkind denn heißen?«

»O Papa«, schmiegte ich mich wohlig in seine Arme. »Gretl soll sie heißen. Sie sieht doch aus wie Gretl, gell?«

Lachend ließ er sich mit mir auf einem Sessel nieder und wiegte mich auf den Knien. »Ja, mein Goldschatz, dieser Name passt ausgezeichnet zu ihr.«

Da meine »kleine Schwester« die Ähnlichkeit ihrer Puppe mit mir erkannt hatte und mir alles nachzumachen pflegte, nannte sie ihre Puppe spontan Liesl.

Die vaterlose Zeit

»Wo ist der Papa?« »Warum kommt der Papa nicht mehr?« »Ist der Papa im Krieg gefallen?«

In den Jahren nach dem Kriegsende stellte ich meiner Mutter immer wieder solche und ähnliche Fragen. Jedes Mal gab sie eine ausweichende Antwort, und so wusste ich nicht, ob mein Vater noch lebte oder nicht. Wenn andere Kinder von ihrem Vater sprachen, so taten sie das mit Hochachtung oder mit Trauer, weil er fürs Vaterland gefallen war oder sich noch in Kriegsgefangenschaft befand oder als vermisst galt. Nur ich wusste von meinem Vater nichts zu berichten. Aber eine innere Stimme sagte mir, dass er noch lebte. Er konnte und durfte einfach nicht tot sein. Außer meiner Zwillingsschwester war er doch der einzige Mensch, der zu mir hielt, der mich verstand und der mich liebte. Warum aber wurde er seit Jahren von meiner Mutter totgeschwiegen? Nach jeder ihrer ausweichenden oder barschen Antworten verkroch ich mich noch mehr in mich selbst und hielt innere Zwiesprache mit meinem Vater. Das gab mir die Kraft, die schwere Zeit nach dem Krieg zu überstehen.

Die beiden alten Damen in Ansbach, bei denen wir nach dem Krieg Unterschlupf gefunden hatten, verhalfen mir zu einer zweiten seelischen Hilfe.

Sie waren nämlich sehr religiös, ja sogar regelrechte Betschwestern. Nicht nur, dass sie selbst jeden Sonn- und Feiertag in die Kirche rannten, sie beäugten auch mit Argwohn, dass wir dies nicht taten. Wir Kinder wären gar nicht auf diese Idee gekommen, denn wir waren in keiner Weise religiös erzogen worden. Von unserer Mutter hatten wir kein einziges Wort über Gott gehört, geschweige denn ein Gebet gelernt, und eine Kirche hatten wir noch nie von innen gesehen. Etwa ein Jahr lang ließen unsere Hauswirtinnen uns das durchgehen. Dann aber stellte die Ältere von ihnen, sie trug einen strengen grauen Haarknoten und ein bodenlanges schwarzes Kleid, meine Mutter zur Rede: »Frau Wagner, warum lassen Sie Ihre Kinder so gottlos aufwachsen?«

Meiner Mutter war diese Frage sichtlich peinlich. Sie schluckte und druckste herum: »Ja, wissen Sie, die Kinder sind noch nicht getauft.«

»Waaas?«, entrüstete sich der Haarknoten, »die Mädchen sind nicht getauft? Und wieso noch nicht? Die Zwillinge sind doch schon neun und Ihre Große ist gar dreizehn.«

Es habe sich nicht ergeben, redete sich die Mutter heraus. Sie führte die häufige berufliche Abwesenheit ihres Mannes an, den Umzug nach Berlin und den baldigen Ausbruch des Krieges. Schon damals hatte ich dabei das Gefühl, dass sie nicht die volle Wahrheit sagte. Diese erfuhr ich erst Jahre später. In Wirklich- keit hatten meine Eltern Gudrun nicht taufen lassen, weil sich das mit der neuen Ideologie nicht so gut ver- einbaren ließ. Und wir beiden anderen waren erst recht nicht getauft worden, weil meine Eltern schon kurz nach der Machtergreifung Hitlers aus der Kirche ausgetreten waren.

»Der Krieg ist inzwischen längst aus. Den können Sie als Ausrede nicht mehr nehmen«, hielt die ergraute Dame dagegen.

Meine Mutter wirkte kleinlaut. »Sie haben recht. Ich werde die Sache bald angehen und den Pfarrer aufsuchen.«

Im Stillen wunderte ich mich, dass unsere sonst so resolute Mutter dieser alten Frau kein Kontra gab, aber ich vermute, sie wollte sie bei Laune halten. Wir mussten ja froh sein, dass wir diese Bleibe bekommen hatten. Vielleicht befürchtete Mutter auch, im Falle einer Weigerung würden unsere Vermieterinnen ihr die christliche Kundschaft abspenstig machen. Gespannt wartete ich in den folgenden Tagen darauf, dass die Mutter ihr Versprechen wahrmachen und mit uns zum Pfarrer gehen werde. Doch nichts dergleichen geschah. Wenig später bekam ich mit, wie zwei Nachbarinnen auf unsere Mutter einredeten: Es wäre doch höchste Zeit, uns jetzt endlich taufen zu lassen. Offenbar hatte es sich bereits herumgesprochen, dass wir Heidenkinder waren.

Das motivierte meine Mutter endlich, mit uns zum Pfarrhaus zu gehen und uns zur Taufe anzumelden. Der Pfarrer legte auch gleich den Tauftermin fest. Am Sonntag nach Ostern sollte für uns der bedeutungsvolle Tag sein. Aber das betraf nur Gretl und mich. Gudrun, unsere Älteste, zählte zu der Zeit bereits vierzehn Lenze und durfte nach geltendem Kirchenrecht selbst entscheiden, und sie weigerte sich, sich taufen lassen. Wir anderen nahmen ab sofort an dem schulischen Religionsunterricht teil, den wir bis dahin nicht besucht hatten. Beim Herrn Pfarrer hatten wir zusätzliche, private Religionsstunden, in denen er uns darüber aufklärte, was die Taufe bedeutete.

Von dem Zeitpunkt an, an dem wir am Religionsunterricht teilnahmen, besuchte die Mutter auch regelmäßig mit uns den Gottesdienst. Wahrscheinlich wollte sie damit beim Pfarrer einen guten Eindruck machen. Bei einer solchen Gelegenheit vernahm sie mal, dass von der Kanzel eine bevorstehende Taufe angekündigt wurde. Deshalb suchte sie den Pfarrer ein zweites Mal auf, um ihn zu bitten, er möge doch unsere Taufe nicht von der Kanzel verkündigen. »Warum nicht?«, fragte er sichtlich enttäuscht. »Ich bin doch immer stolz darauf, wenn ich es der Gemeinde mitteilen kann, dass wir neue Schäfchen gewonnen haben.«

Der Pfarrer hielt sich zwar an ihre Bitte, nichts von der Kanzel zu verkündigen, aber bis zum Tauftermin hatte er es überall herumerzählt, sodass der ganze Ort von unserer bevorstehenden Taufe wusste. So war die Kirche an dem bewussten Sonntag voller Neugieriger. Es schien so, als wolle sich niemand das Schauspiel entgehen lassen, dass zwei zehnjährige Mädchen getauft werden. Meine Mutter litt darunter furchtbar und hätte sich vor Scham am liebsten in ein Mauseloch verkrochen. Wahrscheinlich hatte sie die Leute glauben machen wollen, dass wir schon längst getauft seien, aber für so ein Versteckspiel war es ohnehin längst zu spät. Dass wir drei Wagnertöchter noch ungetauft waren, hatte sich in ganz Ansbach schon herumgesprochen, noch ehe der Herr Pfarrer es ausposaunt hatte.

Mir gefiel es eigentlich schon, so ein bisschen im Mittelpunkt zu stehen. Für diesen feierlichen Anlass hatten wir unsere besten Kleider angezogen, unsere neuen Sonntagskleidchen. Unsere Mutter hatte sie uns aus Stoffresten gebastelt, die sie sich aus der Truhe unserer beiden Vermieterinnen hatte aussuchen dürfen. Uns schüchtern bei den Händen haltend standen wir am Taufbecken und hielten den Kopf darüber, als uns der Pfarrer angewärmtes Wasser über die Stirn goss.

Meine Taufpatin war Tante Gerburg, also die Hotelchefin vom Tegernsee. Ihr habe ich später immer nachgeeifert. Gretls Taufpatin wurde Gunhild, die bereits erwachsene Tochter der Tegernseer Tante. Nach der Taufe wurde von den versammelten Gläubigen das Vaterunser gebetet. Mir war es furchtbar peinlich, dass ich es nicht mitbeten konnte; ich kannte den Text nämlich nicht. Als es zur häuslichen Tauffeier ging, die in ganz kleinem Rahmen in unserer Wohnung stattfand, war die Peinlichkeit aber schon wieder vergessen.

Zum Kaffee hatte die Mutter eigens einen Kuchen gebacken, und neben den beiden Patinnen waren auch die zwei Hauswirtinnen eingeladen. Dennoch konnte ich an diesem Tag nicht so recht froh sein. Gerade an diesem Festtag vermisste ich meinen Vater besonders. Abends im Bett konnte ich vor lauter Traurigkeit lange nicht einschlafen. Unaufhörlich kullerten mir Tränen über die Wangen. Doch mit einem Male kamen mir da die Worte in den Sinn, die uns der Pfarrer im Vorbereitungsunterricht mit auf den Weg gegeben hatte: »Ihr habt einen Vater im Himmel, der immer für euch da ist. Zu ihm könnt ihr mit jedem Kummer und in allen

Nöten kommen.« Dieser Satz tröstete mich auf wunderbare Weise. Wenn dein Papa jetzt auch nicht da ist, um dir beizustehen, sagte ich mir, so hält doch der himmlische Vater seine schützende Hand über dich. Dir kann also gar nichts passieren. Und auch meinem Papa wird nichts Schlimmes geschehen, der liebe Gott ist ja auch bei ihm. Ganz gewiss ist er, wie viele andere Väter, noch in Kriegsgefangenschaft.

»Lieber Gott«, betete ich inbrünstig, »beschütze meinen Papa, egal, wo er jetzt ist, und mach, dass er bald zu uns zurückkehrt.« Wie gerne hätte ich, zur Verstärkung meiner Bitte, noch das Vaterunser angehängt. Nun bedauerte ich noch mehr als zuvor, dass ich den Text nicht konnte. Diesem Fehler, nahm ich mir vor, würde ich in den nächsten Tagen abhelfen. In dem alten, abgewetzten Gebetbuch – das Taufgeschenk unserer beiden Vermieterinnen – wollte ich es so oft durchlesen, bis ich es auswendig konnte. Über diesem Gedanken schlief ich wunderbar getröstet ein. Noch oft sollte mir das Vaterunser in den nächsten Jahren solchen Trost spenden, wenn ich mich gar so verlassen fühlte.

Einige Wochen, bevor wir die vierte Klasse beendet hatten, gab uns der Lehrer einen Brief mit für unsere Mutter. Daraufhin zog sie ihr bestes Gewand an und marschierte mit uns Zwillingen zur Schule. Der Lehrer empfing uns in unserem Klassenzimmer und drückte jeder von uns ein Buch in die Hand, damit wir beschäftigt waren und er ungestört mit unserer Mutter reden konnte. Während ich so tat, als lese ich eifrig, spitzte ich aber die Ohren, um nur ja kein Wort von dem zu verpassen, was der Lehrer mit der Mutter besprach. Mit Genugtuung vernahm ich, dass er uns beide für so begabt und strebsam hielt, dass man uns den Besuch des Gymnasiums ermöglichen solle, damit wir hernach studieren könnten.

Der Miene meiner Mutter sah ich an, dass diese Worte sie mit Stolz erfüllten. Umso niederschmetternder traf mich ihre Antwort: »Das freut mich, Herr Lehrer, dass Sie meine Töchter so einschätzen. Aber ich kann es mir nicht leisten, sie aufs Gymnasium zu schicken. Es kostet mich schon genug, meiner Ältesten den Besuch einer höheren Schule zu ermöglichen. Schließlich stehe ich seit Kriegsende allein da und halte mich und meine Kinder nur notdürftig mit Näharbeiten über Wasser.«

Der Lehrer ließ sich jedoch nicht beirren. »Das verstehe ich sehr gut, Frau Wagner, aber das ist kein Grund, den Mädchen die Zukunft zu verbauen. Ich werde mich dafür einsetzen, dass Sie für Ihre begabten Töchter Stipendien bekommen.«

Meine Mutter lehnte dennoch ab. »Die Mühe können Sie sich sparen, Herr Lehrer. Selbst wenn mich das kein Schulgeld kosten sollte, würde mir das einfach zu lang dauern, bis sie endlich verdienen. Vermutlich würden sie erst gar nicht zum Verdienen kommen, weil sie schon heiraten, bevor sie ihr Studium beendet hätten.«

Gretl fand sich mit dieser Situation ab. Ich aber opponierte: »Mama, warum hast du das Angebot des Lehrers nicht angenommen? Wenn der sich schon für ein Stipendium einsetzt und das Gymnasium dich nichts kostet, könntest du mich doch hinschicken.«

»Sei nicht so frech!«, wurde ich abgekanzelt. »Ja, wärst du ein Bub, dann sähe die Sache anders aus, dann dürftest du selbstverständlich aufs Gymnasium. Aber so sehe ich das nicht ein.«

»Aber die Gudrun, die besucht ja auch das Gymnasium, obwohl sie kein Bub ist«, wagte ich einen weiteren Widerspruch.

»Bei der ist das was anderes. Die ist ja schon in Kulmbach von den Großeltern aufs Gymnasium geschickt worden. Deshalb darf sie den begonnenen Weg fortsetzen.«

Doch meine älteste Schwester beendete den Weg dann gar nicht. Zwei Jahre vor dem Abitur schmiss sie alles hin und ging in die Schweiz. Als sogenannte bessere Tochter trat sie in den Krankenpflegedienst, ohne jedoch eine eigentliche Ausbildung zu machen. Für unsere Familie bedeutete das jedenfalls einen Esser weniger und für uns Zwillinge endlich für jede ein eigenes Bett.

Aber das war erst später. Einstweilen trotteten Gretl und ich weiterhin brav in die Volksschule. Zwei Jahre später bestellte unser Lehrer die Mutter erneut in die Schule. »Frau Wagner, vielleicht haben sie es ja in der Zeitung gelesen, dass im Sommer in Ansbach eine Mittelschule eröffnet wird.«

Sie begriff nicht so recht, worauf er hinauswollte.

»Nun, da sich die Zeiten inzwischen gebessert haben, könnten Sie Ihre Zwillinge dorthin schicken.«

Aber wieder winkte meine Mutter ab. »Für mich haben sich die Zeiten leider nicht gebessert. Ich bin nach wie vor alleinstehend und muss den Lebensunterhalt für meine Familie mit meiner Hände Arbeit verdienen.«

»Nun ja, auch für die Mittelschule könnte man Stipendien bekommen«, erklärte der Lehrer. »Auf diese Weise könnten Sie Ihren Töchtern doch noch eine angemessene Weiterbildung angedeihen lassen. Die Mittelschule dauert nur zwei Jahre länger als die Volksschule.«

Mutter wurde etwas zugänglicher. »Und was würde ihnen das bringen?«

»Mit einem Abschlusszeugnis von dort hätten Ihre Töchter ganz andere berufliche Aussichten. Sie könnten damit Berufe ergreifen, die angesehener sind und in denen man besser verdient.«

Mit dem letzten Wort hatte er den richtigen Nerv bei meiner Mutter getroffen. »Und was wären das für Berufe?«

»Büroberufe zum Beispiel. Für diese wird man künftig die Mittlere Reife brauchen. Aber auch für soziale Berufe wie Krankenschwester oder Kindergärtnerin wird man künftig auf Mittelschüler zurückgreifen.«

Meine Mutter dachte nach. »Also gut«, räumte sie ein. »Die Gretl soll die Mittelschule besuchen. Für sie ist ein mehr geistiger Beruf gerade recht, da sie einer körperlichen Tätigkeit nicht gewachsen ist. Dafür ist sie viel zu zart und zu schwach.«

»Warum nur die Gretl, Frau Wagner? Liesl ist genauso begabt. Geben Sie ihr doch ebenfalls die Chance ...«

»Ach, was«, schnitt sie dem Lehrer das Wort ab. »Sie ist stark genug, um einen Beruf zu erlernen, bei dem man körperliche Kräfte braucht.«

Der Lehrer, der es offensichtlich gut mit mir meinte, machte noch einen letzten Versuch. »Frau Wagner, es sind doch nur zwei Jahre mehr, die Liesl zur Schule gehen müsste.«

»Es geht ja nicht nur um diese zwei Jahre, Herr Lehrer. Verstehen Sie doch, es geht auch um die Zeit davor. Wenn Liesl ebenfalls die Mittelschule besucht, hat sie mehr Unterricht und muss länger an den Hausaufgaben sitzen. Dann bleibt die ganze Hausarbeit liegen. Wie stehe ich dann da? Selbst komme ich ja nicht dazu, ich muss ja durch Nähen unser tägliches Brot verdienen.«

Der Lehrer sah wohl ein, dass jedes weitere Wort verschwendet war. Resignierend zuckte er die Schultern und verabschiedete sich von uns.

Schweigend gingen wir auf dem Heimweg neben unserer Mutter her. Was in Gretl vorging, wusste ich nicht. Vermutlich freute sie sich aber, dass sie auf die Mittelschule durfte, falls sie das überhaupt mitgekriegt hatte. Zum ersten Mal in meinem Leben empfand ich so etwas wie Eifersucht auf meine Schwester. Sie durfte einen Weg einschlagen, der mir verwehrt wurde. Das war ungerecht. Ziemlich schnell überwog aber die Wut auf meine Mutter. Warum tat sie mir das an? Warum behandelte sie uns auch in diesem Punkt so ungleich? Als wir unsere Wohnung erreichten, genügte in dieser Verfassung ein einziges negatives Wort meiner Mutter, um meine Gefühle zur Explosion zu bringen. In einem einzigen Satz schleuderte ich ihr meinen ganzen Seelenschmerz entgegen: »Wenn mein Papa noch da wäre, der würde es nicht zulassen, dass ich so benachteiligt werde.«

Für eine Sekunde erstarrte meine Mutter, dann gab sie mir eine schallende Ohrfeige und sagte: »Wie sprichst du denn mit deiner Mutter!« Danach spie sie die ganze Bitterkeit heraus, die sich wohl in den letzten Jahren bei ihr aufgestaut hatte: »Dein Papa! Du immer mit deinem Papa! Der ist aber nicht da! Und wenn du es genau wissen willst, der sitzt in Nürnberg im Gefängnis, weil er ein Kriegsverbrecher ist!«

Wortlos sank ich in mich zusammen. Für die nächsten Stunden befand ich mich in einer Art Schockzustand. Mechanisch verrichtete ich die mir aufgetragenen Arbeiten, während mein Kopf wie leer war. Aufs Nachtessen verzichtete ich, begab mich früh zu Bett und zog mir die Decke über die Ohren, um mich gleichsam von der Außenwelt abzuschotten. Noch bevor ich einschlafen konnte, betrat Gretl die Schlafkammer, setzte sich zu mir aufs Bett und fragte besorgt: »Was ist mit dir los, Liesl? Was hast du?«

»Nichts, gar nichts!«, fauchte ich sie an. »Lass mich in Ruhe!«

Verschreckt zog sie sich zurück und suchte ihr Lager auf. Bei mir aber flossen endlich die erlösenden Tränen.

Wie lange ich so in mein Kissen geweint habe, vermag ich nicht zu sagen. Aber ganz allmählich kehrten wieder Gedanken in mein leeres Hirn zurück und purzelten wild durcheinander. Das schlimme Wort Kriegsverbrecher stürmte als erstes auf mich ein, und alles in mir wehrte sich dagegen. Nein, mein Papa war kein Kriegsverbrecher! Wie konnte meine Mutter so etwas behaupten? Bruchstückhaft tauchten viele kleine Szenen mit ihm vor mir auf. Immer wieder hatte er mich »mein Goldschatz« genannt. Oft hatte er mir zu meinem Recht verholfen, wo er mich benachteiligt sah. Er war der zärtlichste Vater, den man sich denken konnte. Nein, ein solcher Mann war doch kein Verbrecher!

In der Schule hatte man uns über die Kriegsverbrechen erzählt. Während der Nazizeit waren viele Juden und Zigeuner umgebracht worden und auch andere Menschen, wenn sie sich irgendwie negativ über das Regime geäußert hatten. Die Leute, die das gemacht hatten, waren Kriegsverbrecher. Aber mein Vater war doch ganz sicher nicht an diesen Verbrechen beteiligt gewesen! Nach dem, was ich mitbekommen hatte, war es lediglich seine Aufgabe gewesen, dafür zu sorgen, dass die Soldaten die richtige Kleidung und das richtige Schuhwerk bekamen. Wie sollte man denn bei einer solchen Tätigkeit zum Verbrecher werden?

Vor allem was die Juden betraf konnte ich mir nicht vorstellen, dass er denen etwas Böses angetan haben sollte. Er hatte uns Kinder doch stets angehalten, zu den beiden alten jüdischen Damen, die in der Etage über uns wohnten, immer höflich und zuvorkommend zu sein. Daran erinnerte ich mich noch ganz genau. Jedes Jahr am Neujahrstag, soweit ich mich zurückerinnern konnte, hatte er uns zu ihnen hinaufgeschickt, damit wir ihnen ein gutes neues Jahr wünschen sollten. Das machten wir auch immer gerne, weil bei ihnen für uns immer eine kleine Belohnung abfiel. Mir fiel der letzte Neujahrstag ein, den wir in Berlin erlebt hatten, es muss wohl 1943 gewesen sein. Da wollten wir unseren Nachbarinnen wie immer einen Besuch abstatten. Doch der Vater hielt uns zurück, und ich erinnere mich noch deutlich an seinen traurigen Gesichtsausdruck: »Den Weg könnt ihr euch sparen, die sind nicht mehr da.«

Konnte er da wirklich ein Kriegsverbrecher gewesen sein? Nein, ich weigerte mich, das zu glauben.

1943 feierten wir auch unseren sechsten Geburtstag. Kurz danach trippelten wir Zwillinge an der Hand unserer Mutter durch die Stadt, vorbei an zerstörten Häusern, und als ich meine Mutter fragte, was dort passiert sei, sagte etwas, das mir damals unverständlich war. Deshalb habe ich es wohl nicht vergessen: »Das sind die Grüße der Engländer. Aber denen werden wir es schon zeigen.«

Kurz darauf betraten wir ein imposantes Gebäude, und sie sagte, das sei die Schule. Sie stellte uns einem Mann vor, den sie mit »Herr Rektor« anredete. Es fiel das Wort Einschulung. Meine Mutter bat darum, uns noch für ein Jahr zurückzustellen. Gretl sei krank, noch so zart und sehr zerbrechlich, ihr sei der weite Schulweg noch nicht zuzumuten. Sicher, die Liesl sei groß und kräftig genug, ihr würde der Schulweg bestimmt nichts ausmachen. Aber man solle die Zwillinge doch nicht auseinanderreißen. Sie seien doch so sehr aufeinander eingespielt. Das sah der Rektor ein. Dennoch brachte meine Mutter noch ein zweites Argument vor: »Wegen der ständigen Bombenangriffe wäre der Schulweg für die Kinder auch zu gefährlich. Schon aus diesem Grund sollte man noch ein Jahr mit der Einschulung warten. Bis dahin ist der Krieg nämlich vorbei.«

»Meinen Sie wirklich, dass mit einem so schnellen Kriegsende zu rechnen ist?« Zweifelnd hob er die Augenbrauen.

»Natürlich, Herr Rektor. Der Endsieg steht kurz bevor. Davon bin ich felsenfest überzeugt.«

»Was macht Sie da so sicher, Frau Wagner?« Sein Gesichtsausdruck war dabei sehr skeptisch.

»Das weiß ich aus gut unterrichteten Kreisen«, gab sie selbstsicher zur Antwort.

Mit der Einschulung im Jahr darauf wurde es jedoch auch nichts. Denn leider sollte meine Mutter mit ihrer Prognose vom baldigen Kriegsende nicht Recht behalten. Statt dass der Krieg zu Ende ging, wurde er für uns nur noch schlimmer. Die Kampfhandlungen, die nun in nie geahntem Maße tobten, hielten meinen Vater immer öfter von uns fern. So stand die Mutter mit der Putzfrau Nina allein da, wenn sie nachts bei Fliegeralarm mit uns in den Luftschutzkeller musste.

Ja, unsere gute Frau Kranz war nicht mehr da. Sie lebte nicht mehr; bei einem Bombenangriff war sie ums Leben gekommen. Deshalb hatte man uns eine russische Putzfrau zugeteilt, die ganz bei uns lebte. Da wir kein Kindermädchen mehr hatten, wohnte sie in dessen ehemaligem Zimmer, das eine Tür zum Kinderzimmer hatte.

Man kam nie zur Ruhe in dieser Zeit. Kaum war man am Abend eingeschlafen, wurde man wieder aus dem Bett gezerrt, und es hieß: »Runter in den Keller.« In mancher Nacht passierte das dreimal. Im Februar 1944 fand dann das riesige Bombardement auf Berlin statt, mit 700 Großbränden. Unser Haus blieb davon weitgehend verschont, doch ich habe noch deutlich das Bild vor Augen, dass die ganze Stadt in Flammen zu stehen schien, als wir endlich wieder aus dem Luftschutzkeller ans Tageslicht durften.

Es muss einige Tage später gewesen sein, dass mein Vater plötzlich bei uns im Keller stand. Noch deutlich habe ich seine aufgebrachten Worte im Ohr: »Ihr müsst hier weg! Sofort! Hier seid ihr eures Lebens nicht mehr sicher! Für eure Flucht habe ich bereits alles organisiert.« Wie und wann wir von meinem Vater aus Berlin hinausgeschleust worden sind, weiß ich nicht mehr genau, und an die weitere Flucht erinnere ich mich nur bruchstückhaft. Wir vier, die Mutter, Nina und wir Zwillinge, saßen in einem Eisenbahnabteil zusammengedrängt mit anderen Müttern und ihren quäkenden Kleinkindern. Krampfhaft hielten wir unsere Puppen Liesl und Gretl im Arm und wurden auf den Holzbänken ordentlich durchgeschüttelt. Was für ein Unterschied zu den Bahnfahrten, die wir früher nach Rügen gemacht hatten!

Immer wieder hielt der Zug an, mal in einem Bahnhof, mal auf offener Strecke, und über uns hörten wir das Jaulen von Kampfflugzeugen. Später ging es weiter in Militärfahrzeugen. Wie lange wir insgesamt unterwegs waren, weiß ich nicht. Auch wusste ich nicht, wohin die Reise gehen sollte. Mehrmals schnappte ich das Wort »nach Süden« auf, ohne mir etwas darunter vorstellen zu können. Auf einmal hieß es, wir seien in Wien. Dort blieben wir für einige Tage in einer Kaserne. Aber schon bald zogen wir um in eine bescheidene Privatwohnung, und unser Leben normalisierte sich einigermaßen. Ja, meine Mutter, die wohl die Gefahr unterschätzte, wollte uns Kindern etwas Besonderes bieten und fuhr mit uns sogar hinaus zum Prater. Von allem, was es da zu sehen gab, beeindruckten uns die Pferde am meisten, und wir waren selig, als die Mutter uns erlaubte, auf ihnen zu reiten. Ungeduldig warteten wir in einer Schlange mit anderen Kindern, bis wir endlich an die Reihe kommen sollten. Doch zum Reiten kamen wir nicht mehr. Denn noch während wir warteten – es war gegen zwei Uhr am Nachmittag, wie man mir später erzählte –, ertönte Fliegeralarm. Alles rannte Hals über Kopf in die umliegenden Luftschutzkeller, wo wir bis zum Abend verharrten. Am nächsten Tag wollten wir das entgangene Vergnügen nachholen. Doch da war kein Pferdestall mehr, und auch kein Rummelplatz. Nur noch ein Trümmerhaufen. Der Prater war dem Erdboden gleichgemacht worden. Uns Kindern taten natürlich am meisten die Pferdchen leid.

Wie aus der Erde gewachsen war wenige Tage später mein Papa wieder bei uns, jubelnd von mir begrüßt. Ich bekam mit, wie er zur Mutter sagte: »Hier könnt ihr nicht bleiben. In Wien wird es von Tag zu Tag gefährlicher.«

»Aber wo sollen wir denn hin?«, jammerte sie.

»Das lass mal meine Sorge sein.«

Von einem Militärfahrzeug ließ er uns zunächst nach Linz bringen. Ob das für uns als Zwischenstation gedacht war oder ab es dort ebenfalls bald zu brenzlig wurde, bekam ich nicht mit. Ich entsinne mich nur, dass wir uns kurz darauf schon wieder auf einem Militärlastwagen befanden, der uns in ein kleines Dorf kutschierte, das auf dem Gebiet der heutigen Tschechei liegen musste . Dort wurden wir bei Bauern untergebracht.

Egal, wo wir uns auf unserer abenteuerlichen Flucht befanden, die Mutter ließ Gretl und mich immer wieder für kurze Zeit in der Obhut der russischen Putzfrau zurück, welche die ganze abenteuerliche

Flucht klaglos mitmachte, um für die zuckerkranke Gretl Insulin zu besorgen. Ich sehe noch deutlich vor mir, wie sie die Spritze jeden Tag auf dem Spirituskocher auskochte.

Auf diesem Bauernhof gab es aber für uns Kinder auch etwas Schönes: Die vorbeiziehenden Soldaten ließen uns immer mal wieder auf ihren Pferden reiten. Es müssen russische Soldaten gewesen sein, denn unsere Nina unterhielt sich auf Russisch mit ihnen, wie sie uns erklärte. Wie lange wir auf diesem Hof weilten, weiß ich auch nicht. Ich bekam nur eines Tages mit, wie meine Mutter einer anderen Flüchtlingsfrau klagte: »Was sollen wir hier? Hier sind wir doch den russischen Panzern zum Greifen nah.« Eine schreckliche Angst stieg in mir auf, denn was Panzer waren, wusste ich genau. Davon hatte ich bereits genügend gesehen. Deshalb hoffte ich inständig, dass mein Papa bald kommen und uns aus dieser Gefahr befreien möge.

Und tatsächlich, eines Nachts war er wieder da, und dann ging alles sehr schnell. Hastig packte die Mutter für jede von uns ein Bündel zusammen, das jede selber tragen musste, auch Gretl. Es gelang uns gerade noch, unsere geliebten Puppen unter den Arm zu klemmen, und schon befanden wir uns abermals auf einem Lastwagen. Bei Nacht und Nebel ging es hinaus ins Ungewisse. Zu meiner Freude begleitete der Vater uns diesmal auf dem Weg. So verbrachte ich die Fahrt selig in seine Arme geschmiegt, während die Mutter Gretl auf der holprigen Pritsche an sich drückte. Was aus Nina geworden ist, weiß ich nicht. Bei der neuerlichen Flucht war sie jedenfalls nicht mehr dabei.

Im Morgengrauen kamen wir unversehrt wieder in Österreich an. Am Attersee wurden wir bei einer Familie einquartiert, die darüber nicht sehr begeistert wirkte. Am nächsten Tag verabschiedete sich der Vater wieder, weil ihn die Pflicht nach Wien rief, wo er seit dem 1. November 1944 als Leiter des Hauptwirtschaftslagers der Waffen-SS eingesetzt war. Dort hatte er die Aufgabe, die Truppe – die Waffen-SS und kasernierte Polizeieinheiten – außer mit Kleidung auch mit Verpflegung und Marketenderwaren zu versorgen. Als er mich beim Abschied herzlich drückte und mich auf beide Wangen küsste mit den Worten: »Bis bald, mein Goldschatz«, konnte niemand von uns ahnen, dass wir ihn fast fünf Jahre lang nicht wiedersehen würden.

Die Familie am Attersee, die uns zwangsweise hatte aufnehmen müssen, wurde zusehends freundlicher, als meine Mutter sich erbot, für sie Näharbeiten auszuführen. Ja, ab diesem Zeitpunkt wurde das Verhältnis ein geradezu freundschaftliches. Meine Aufgabe in der Folgezeit war es, immer wieder bei Bauern Lebensmittel zu erbetteln. Meine Mutter motivierte mich dazu mit den Worten: »Das, was es auf den Lebensmittelkarten gibt, reicht für Gretl nicht aus. Du musst den Leuten erklären, dass deine arme Schwester sehr krank ist und etwas Zusätzliches braucht.«

Das tat ich auch gewissenhaft, obwohl mir das Betteln anfangs äußerst schwer fiel. Aber um meiner geliebten Schwester das Leben erträglicher zu machen, war mir kein Weg zu weit und keine Mühe zu groß. Jedes Mal besuchte ich einen anderen Bauernhof und war immer erfolgreich. Meist kam ich mit einem Glas

Vollmilch nach Hause oder mit einem frischen Ei. Manchmal war es auch ein Klecks Butter oder ein Stück Brot, das ich als Beute heimbrachte.

In dem Haus, in dem wir Zuflucht gefunden hatten, lebte auch eine ältere, alleinstehende Dame. Sie war eine pensionierte Lehrerin aus Dortmund. Auch ihr war es gelungen, rechtzeitig vor dem Bombenhagel in der Großstadt zu entfliehen, und sie war hier einquartiert worden. Nachdem sie uns Mädchen einige Tage so unbedarft hatte herumspringen sehen, wollte sie von meiner Mutter wissen, in welchem Schuljahr wir seien.

»Sie gehen noch gar nicht zur Schule«, so die Auskunft meiner Mutter. »Im letzten Jahr hatte ich sie zurückstellen lassen, und in diesem Jahr hat es sich nicht ergeben, weil in Berlin schon alles drunter und drüber ging und die meisten Schulen bereits zerstört waren.«

»Wäre es Ihnen recht, wenn ich die beiden unterrichte?«, bot sie an.

»Ja – schon«, druckste meine Mutter herum. »Es wäre mir sogar sehr recht. Aber ich könnte für den Unterricht nichts bezahlen.«

Aber das, so stellte sich heraus, war kein Hindernis. »Ach, machen Sie sich deswegen keine Sorgen«, versicherte die Lehrerin im Ruhestand. »Mir geht es nicht darum, etwas zu verdienen. Ich habe ja meine Pension. Mir geht es darum, eine Aufgabe zu haben.«

Und so fing denn für uns der Ernst des Lebens an, den wir aber gar nicht als solchen empfanden. Das freundliche Fräulein Gärtner gestaltete den »Unterricht« nämlich mehr spielerisch. Ihr blieb ja auch gar nichts anderes übrig, als zu improvisieren. Von den für eine Schule unentbehrlich scheinenden Requisiten, wie Tafel und Kreide, hatte sie ja nichts. Auch gab es weder Rechenbuch noch Fibel, noch hatten wir die obligatorische Schiefertafel. Aber Schulhefte konnte man zu der Zeit wenigstens noch kaufen. Die brachte sie von einem »Ausflug« in die nächste Kleinstadt mit. In ein Heft mit Linien malten wir unsere ersten Buchstaben, und in ein Heft mit Karos schrieben wir Zahlen. Bei sonnigem Wetter ritzte sie uns diese mit einem Stock in den Schnee oder auf den Erdboden des Hofes. Bei ungünstiger Witterung malte sie uns diese auf einem Blatt Papier in ihrem Zimmer vor. Da wir täglich einige Stunden Unterricht hatten und unsere Lehrerin sich intensiv mit uns befassen konnte, lernten wir sehr schnell. Nach wenigen Wochen konnten wir – zu unserer eigenen Begeisterung – schon lesen. Es mangelte uns allerdings an Büchern. Auch da wusste das ältliche Fräulein aber Rat. Was sie von unseren Gastgebern an Kinderbüchern nicht ausleihen konnte, entlieh sie sich bei der Schule in der Kleinstadt.

Rechnen lernten wir mithilfe von Schneebällen, Steinen und Zapfen. Damit war aber unser Unterricht noch nicht erschöpft. Fräulein Gärtner unternahm mit uns kleine Wanderungen, wobei wir in der Natur Pflanzen, Tiere und Mineralien kennenlernten. Ja, sogar Englischunterricht erteilte sie uns auf spielerische Weise. Ob es ihr einfach Spaß gemacht hat, sich mal wieder in der einstmals erlernten Sprache zu üben? Oder war sie vielleicht sogar so weitblickend, dass sie dachte, diese Sprache könne uns in Zukunft von

Nutzen sein? Das war sie dann tatsächlich, nachdem die Amerikaner einmarschiert waren.

Auch sportlich trainierte sie uns. Nicht nur Laufen, Springen und Steinewerfen standen auf dem Stundenplan, sondern auch Wassersport. Obwohl es Ende April und Anfang Mai noch ziemlich kühl war im Attersee, »stürzte« sie sich mit uns in die Fluten. So lernten wir unter ihrer Anleitung schwimmen, wodurch bei mir der Grundstein gelegt wurde für meine Liebe zu diesem Sport. Die einzige Möglichkeit, wie die Mutter unserer Lehrerin ihre Dankbarkeit beweisen konnte, war, dass sie einige Näharbeiten für sie ausführte.

Irgendwann hieß es dann: »Der Krieg ist aus!« Wir Kinder, mittlerweile neun Jahre alt, begriffen sehr wohl, was das bedeutete. Von dem Tag an rechnete ich ganz fest damit, dass mein Vater bald wieder zu uns stoßen werde. Dann wollte ich die Erste sein, die ihn entdeckte. Aber so verzweifelt ich Ausschau hielt, es war nichts von ihm zu erblicken. Natürlich hofften wir auch, dass sich unsere Situation bald bessern würde, stattdessen wurde sie jedoch schlechter. Schon einige Tage – oder waren es Wochen? – nach Kriegsende wurden wir ausgewiesen. Nur mit unserem armseligen Handgepäck und unseren Puppen fest im Arm mussten wir zur nächstgelegenen Bahnstation marschieren und wurden mit unzähligen anderen Menschen in einen Viehwaggon gepfercht, der gleich darauf gen Norden ratterte. Von Zeit zu Zeit hielt der Zug auf freiem Feld an, wo wir uns in die Büsche schlagen konnten, um unsere Notdurft zu verrichten. Einige Male hielt er auch in einem Bahnhof, wo man uns als

einzige Nahrung Kartoffelschalen-Suppe reichte. Anfangs verzichteten wir großmütig. Aber schon bald
stürzten wir uns hungrig darauf.

Nicht lange nachdem wir die Grenze zu Deutschland passiert hatten, wurden wir in einem Auffangla-
ger untergebracht. Dort mussten wir auf Strohsäcken
schlafen, die auf dem Boden lagen. Mäuse waren
unsere Schlafkameraden. Auf unseren Strohlagern,
dicht gedrängt mit anderen, fingen wir uns Läuse und
Flöhe ein. Meine Mutter jammerte: »Dass es mal so
weit mit uns kommen würde, hätte ich mir in Berlin
nicht träumen lassen.«

Zu allem Übel mussten wir in diesem schrecklichen
Lager auch noch wesentlich länger ausharren als viele
andere Leute. Von dort kam man nämlich nur weg,
wenn man eine Adresse nachweisen konnte, wo man
Aufnahme finden würde. Dass meine Mutter nicht
mit uns nach Berlin zurückkonnte, war ihr klar. Also
schrieb sie an ihre Eltern in Kulmbach. Als von dort
ein negativer Bescheid eintraf, versuchte sie es bei
ihren Schwiegereltern. Auch die wollten uns nicht
haben. Einen letzten verzweifelten Versuch machte
sie bei ihrer Schwester Anneliese, die schon seit einigen Jahren in Ansbach lebte, und sie endlich signali-
sierte, dass sie bereit war, uns aufzunehmen. Das
rechne ich ihr heute noch hoch an, denn was meine
Mutter bei ihrer Anfrage nicht wusste: Ihre Schwester, die vorher in einem eigenen herrschaftlichen Haus
gelebt hatte, fristete jetzt mit ihrer achtzehnjährigen
Tochter ihr Dasein in zwei armseligen Zimmern bei
einem älteren Ehepaar. Die Amerikaner hatten bei
ihrem Einmarsch das Haus der Tante sogleich be-

schlagnahmt und den beiden Frauen eine winzige Notwohnung zugeteilt.

Tante Annelieses Mann, Onkel Willi, galt zu jener Zeit als in Russland vermisst. Es ist aber niemals mehr ein Lebenszeichen von ihm gekommen.

Meine Tante schlief fortan auf der Chaiselongue in dem Kämmerchen, das den hochtrabenden Namen Wohnzimmer führte und in dem auch gekocht wurde. Ihre Tochter Luise nächtigte daselbst auf einer Matratze, die tagsüber unter die Chaiselongue geschoben wurde. Uns aber hatten sie selbstloserweise das einzige Schlafzimmer überlassen. Ach, tat das gut, nach dem langen Lageraufenthalt wieder in einem richtigen Bett schlafen zu können, wenn wir Schwestern uns dieses auch teilen mussten.

Verständlicherweise bemühte sich meine Tante sehr darum, für uns eine andere Unterkunft zu finden. Da sie gute Beziehungen zur Stadtverwaltung hatte, wurden uns von der Behörde tatsächlich bald zwei Zimmer zugewiesen. So schnürten wir erneut unsere Bündel, klemmten unsere Puppen unter den Arm und wanderten hinaus zum Stadtrand. Dort fanden wir Aufnahme bei den bereits erwähnten bejahrten Damen, die nicht gerade begeistert über die Einquartierung waren. Aber damals wurde jeder, der noch ein einigermaßen intaktes Dach über dem Kopf hatte, verpflichtet, Flüchtlinge aufzunehmen. Zwei Zimmer, jedes etwa zwölf Quadratmeter groß, waren unser künftiges Zuhause. Darin mussten wir als vierköpfige Familie wohnen. Meine Großeltern väterlicherseits hatten nämlich nichts Eiligeres zu tun, als nun auch Gudrun zu uns zu schicken.

Bis dahin hatte meine älteste Schwester in meinem Leben keine besondere Rolle gespielt. In Berlin hatte sie immer nur kurze Gastspiele gegeben und war dann wieder zu ihren geliebten Großeltern nach Kulmbach zurückgekehrt. Dort hatte sie sich auch während der ganzen Zeit aufgehalten, die wir auf der Flucht waren. Nun war sie plötzlich da und wurde von uns Zwillingen nicht gerade begeistert begrüßt, denn durch sie wurde unser ohnehin schon knapper Wohnraum noch mehr eingeengt.

Der eine unserer beiden Wohnräume befand sich im Erdgeschoss und diente als Wohnküche. Er war ausgestattet mit einem Schrank, einem Holz- bzw. Kohleherd, einem Spülbecken, einem wackligen Tisch und zwei Stühlen. Zusätzlich gab es noch eine Chaiselongue, auf der beim Essen zwei von uns sitzen mussten. Im 1. Stock befand sich das Schlafzimmer, das außer einem schmalen Kleiderschrank drei Betten enthielt. In dem einen schliefen wir Zwillinge, in einem Gudrun und in dem dritten die Mutter.

Zu unserem Glück sprach es sich schnell herum, dass eine Schneidermeisterin eingezogen war. So bekam die Mutter bald von überallher Nähaufträge, womit sie uns über Wasser hielt. Die beiden alten Damen hatten ihr freundlicherweise ihre alte Nähmaschine zur Verfügung gestellt, unter der Bedingung, dass sie für sie kostenlos nähte und flickte. Diese Nähmaschine fand auch noch in einer Ecke der Küche Platz. Da es so gut wie keine neuen Stoffe zu kaufen gab, bestand Mutters Arbeit hauptsächlich darin, abgetragene Kleidungsstücke zu wenden, aus abgelegter Kleidung von Erwachsenen Kinderkleidung zu nähen oder aus zwei zerschlissenen Betttüchern ein neues zu machen.

Im Übrigen galt ihre ganze Fürsorge meiner kranken Schwester. Neidlos schaute ich zu, wenn ihr bei den Mahlzeiten die besten Brocken zugeschoben wurden. Um unseren Speiseplan, der in dieser Zeit bei allen Familien, die von Lebensmittelkarten »leben« mussten, nicht besonders üppig war, ein wenig aufzubessern, sammelten wir Fallobst. Damit erregten wir allerdings den Zorn der Bauern, die sogleich ihre Hunde auf uns hetzten. In der Dämmerung klauten wir Zuckerrüben, aus denen Mutter über Nacht Sirup als Brotaufstrich kochte.

Auch sonst fehlte es an allen Ecken und Enden am Nötigsten. Geld für Kleidung und Schuhe war ebenso wenig vorhanden wie für Schulranzen. Daher nähte uns die Mutter zwei strapazierfähige Umhängetaschen aus Stoffbahnen, die von Militärzelten herrührten. Wo sie diese aufgetrieben hatte, weiß ich nicht. Denn Mitte September begann für meine Zwillingsschwester und mich wirklich der Ernst des Lebens. Im Alter von mehr als achteinhalb Jahren wurden wir endlich eingeschult. Um uns den Schulanfang zu »versüßen«, wollte uns meine Mutter – weil das vor dem Krieg so üblich gewesen war – eine Schultüte mitgeben. Es gab jedoch nichts dergleichen zu kaufen. Deshalb bastelte sie aus steifem Papier, das die alten Damen noch in einer Schublade fanden, eigenhändig für jede von uns eine Tüte, was ich sehr lieb von ihr fand. Allerdings war nicht viel drin, es gab ja auch nicht viel. Süßigkeiten waren zu jener Zeit nicht aufzutreiben, und wenn, hätte Gretl sie nicht essen dürfen, also hätte ich ohnehin auch keine bekommen. Es waren einige Äpfel darin, ein paar Nüsse und Sachen, die man ohnehin für die Schule brauchte, wie Griffeldose mit Griffeln und ein Schwämmchen, ja sogar noch ein Malbüchlein und Farbstifte. Wo meine Mutter das wohl aufgetrieben hatte? Vielleicht hatte es der Kaufmann in unserer Straße noch aus der Vorkriegszeit in einer Ecke liegen gehabt.

Es muss ein eigenartiges Bild gewesen sein, als wir mit den anderen Erstklässlern in den Schulsaal marschierten. Gretl hätte vielleicht noch als Erstklässlerin durchgehen können, ich aber kam mir selber wie eine Riesin vor zwischen den kleinen Kindern, und das war mir äußerst peinlich. Zum Glück merkte die Lehrerin sehr bald, dass wir in ihrer Klasse fehl am Platze waren. Wir konnten ja schon längst fließend lesen und beherrschten spielend den Zahlenraum bis hundert. Also schickte sie uns in die nächsthöhere Klasse. Dort überragte ich die Mitschüler ebenfalls noch alle. Hier hatten wir einen Lehrer. Auch dieser merkte aber sehr schnell, dass wir dem Stoff der zweiten Klasse weit voraus waren. Wir konnten ja schon das ganze kleine Einmaleins. Daher wurden wir, nachdem er Rücksprache mit dem Schulleiter genommen hatte, in die 3. Klasse versetzt. Hier fühlten wir uns endlich wohl und fanden leicht den stofflichen Anschluss.

Ruhelose Jahre

Als unsere Konfirmation anstand, herrschte in unserer winzigen Wohnung reges Treiben und große Geschäftigkeit. Inzwischen waren die Zeiten erheblich besser geworden. Im Jahre 1948 hatte es die Währungsreform gegeben, und bald schon gab es danach in den Geschäften wieder alles, was das Herz begehrte. Nur fehlte es noch am nötigen Geld. Aber auch in dieser Hinsicht besserte sich die Lage zusehends, und Deutschland schickte sich an, sein Wirtschaftswunder zu erleben. Das machte sich auch in unserer Familie bemerkbar. Wochenlang hatte meine Mutter auf das Fest hin gespart, und tagelang hatte sie mit mir Kuchen gebacken. Für uns Zwillingsschwestern hatte sie rechtzeitig schicke schwarze Taftkleider genäht. Außer den Patinnen wurde die ganze Nachbarschaft eingeladen, und es wurde richtig gefeiert, nicht so armselig, wie das vier Jahre zuvor bei unserer Taufe gewesen war.

Dieses Fest war vor allem deshalb so schön für mich, weil mein Vater wieder da war. Mein armer Vater! Zu Beginn des Jahres 1950 hatte er plötzlich vor unserer Tür gestanden, und ich hatte ihn nicht einmal gleich wiedererkannt. In den vergangenen fünf Jahren war er für mich der große, starke, tapfere Held gewesen. In meiner Erinnerung war er blond und schön und strahlend. Und nun stand ein gebrochener Mann vor uns. Seine Gestalt war gebeugt, seine Haare grau und schütter, seine Augen hatten ihren Glanz verloren, und sein Gesicht drückte nichts als Resignation aus.

Dennoch, als ich begriffen hatte, dass er es war, stürzte ich auf ihn zu, umarmte ihn stürmisch und barg meinen Kopf weinend an seiner Brust. »Mein Goldschatz«, flüsterte er nur. Und schon war die alte Vertrautheit wieder da. Wie anders war dagegen die Reaktion meiner Mutter! Kein Umarmen, kein Kuss, kein liebevolles Wort, nur die Feststellung: »Jetzt wird es noch enger bei uns.« Nun waren wir fünf Personen auf zwei mal zwölf Quadratmetern, denn meine älteste Schwester Gudrun war aus der Schweiz zurückgekehrt.

In den verflossenen Jahren war es allein der Gedanke an die Rückkehr meines Vaters gewesen, der mich aufrecht erhalten hatte, denn es waren keine guten Jahre für mich gewesen. Seit Gretl auf die Realschule ging, war ich mir noch einsamer und verlorener vorgekommen. Hatten wir beiden Schwestern vorher wie Pech und Schwefel zusammengehalten, so entfremdeten wir uns nun mit der Zeit immer mehr. Nicht nur, dass ich in der Schule das Gefühl hatte, man habe die Hälfte von mir weggenommen, auch an den Nachmittagen und den Sonntagen verstand es meine Mutter, uns Schwestern auseinanderzudividieren. Die arme kranke Schwester wurde von ihr mehr und mehr abgeschottet. Sie durfte im Schlafzimmer sitzen, um dort ungestört ihre Hausaufgaben erledigen zu können. Ich dagegen musste froh sein, dass ich am Abend, wenn mir die Augen schon fast zufielen, an einer Ecke des Küchentisches noch schnell das Wichtigste hinschreiben durfte. Gretl lag zu dieser Zeit schon längst im Bett. Sie brauchte ja viel Schlaf, weil sie so viel lernen musste.

Tagsüber blieb mir zum Lernen und zum Hausaufgabenmachen keine Zeit. Denn vor mir türmten sich die häuslichen Pflichten, sobald ich von der Schule nach Hause kam: Abspülen, Putzen, Einkaufen, Waschen, Bügeln, Abstauben. Daneben musste ich noch oft in der Nachbarschaft Babysitter spielen, wodurch ich so manche Mark verdiente. Dieses Geld musste ich aber gewissenhaft zu Hause abgeben.

Obwohl ich ohne Murren alle Arbeiten übernahm und alles so gut erledigte, wie das eine Zwölf- oder Dreizehnjährige vermag, konnte ich meiner Mutter nichts recht machen. Immer hatte sie an mir etwas zu kritisieren. Nichts war schön genug, nichts war gut genug, nichts war ordentlich genug. Es wurde nur gemeckert, und ich habe mehr Schläge gekriegt als sonst was. Falls Gretl überhaupt mal irgendetwas im Haushalt machte, war das auch nicht schöner und besser als das, was ich tat. Sie aber wurde dafür nicht getadelt, sondern gelobt. Es wurde eben mit zweierlei Maß gemessen.

»Wenn du nicht alle vier Wochen eine Tracht Prügel kriegst, dann kann man mit dir nicht auskommen«, war ein beliebter Ausspruch meiner Mutter. Noch war es mir rätselhaft, warum sie immer eine solche Wut auf mich hatte. Aber kurz bevor mein Vater heimkehrte, erfuhr ich die Auflösung dieses Rätsels.

Wir hatten in der Schule eine Berufsberatung gehabt. Danach hatte ich es gewagt, zu Hause aus tiefstem Herzensgrunde zu seufzen: »Wie schade, dass ich nicht die Mittelschule besuchen konnte, dann hätte ich jetzt ganz andere berufliche Aussichten.« Da reagierte meine Mutter wie eine Furie. Sie verpasste mir eine Watschn und schrie mich an: »Auch noch undankbar sein! Bei allem, was ich für euch getan habe! Ich musste euch allein durch den Krieg bringen und durch die Hungerzeit danach! Du weißt genau, dass ich kein Geld hatte, dich auch noch auf diese Schule zu schicken!«

Bisher hatte ich bei solchen Diskussionen immer gleich klein bei gegeben. Jetzt aber ritt mich ein Teufel oder sonstwer, jedenfalls erwiderte ich: »Schulgeld hätte es dich ja gar nicht gekostet. Ich hätte ein Stipendium gekriegt, hat der Lehrer gesagt.«

Schon hatte ich die nächste Watschn. »Du Rotznase!«, fauchte sie. »Wie kannst du es wagen, deiner Mutter zu widersprechen! Es ist halt dein Pech, dass du kein Bub bist! Dann hättest du sogar aufs Gymnasium gehen und studieren dürfen. Ich hatte mir so sehr einen Sohn gewünscht. Dass du kein Sohn geworden bist, war die größte Enttäuschung meines Lebens.«

Ich sah an ihrem Gesichtsausdruck, dass sie das genauso meinte, wie sie es gesagt hatte. Für einen Moment verschlug es mir die Sprache. Dann quoll es aus mir heraus: »Ja, was kann ich denn dafür, dass ich kein Bub geworden bin? Warum sollte ausgerechnet ich einer sein? Die Gretl hätte doch genauso gut einer sein können. Warum machst du der keine Vorwürfe?«

»Lass mir die Gretl in Ruh!«, zischte sie mich an. »Sie ist ein krankes Kind.«

»Ich weiß!« Das bekam ich ja oft genug zu hören, und ich nahm auch unentwegt darauf Rücksicht und musste oft genug deswegen zurückstecken. »Aber bei ihrer Geburt war sie genauso gesund wie ich. Warum also ich? Warum hat es dich bei ihr nie gestört, dass sie kein Sohn ist?«

Denn dass es so gewesen war, wusste ich auf einmal ganz genau. Meine Mutter machte auch gar keinen Versuch, es abzustreiten.

»Weil du als erste angeschossen kamst«, gab sie zurück. »Weil du von vornherein kräftiger und lebhafter warst. Wie oft habe ich mir anhören müssen, wenn du über Zäune gestiegen und auf Bäume geklettert bist, an dir sei ein Bub verloren. Ja, es ist wirklich so, der Sohn, den ich hätte haben sollen, ist an dir verloren gegangen.«

Damit war unser Gespräch beendet, und ich wünschte mir einmal mehr sehnsüchtig meinen Vater herbei. Wenn ich auch in den Augen meiner Mutter ein Nichts, ein unnützer Esser, ein aufsässiges Mädchen und die Schuldige daran war, dass sie keinen Sohn hatte, so galt ich doch bei meinem Vater etwas, daran erinnerte ich mich deutlich. Er hatte es mir im Gegensatz zur Mutter nie übel genommen, dass ich dann doch nicht der erwartete Sohn war, obwohl er sich sicher genauso wie sie einen gewünscht hatte. Er liebte mich so, wie ich war. Ich war sein liebes kleines Mädchen, sein Goldschatz. Und wieder einmal – wie so oft in den vergangenen Jahren – schickte ich heiße, flehende Gebete zum Himmel und bat um das Wunder, dass mein Vater zurückkehren möge.

Und wirklich, wenige Wochen später geschah das Wunder: Mein Vater war zurück! Aber wie bereits erwähnt: Er war nicht mehr der strahlende Held, der Beschützer eines kleinen Mädchens, als der er uns verlassen hatte. Ein gebrochener Mann kehrte zurück, gebrochen an Leib und Seele, als einer, der selbst Schutz und Hilfe benötigte. Meine Mutter war jedoch nicht gewillt, ihm dies zu geben. Im Gegenteil, jeden Tag ließ sie ihn spüren, dass sie ihn für die ärmlichen Verhältnisse verantwortlich machte, in denen wir lebten. In ihren Augen war er ja mitschuldig an dem verlorenen Krieg und den Folgen, die das für sie hatte: Abgesehen davon, dass sie allen Besitz verloren hatte, litt sie darunter, dass sie nicht mehr die feine, angesehene Dame war, mit Personal und Vaters Chauffeur, wie einst in Berlin. Auch meine Schwestern zeigten ihm – durch die Reden der Mutter negativ beeinflusst – mehr oder weniger die kalte Schulter.

Von diesem gebrochenen Mann war für mich keine Hilfe und keine Unterstützung zu erwarten, das spürte ich instinktiv. Stattdessen kehrte sich jetzt das Verhältnis um: War er damals für die kleine Liesl der Starke, der Beschützende gewesen, so war er nun der Schwache, für den ich die Beschützerrolle übernahm. Ich verteidigte ihn gegen Mutter und Schwestern und zeigte ihm, dass er für mich immer noch derselbe war wie vor seiner Gefangenschaft. Das dankte er mir mit seiner Liebe und Zuneigung, die sich in seinen Blicken und zärtlichen Gesten zeigten; Worte wurden nicht viele zwischen uns gewechselt. Aus seiner Liebe schöpfte ich die Kraft, die ich fürs Überleben brauchte.

Vor seiner militärischen Laufbahn hatte mein Vater beim Finanzamt in Kulmbach gearbeitet. Danach war er einige Jahre als bilanzsicherer Buchhalter tätig gewesen. Deshalb versuchte er, wieder in einer solchen

Stelle unterzukommen. Doch beim Arbeitsamt hatte man für ihn nichts anderes übrig als eine Stelle beim Straßenbau, als Steineschlepper und Steineklopfer. Diese zwangsweise Tätigkeit demütigte ihn sehr, zumal in dieser Zeit weder meine Schwestern noch meine Mutter ein gutes Haar an ihm ließen, was ihn zusätzlich zermürbte. Seine Unterbringung in der Familienwohnung war ebenso entwürdigend. Seine Frau verweigerte ihm den Einzug ins Schlafzimmer. In dem zwölf Quadratmeter großen Raum, der tagsüber als Küche, Waschraum, Wohnraum und Schneiderei diente, musste der Mann seine Nächte auf der Chaiselongue verbringen. Sogar seine eigenen Eltern verhielten sich ihm gegenüber mehr als schäbig. Nach seiner Rückkehr aus dem Gefängnis ließen sie ihn nicht mehr in ihre Wohnung – aus genau dem gleichen Grund, aus dem sie ihn früher hofiert und vor anderen mit ihm angegeben hatten: weil er ein SS-Mann gewesen war und der Nazipartei seine Karriere zu verdanken gehabt hatte. Das drückte ihn natürlich zusätzlich seelisch nieder.

Mein früher so redegewandter Vater war nach seiner Rückkehr total wortkarg. Von sich aus sprach er nie über die fünf Jahre, die er getrennt von uns verbracht hatte, und ich wagte es nicht, ihn danach zu fragen. So blieb ich auch darüber im Ungewissen, ob die Vorwürfe meiner Mutter, er sei ein Kriegsverbrecher, aus der Luft gegriffen waren oder ob doch irgendetwas dran war.

Inzwischen hatte ich mein vierzehntes Lebensjahr vollendet, und die Zeit meiner Schulpflicht war abgelaufen. Da ich keine weiterführende Schule hatte besuchen dürfen, hegte ich seit geraumer Zeit einen konkreten Berufswunsch, für den keine höhere Schulbildung erforderlich war. Säuglingsschwester wollte ich werden. Mit der Ausbildung dazu konnte man aber erst beginnen, wenn man achtzehn war.

»Bilde dir nur nicht ein, dass wir dich bis dahin durchfüttern«, warnte mich meine Mutter in ihrer üblichen liebenswürdigen Art.

Aber das erwartete ich auch gar nicht. Ich wollte nach einer Arbeit suchen, mit der ich diese Zeit überbrücken konnte. In der Berufsberatung hatte man uns gesagt, dass man, wenn man Säuglingsschwester werden wollte, ohnehin ein Haushaltsjahr in einem Haushalt mit Kindern nachweisen musste.

Noch ehe ich mich auf die Suche nach einer entsprechenden Stelle begeben konnte, kam ein Brief von einem entfernten Verwandten meines Vaters. Er fragte an, ob nicht eine seiner Töchter zu ihm kommen wolle, um seine beiden Söhne zu betreuen – drei und sieben Jahre alt –, denn seine Frau arbeite in der Firma mit. Meine Mutter schickte ihm umgehend eine Zusage. Sie fragte mich vorher nicht einmal. Als ich kurz darauf mein Elternhaus verließ, befand ich mich deshalb in einer zwiespältigen Stimmung. Einerseits war ich froh, der häuslichen Enge entfliehen zu können, andererseits hatte ich das Gefühl, aus dem Nest geworfen zu werden, während meine Zwillingsschwester wohlbehütet darin hocken bleiben durfte. Mit einer gewissen Beklemmung trat ich also die weite Reise an, und als mein Vater mich in den Zug setzte, liefen mir hemmungslos die Tränen über die Wangen. Mein Ziel war Tailfingen, das in der Nähe von Stuttgart liegt. Dort sollte ich also ein ganzes Jahr bei wildfremden Menschen verbringen.

Doch ich hatte mehr Glück, als ich je zu träumen gewagt hatte. Von dem äußerst netten Ehepaar wurde ich sehr freundlich aufgenommen, und ich durfte sie gleich Onkel und Tante nennen. Onkel Eduard war Inhaber einer gutgehenden Wäschefabrik, in der Tante Elisabeth die Buchführung machte. Sie besaßen ein villenartiges Haus, und vor der Tür stand selbstverständlich schon ein tolles Auto, ein Mercedes 170. Es gab eine Putzfrau und eine Köchin, sodass ich wirklich nur für die beiden Buben verantwortlich war. Und das war eine leichte Aufgabe, denn der Ältere ging bereits zur Schule, sodass ich mich am Vormittag nur um den Kleinen zu kümmern brauchte.

In diesem Hause wurde ich gehalten wie eine Tochter. Ach, was sage ich denn, hier wurde ich viel besser behandelt, als ich es als Tochter jemals erlebt hatte. Ich wurde regelrecht verwöhnt und kam mir vor wie eine Prinzessin. Ein großes sonniges Zimmer mit Balkon, Heizung und eigener Toilette stand mir zur Verfügung. Natürlich war ich auch voll in das Familienleben eingebunden. Tante Elisabeth mochte mich wohl sehr gern, denn sie erfüllte mir jeden Wunsch. Die Herrschaften fuhren damals schon zwischen den Jahren zum Skilaufen nach Oberstdorf, ins Hotel »Mohren«. Natürlich durfte ich mit und bekam in dem Hotel mit den beiden Kindern zusammen ein schönes Zimmer. Silvester feierten wir gemeinsam in fröhlicher Stimmung.

Ja, es war eigentlich alles wie ein Märchen, viel zu schön, um wahr zu sein. Und das Schicksal, vor dem wir völlig machtlos sind, hatte bereits seine Fäden gesponnen. Nach einem halben Jahr war der ganze Traum schon wieder vorbei. Onkel Eduard erlag an einem sonnigen Februar-Nachmittag auf der Skipiste einem Herzinfarkt. Er wurde nur vierzig Jahre alt.

Man behielt mich noch bis nach der Beerdigung in Tailfingen, dann eröffnete mir die Tante, dass sie mich nicht behalten könne. Es sei ihr nicht mehr möglich, mich zu bezahlen. Obwohl ich dafür volles Verständnis hatte, kam mir diese Kündigung vor wie ein Hinauswurf aus dem Paradies. Meine Welt brach wieder einmal zusammen, und ich musste wieder zurück in die lieblosen, beengten Verhältnisse zu Hause, die mir nun erst recht wie die Hölle vorkamen.

Nein, ganz so war es dann doch nicht. Mein Papa war ja auch noch da. Seine Augen leuchteten auf, als er mich endlich wieder in die Arme schließen konnte. Ihm ging es mittlerweile auch wieder etwas besser. Er war nicht mehr im Straßenbau beschäftigt, er musste keine Steine mehr schleppen und brauchte keine Steine mehr zu klopfen. Diese Aufgabe war, wie ich dann erfuhr, ein Teil seiner Strafe für seine Parteizugehörigkeit gewesen. Nach einem halben Jahr hatte ihm das Arbeitsamt eine andere Stelle zugewiesen. In einer Herdfabrik durfte er nun Öfen emaillieren. Dadurch verdiente er auch etwas mehr.

Meiner Mutter war es ein Dorn im Auge, dass ich wieder zu Hause wohnte. Deshalb setzte sie alles daran, mich so schnell wie möglich wieder loszuwerden. Das war mir gerade recht, denn nachdem ich einen Blick ins Paradies geworfen hatte, gefiel es mir zu Hause ganz und gar nicht mehr. Daran konnte auch die Liebe meines Vaters nichts ändern, die ich wie eine wärmende Decke in dieser frostigen Umgebung empfand, und auch nicht mein Bewusstsein, dass ich Stütze und Halt für ihn war. Innerlich machte ich einen Freudensprung, als meine Mutter mir ankündigte, sie habe in Nürnberg eine Familie gefunden, bei der ich mein Haushaltsjahr fortsetzen könne. Dort sollte es erneut meine Aufgabe sein, zwei Kinder zu betreuen.

Überglücklich machte ich mich auf die Reise zu meinem neuen Wirkungskreis. Doch das böse Erwachen sollte allzu bald folgen. Diese Leute waren ebenfalls vermögend; sie betrieben einen Obst- und Gemüsegroßhandel. Dennoch wurde mein Leben in diesem Hause für mich zu einem Albtraum. Das ältere Kind, ein Mädchen von fünf Jahren, war ein verzogenes Balg und machte mir das Leben schwer. Und das Baby, einen sechs Monate alten Jungen, durfte ich noch nicht mal anfassen; ich durfte ihn lediglich spazieren fahren. Damit ich dennoch ausgelastet war, setzte man mich als Putzfrau ein.

Das war aber nicht das Schlimmste. Das Schlimmste war meine Unterbringung. Meine Schlafstelle war ein Bett, das im Flur stand, nur durch einen Vorhang abgetrennt, und der Hausherr ließ keine Gelegenheit aus, mich anzugrabschen. Aber der Albtraum war zumindest kürzer als der Blick, den ich zuvor ins Paradies getan hatte: Als ich eines Tages in der Speisekammer ein Stückchen vom bereits angeschnittenen Kuchen nahm, legte man mir dieses Tun als Diebstahl aus, und nahm das als Grund für eine fristlose Kündigung. Die Hausfrau hatte den Kuchen eigens zur Kontrolle gezeichnet. Nach vier Wochen stand ich also wieder mit meinem Koffer daheim vor der Tür.

Nun ergriff mein Vater die Initiative. »Dieses ›Kindermädchenspielen‹ mit ungewisser Arbeitsdauer ist nicht das Richtige für dich. Bis du achtzehn bist, ist noch lange hin. Diese Zeit reicht leicht aus für eine anständige Lehre mit allem Drum und Dran. Dann hast du schon mal einen abgeschlossenen Beruf und kannst hinterher – falls du das dann noch willst – immer noch Säuglingsschwester werden.«

Er schloss für mich einen Lehrvertrag ab als Großhandels-Kauffrau. Damit war allerdings das Problem meiner Unterbringung nicht gelöst. Zu meinem Leidwesen musste ich weiterhin jeden Abend in die häusliche Enge zurückkehren. Aber wieder kam es zu einem überraschenden, jähen Ende schon nach kurzer Zeit: Der Kurzwaren-Großhandel, wo ich meine Ausbildung begonnen hatte, ging nach einem halben Jahr pleite. Meinem Vater gelang es jedoch, mich binnen weniger Tage in einem Süßwaren-Großhandel unterzubringen, wo ich die größere »Hälfte« meiner Lehre mit sehr gutem Abschluss zu Ende brachte.

Mein Wunsch, Säuglingsschwester zu werden, war da noch nicht gestorben. Ich war aber noch immer keine achtzehn! Also galt es, diese Zeit irgendwie zu überbrücken. Das tat ich einerseits damit, dass ich daheim wieder die »Hausmagd« spielte, andererseits, indem ich im nahegelegenen Lebensmittelgeschäft aushalf, wenn Not am Mann war.

Zwischenzeitlich hatte sich bei uns zu Hause einiges zum Positiven gewendet. Mein Vater hatte eine neue Stelle gefunden, eine Position als Buchhalter in einem neu gegründeten Kaufhaus. Das brachte nicht nur mehr Geld in die Haushaltskasse, es steigerte auch sein Selbstwertgefühl wieder. Zu verdanken hatte er diesen Aufstieg meiner Tante Anneliese. Sie, die mehr Mitleid mit ihrem Schwager hatte als seine eigene Ehefrau, hatte mal wieder ihre Verbindungen im Städtchen spielen lassen. Doch trotz ihrer Beziehungen, da konnte ich sicher sein, hätte er die Stelle gewiss nicht bekommen, wenn er schwarze Flecken auf seiner Weste gehabt, also Kriegsverbrechen begangen hätte. Der Inhaber des Kaufhauses, wo er angestellt wurde, war nämlich Jude. Trotzdem stellte er meinen Vater ein, nachdem er seine Papiere gewissenhaft geprüft hatte, und er sollte es auch nicht bereuen. Denn bald schon war er von der Art meines Vaters und von seiner Arbeitsleistung ebenso begeistert wie seine Mitarbeiter. Vater avancierte schon nach kurzer Zeit zum Personalchef, und alle waren sich einig, dass er die Seele des Hauses war. Schon nach wenigen Wochen nannte jeder ihn liebevoll »Papa Wagner«.

Weil er sich in dieser Firma anerkannt und geliebt wusste, arbeitete er oft lange über das offizielle Dienstende hinaus, meist bis 19.30 oder 20 Uhr. Es gab ja nichts, das ihn nach Hause zog, weil er dort nichts als scheele Blicke und Häme erntete. Schon vor 8 Uhr verließ er morgens gut gelaunt das Haus, um seinen Dienst um 8.30 Uhr anzutreten. Von 12 bis 14 Uhr hatte er Mittagspause. Davon benötigte er eine halbe Stunde für den Heimweg und eine halbe Stunde fürs Essen. Dann blieb ihm noch genau eine halbe Stunde für seinen Mittagsschlaf, ehe er wieder zu seinem Arbeitsplatz zurückwanderte.

Obwohl seine Frau ihn bewusst aus ihrem Leben und aus ihrer Schlafkammer aussperrte, obwohl sie ihm statt Liebe und Zärtlichkeit nur Verachtung und Spott entgegenbrachte, war sie nun wegen seiner Überstunden eifersüchtig. Ohne irgendwelche Anhaltspunkte dafür zu haben, unterstellte sie ihm ein Verhältnis mit der Frau des Chefs. Dabei saß er Abend für Abend ganz alleine in seinem Büro und widmete sich seiner Arbeit, froh, dem heimischen Hexenkessel noch für einen gewissen Zeitraum entronnen zu sein.

Ja, durch die neue Anstellung brachte der Vater nicht nur mehr Geld nach Hause, nun verbesserte sich unsere Wohnsituation auch bald ganz erheblich. Der Kaufhausbesitzer verhalf uns nämlich zu einer Vierzimmerwohnung mit Küche und Bad! Zentralheizung gab es zwar keine, aber so etwas hatte damals ohnehin noch fast niemand. Im Bad stand ein Kohleofen, der gleichzeitig das Badewasser erhitzte, in der Küche wurde mit dem normalen Kochherd geheizt und im Wohnzimmer sorgte ein Kachelofen für behagliche Wärme. Meine Aufgabe war es also künftig, statt für einen Ofen das Brennmaterial aus dem Keller in den zweiten Stock zu schaffen, dies für drei Feuerstellen zu tun. Das tat aber meiner Freude über die neue Wohnung keinen Abbruch.

Dennoch war ich schon sehr bald ernüchtert. Das lag aber nicht am Holz- und Kohleschleppen. Nein, das hatte eine andere Ursache! Selbst in der wesentlich größeren Wohnung gab es für mich keinen Platz! Das größere der Schlafzimmer bekamen – verständlicherweise – meine Eltern, wenn auch ihre Betten weit auseinander in getrennten Ecken standen. Die beiden anderen Schlafzimmer waren winzig. Eines davon bekam Gudrun, die mittlerweile in Ansbach in einem Büro arbeitete, das andere Gretl – sie musste ja ungestört für die Schule arbeiten können. Ja, wäre ich ein Bub, musste ich mir anhören, hätte natürlich ich eines der Zimmer bekommen. So aber blieb für mich, das arme Aschenputtel, das auch in der neuen Wohnung alle Hausarbeiten zu erledigen hatte, nichts anderes übrig als eine Schlafstelle in dem verräucherten Wohnzimmer. Obwohl in unserem Hause – trotz des besseren Verdienstes meines Vaters – stets Geldmangel herrschte, für Zigaretten reichte es immer. Oder waren die Zigaretten die Ursache für die chronische Geldknappheit? Jedenfalls brachte es mein Vater oft auf sechzig Zigaretten am Tag und meine Mutter auf nicht viel weniger. Andererseits konnte ich meine Eltern verstehen; dieses Laster war vermutlich die einzige Freude, die ihnen nach dem Krieg geblieben war.

Meine Kleidung durfte ich – gnädigerweise – in die Schränke meiner Schwestern hängen. Zusätzlich gab es noch eine Schublade für persönliche Dinge im Zimmer meiner Zwillingsschwester.

Als es nach einigen Monaten hieß, Gudrun werde ausziehen, weil sie in Roth bei Nürnberg eine Bürostelle gefunden hatte, freute ich mich schon darauf, endlich ein eigenes Zimmer zu bekommen. Doch diese Freude wurde schnell zerschlagen. Nicht ich bekam das frei werdende Zimmer, sondern ein Untermieter, womit Mutter ihr Wirtschaftsgeld aufbesserte.

Nun reichte es mir endgültig. Ich »ergriff die Flucht« und setzte mich nach München ab, was meiner Mutter sehr gelegen kam, weil ich ihr damit aus den Augen war, obwohl sie in mir auch ihre Haushaltshilfe verlor. Im Café Rischart am Marienplatz fand ich Arbeit, aber nicht im Büro, sondern im Café, wo ich Mädchen für alles war. Zu meinen Aufgaben gehörte Kaffee kochen – mein Dienst begann morgens um sechs Uhr an der Kaffeemaschine –, Kuchen schneiden und bedienen. Nach Ladenschluss musste ich selbstverständlich sämtliche Räume des Cafés putzen. Viel Geld bekam ich für meine Arbeit auch nicht. Dennoch war ich zufrieden, denn Kost und Logis wurden mir nicht vom Lohn abgezogen. Und hungern brauchte man in diesem Hause wirklich nicht. Von dem übriggebliebenen Kuchen durfte ich so viel essen, wie ich wollte.

In diesem Haus blieb es nicht aus, dass ich immer wieder etwas über das Oktoberfest hörte. Ob Gäste oder Mitarbeiter, jeder schwärmte davon, je näher es auf den September zuging, desto mehr. Deshalb brannte ich darauf, es auch mal zu erleben. Einen kleinen Vorgeschmack von diesem Volksfest bekam ich bereits am Nachmittag des Eröffnungstages. Bei uns marschierte nämlich der ganze Festzug vorbei. An Arbeiten war da natürlich nicht zu denken. Es gab aber auch nichts zu arbeiten: Bei diesem Ereignis setzte sich doch kein Mensch ins Café. Alles, was Beine hatte, stand am Straßenrand und begleitete den farbenfrohen Zug mit Hochrufen.

Ich selbst hatte sogar einen »Logenplatz«. Von meinem Zimmer aus, das im 5. Stock lag, hatte ich den besten Überblick, den man sich denken kann. Niemand stand vor mir, der mir die Sicht versperrt hätte. Zwei Stunden dauerte das Spektakel. Alles bewegte sich in Richtung Theresienwiese. Trachtengruppen aus den verschiedensten Regionen Bayerns marschierten vorbei, jeweils angeführt von einer Musikkapelle. Dazwischen fuhren die mächtigen Brauereiwagen mit den prächtig geschmückten Pferden davor. Und dahinter schloss sich jede Menge Fußvolk an. Alle wollten dabei sein, wenn der Oberbürgermeister mit wuchtigen Hammerschlägen den Zapfhahn ins erste Bierfass trieb, dem der traditionelle Ausruf folgte: »Ozapft is!«

Das Fest würde sich über zwei Wochen erstrecken. Deshalb dachte ich, da würde sich vielleicht doch mal eine Gelegenheit finden, für einige Stunden hinzugehen. Diese Möglichkeit ergab sich sogar noch schneller, als ich mir das erträumt hatte. Nachdem der Rummel an unserem Haus vorbeigezogen war, fragte mich die Chefin: »Was ist, Liesl, magst nicht mal auf's Oktoberfest?«

»Ja, schon«, antwortete ich zögerlich, weil ich nicht wusste, wie die Frage gemeint war. »Aber ich werde ja nicht wegkönnen.«

»Freilich kannst weg. Heut Abend schon. Zu uns wird sich kaum jemand verlaufen. Die sind doch jetzt alle auf der Wies'n. Du kannst jetzt gleich deinen Abwasch machen und putzen, nachher kannst gehn.«

So schnell hatte ich noch nie im Leben abgespült und geputzt. Ich zog mein bestes Gewand an und machte mich, ganz alleine, gegen 19 Uhr auf den Weg. Von Weitem schon konnte ich das Riesenrad sehen, das alles überragte, und nach einer guten halben Stunde hatte ich den größten Rummelplatz der Welt erreicht und war mitten drin im vollen prallen Leben. Man brauchte gar nicht zu gehen, die Menschenmenge schob einen zwischen den unzähligen Hütten, Buden und Fahrgeschäften immer weiter.

Von allen Seiten ertönten die Lautsprecher, um Gäste anzulocken, und ich wusste gar nicht, wo ich zuerst hinschauen sollte. Zu gerne wäre ich mal mit dem Riesenrad oder einem anderen der aufregenden Fahrzeuge gefahren. Aber auch an einer Wurfbude hätte ich mich gerne betätigt oder meine Schießkünste erprobt. Das Gruselkabinett oder die Hütte einer Wahrsagerin lockten mich ebenfalls. Und erst die Süßigkeitenstände! Ob bei den Waffeln, den gebrannten Mandeln oder der Zuckerwatte, bei jedem hätte ich gern zugeschlagen. Dumm nur, dass ich so wenig Geld hatte!

Das Wichtigste am Oktoberfest sei das Bier, hatte man mir klargemacht. Wenn ich mir also sonst nichts leisten konnte, eine Maß musste wenigstens drin sein, und so ließ ich mich von der wogenden Menge bis zu einem Festzelt schieben. Innerhalb des Zeltes ging das Geschiebe weiter, rechts, an unzähligen Tischen vorbei. Hatte ich mir eingebildet, ich brauche mir nur einen Sitzplatz zu suchen, so hatte ich mich mächtig geirrt. So weit das Auge reichte, waren die mit weiß-blauen Decken dekorierten Tische bis auf den letzten Platz besetzt. Ich wurde vorbeigeschoben an der Hähnchenbraterei. Diese Vögel, dicht bei dicht auf langen Stangen aufgespießt, drehten sich ständig. Sie sahen so appetitlich aus und rochen so verführerisch, dass mir das Wasser im Mund zusammenlief. Noch mehr beeindruckte mich jedoch der ausgewachsene Ochse, der sich an einem Riesenspieß unaufhörlich um seine eigene Achse drehte. Schließlich war ich so weit vorne im Zelt angelangt, dass die wogende Menge begann, mich auf der anderen Seite wieder hinauszuspülen. Deshalb krallte ich mich an einem Tisch fest. Schließlich wollte ich ja »das Leben« in vollen Zügen genießen. Dazu gehörte mindestens »eine Maß« und eine der überdimensionalen Brezn. Solche hatte ich in meinem Leben noch nicht gesehen. Also quetschte ich mich mit einer Pobacke auf die nächstbeste Bank neben eine ältere Dame. Bier und Brezn waren schneller da, als ich schauen konnte. Verständlicherweise wurde sofort kassiert. Bei dieser Gelegenheit überschlug ich meine Barschaft. Nein, zu einem halben Hendl reichte es nicht mehr. Schade!

Sich zu unterhalten war unmöglich, denn die Musikkapelle auf der Bühne, die sich unmittelbar vor uns befand, spielte so laut, dass man sein eigenes Wort nicht verstanden hätte. Aber mir war das egal. Ich war glücklich, so mittendrin zu sein in dem, was man Gaudi nannte. An meinem Bier nippte ich nur hin und wieder, und an meiner Brezn nagte ich zaghaft, nur um möglichst lange bleiben zu können.

Das Geschiebe in den Gängen hielt unvermindert an. Nach einer Stunde etwa versprach es, gemütlicher zu werden. Die Blasmusik legte eine Pause ein und die Dame zu meiner Rechten schien sich mit mir unterhalten zu wollen, denn sie stupste mich an. Erwartungsfroh wandte ich mich zu ihr hin. Zu meiner Enttäuschung war ihre Rede aber nur sehr kurz. »Verzeihung, Fräulein, lassen's uns bittschön mal raus.«

Sie und ihr Begleiter verließen das Zelt. Ich rutschte in die Bank hinein und kam neben einen jungen Burschen zu sitzen, was mir nicht unangenehm war. Und schon quetschten sich von links zwei junge Männer auf die frei gewordenen Plätze. Na, da würde doch endlich mal eine angenehme Unterhaltung in Gang kommen. Pustekuchen! Sie interessierten sich alle nur für ihr Bier. Nach der zweiten Maß machten sie endlich den Mund auf. Das war aber noch enttäuschender. Sie sprachen mich nämlich nur dumm an, alle drei. Und der Typ von gegenüber auch. Da es mir zu blöd war, darauf zu antworten, waren sie wieder still. Nach der dritten Maß aber fiel ihnen etwas Neues ein. Erst begrabschte mich der eine und dann der andere meiner Sitznachbarn. Empört teilte ich rechts und links eine Watschn aus, stand auf und marschierte erhobenen Hauptes hinaus. Das war nun möglich, denn das Gedränge in den Gängen hatte inzwischen etwas nachgelassen.

Draußen bot sich mir aber ebenfalls kein erhebender Anblick. Obwohl es erst 22 Uhr war, standen überall bereits besoffene Kerle rum, die entweder bieselten oder kotzten. Grauenvoll! So schnell mich meine Beine trugen, strebte ich dem Ausgang der Wies'n zu. Glücklicherweise war die Straße normal belebt mit normalen Menschen, sodass ich mich nicht zu ängstigen brauchte.

»Nie wieder Oktoberfest!«, schwor ich mir, als ich mein Zimmer wohlbehalten erreicht hatte. Erst Jahrzehnte später bin ich mal wieder dort gewesen, aber in Begleitung.

Im Café Rischart war meines Bleibens auch nicht lange. Nachdem ich etwa ein halbes Jahr dort gearbeitet hatte, verschlief ich einmal morgens, und man musste mich zum Kaffeekochen holen. Zwei Stunden später hatte ich meine Papiere sowie das restliche Gehalt in der Hand und saß mit meinem Koffer auf der Straße. Jetzt war mit meinem ganzen Hab und Gut, welches ich gerade noch tragen konnte, Tippeln angesagt.

So ging ich vom Marienplatz in Richtung Schwabing und fand in der Kaulbachstraße in einer kleinen Pension ein Zimmer für hundert Mark im Monat. Zwei Tage später hatte ich wieder eine Stelle, diesmal als Büroangestellte in einem Süßwaren-Großhandel. Das hört sich ja eigentlich nicht schlecht an, aber das Gehalt, das ich bekam, war zu wenig, um in München davon zu leben, und zum Sterben wieder zu viel. Nicht selten war Anschreibenlassen im Tante-Emma-Laden angesagt, und weil es das Billigste war, was ich auftreiben konnte, bestand dann meine Kost häufig bis zum nächsten Zahltag aus Spaghetti mit Tomatensoße, die ich mir auf dem kleinen Zimmerofen kochte. Eigentlich war das gar nicht erlaubt. Die Pensionswirtin hatte mir lediglich zugestanden, dass ich mir darauf mein Wasser heiß machen dürfe, um meine Nescafé-Proben aus der Firma aufzugießen.

Um zu meiner Arbeitsstelle zu gelangen, hätte ich die Straßenbahn benutzen können. Aber eine einfache Fahrt kostete fünfzig Pfennig, und das war mir zu teuer. Für diesen Betrag bekam man sechs Zigaretten. Da ging ich lieber den ganzen Weg zu Fuß und verrauchte mein Geld stattdessen. Wenn es dennoch nicht für Glimmstängel reichte, drehte ich mir selber welche aus Brennnesselkraut oder aus Ami-Kippen, die länger waren als die von deutschen Rauchern und die man allenthalben auf der Straße finden konnte.

Da ich in dieser Zeit ein mehr als bescheidenes Leben führte, wanderten meine Gedanken oft nach Hause. Daheim musste inzwischen ein Zimmer frei sein – falls die Mutter dieses nicht auch schon vermietet hatte. Das wusste ich aus einem Brief meines Vaters. Gretl hatte schon vor einiger Zeit ihren Realschulabschluss gemacht, mit gutem Ergebnis, wie es hieß. Damit hätte sie ohne Weiteres eine Bürostelle antreten können, denn außer vielen anderen Fächern hatte sie dort kaufmännisches Rechnen ebenso gelernt wie Maschinenschreiben und Stenografie. Was aber tat sie? Monatelang hing sie zu Hause herum, und dann entschloss sie sich, nach München auf die Caritasschule in der Nymphenburger Straße zu gehen, eine Schule zur Vorbereitung auf soziale Berufe, wie Hebamme, Krankenschwester, Fürsorgerin oder Kindergärtnerin, schrieb mein Vater. Einen Stich versetzte mir das schon. Das wäre ja genau die richtige Schule für mich gewesen! Warum nur hatte man mich nicht dorthin geschickt? Und warum nutzte Gretl die Chancen nicht, die ihr der Realschulabschluss bot?

Letztlich konnte es mir egal sein, denn ich hatte ja inzwischen ohnehin einen anderen Weg eingeschlagen und mein früheres Berufsziel schon mehr oder weniger aufgegeben. Zumindest wollte ich nun aber Gretl, da sie mir schon so nah war, auch einmal besuchen. Am nächstfolgenden Sonntag erlaubte ich mir eine Straßenbahnfahrt hinaus nach Nymphenburg. An der Pforte fragte ich nach meiner Schwester. Sie sei – wie jedes Wochenende – nach Hause gefahren, gab man mir Bescheid. Enttäuscht trat ich meinen Rückweg an. Diesmal nahm ich nicht die Straßenbahn. Da ich die

Zeit, die für den Besuch eingeplant war, eingespart hatte, konnte ich mir nun das Fahrgeld sparen. Der Weg durch die Stadt zog sich aber ganz schön, und als ich endlich in meinem Zimmer ankam, brannten mir die Fußsohlen von dem langen Tippeln über Asphalt.

An meinem nächsten freien Werktagnachmittag nahm ich einen weiteren Anlauf, um meine Schwester zu besuchen. Erneut begab ich mich per Straßenbahn in die Nymphenburger Straße, und abermals hatte ich Pech. »Die Schülerinnen befinden sich im Unterricht«, wollte mich die Pfortenschwester abfertigen. Doch so schnell ließ ich mich diesmal nicht abwimmeln. »Und wie sieht es vormittags aus?«, wollte ich wissen.

»Da müssen sie arbeiten.«

»Aha. Und bis wann geht der Unterricht heute?«

»Bis 17 Uhr.«

»Gut, dann werde ich so lange warten.«

»Um 18 Uhr ist aber bereits das Nachtessen«, klärte mich die Schwester auf.

Das fand ich aber nicht so tragisch. Eine Stunde reichte ja, um ein bisschen miteinander zu reden. Bis 17 Uhr ging ich im Nymphenburger Park spazieren, und dann war es endlich so weit: Meine Schwester und ich fielen uns um den Hals, als wir uns vor dem Schulgebäude wiedersahen. Die knappe Stunde bis zum Abendesssen nutzten wir, um uns gegenseitig zu berichten, was wir machten. Dabei verschwieg ich allerdings, wie knapp ich mit dem Geld dran war, denn davon sollte meine Mutter auf keinen Fall etwas erfahren. Gretl schien mit ihrer Schule ganz zufrieden. Sie waren fünfundzwanzig Schülerinnen in dem Kurs. Sie hatten, wie ich ja schon erfahren hatte, am Nachmittag

theoretischen Unterricht und am Vormittag prakti-
schen, das heißt, da waren die anfallenden Hausarbeiten zu machen. Mit zur Ausbildung gehörten auch
Praktika von vier bis sechs Wochen, und es befanden
sich stets einige der Schülerinnen in einem Praktikum:
in einem Kindergarten etwa oder im Krankenhaus,
oder in der Bahnhofsmission.

Wenn ich das richtig verstanden habe, war dieser
Schule auch ein Wohnheim für berufstätige junge Mädchen angeschlossen, die nicht die Möglichkeit hatten, zu
Hause zu wohnen, und für Kost und Logis einen gewissen Betrag zahlen mussten. Die Hauswirtschaftsschüle-
rinnen, also auch meine Schwester, brauchten dagegen
nichts zu zahlen, dafür erledigten sie alle Hausarbeiten,
für die man sonst Personal gebraucht hätte. Sie mussten
putzen, waschen, bügeln, Küchendienst machen und
servieren. Das ging immer reihum, sodass jede mal für
jede Aufgabe eingeteilt war. Hätte unsere Mutter meine
Schwester zu Hause auch mal mit diesen Arbeiten
betraut, statt immer nur mich, dachte ich mir, hätte sie
sich diese Schule glatt ersparen können! Aber natürlich,
überlegte ich mir weiter, war für sie bei dieser Ausbildung bestimmt auch noch anderes von Bedeutung, etwa
die Gemeinschaft mit Gleichaltrigen.

Meinen Heimweg legte ich diesmal mit der Straßenbahn zurück, zum einen, weil ich nicht zu spät heimkommen wollte, denn am nächsten Morgen ging es
wieder früh zum Dienst, zum anderen, weil ich nach
meinem langen Spaziergang im Park den weiten Heimweg nicht auch noch laufen wollte.

Obwohl wir Schwestern nun beide in München
wohnten, sahen wir uns nicht wieder. Das hört sich

bestimmt seltsam an, aber mir war es einfach zu zeitraubend – beziehungsweise zu teuer –, für ein Stündchen nach Nymphenburg hinauszufahren. Gretl unternahm ihrerseits auch keinen Versuch, mich während der elf noch verbleibenden Monate wiederzusehen. Dafür hatte ich aber volles Verständnis, denn ihr Tagesprogramm ließ ihr unter der Woche so gut wie keine Freizeit. Und dass sie an den Wochenenden nach Hause zu ihrer geliebten Mama wollte – na ja: Ich versuchte es jedenfalls zu verstehen. Ich missgönnte es ihr ja nicht, dass sie diese Schule besuchen und jedes Wochenende heimfahren durfte, trotz dieses kleinen Stachels, der deswegen in mir saß. Und ich hätte auch nicht mit ihr tauschen wollen. Nicht nur, dass ich nicht wieder unter die Knute meiner Mutter wollte, ich wollte auch München nicht verlassen, diese wunderschöne Stadt mit Herz und Flair. Außer Hungern und zu Fuß zur Arbeit tippeln hatte sie noch so manches andere zu bieten, wenn ich es mir auch vom Munde absparen musste. Das waren unter anderem die Theater. Im Prinzregenten-Theater besuchte ich die Oper »Doktor Faust« von Busoni. Obwohl mir dieses Stück für meinen ersten Opernbesuch etwas schwer erschien, wurde es für mich ein unvergessliches Erlebnis. Das Gärtnerplatz-Theater, in dem nur Operetten zur Aufführung kamen, begeisterte mich voll und ganz. Da ich auf die verbotene Kochmöglichkeit in meinem Zimmer nur dann zurückgriff, wenn bei mir nach dem Ende des Gelds noch zu viel Monat übrig war, hatte ich nämlich die Schwabinger Studentenkneipen entdeckt: den »Heuboden«, das »Schwarze Schaf« oder die »Hängematte«, wo ich für eine Mark einen Teller

Linsensuppe essen konnte und dazu so viele Brötchen, wie ich wollte. Mit den verbilligten Studentenkarten, die mir dort immer jemand auftreiben konnte, erlebte ich in der Zeit, als der Tenor Erich Kuchar fest engagiert war, fast alle bekannten Operetten. Das war durch ein bisschen Hungern vor dem Zahltag nicht zu teuer erkauft.

Bei einem meiner Theaterbesuche geriet ich einem für mein Alter viel zu reifen Herrn in die Finger. Er lud mich zum Essen ein, brachte mich artig nach Hause und half mir sogar mit Geld aus, als es bei mir einmal noch knapper als sonst geworden war. Natürlich tut so ein »Wohltäter« nichts ohne Hintergedanken, aber ich war damals ja noch so unerfahren und glaubte noch an selbstlose Nächstenliebe! Er erzählte mir, er sei Arzt in einer der großen Kliniken Münchens, und lud mich ein, ihn in seiner Ambulanz zu besuchen. Ich war naiv genug, seiner Einladung zu folgen. Kaum war ich in seinem Sprechzimmer, führte er meine Hand an sein Geschlechtsteil, und mir ging ein Licht auf. Ich war dann schneller wieder aus seinem Sprechzimmer raus, als ich reingekommen war.

Diese unangenehme Erfahrung – er hatte von mir ja noch Geld zu kriegen – veranlasste mich, erneut Stellenangebote zu studieren. Ich musste unbedingt eine besser bezahlte Arbeit finden, denn mit meinem damaligen Einkommen hätte ich ihm die hundert Mark nie zurückzahlen können, die ich leihweise von ihm angenommen hatte. Es fand sich tatsächlich etwas, das mich verlockte: das Angebot einer Schweizer Hotelkette, die auch Häuser in Deutschland unterhielt, die sich Kaufmannserholungsheime nannten. Dieses Unternehmen suchte eine Saaltochter, die in der Sommersaison am Walchensee arbeitete und in der Wintersaison in Grasellenbach im Schwarzwald. Zwar war das Gehalt auch nicht höher als in dem Süßwarengroßhandel, nämlich 240 DM monatlich netto, aber hinzu kamen freie Kost und Logis! Und außerdem Trinkgelder! Mir war nicht klar, was genau auf mich zukommen würde, aber ich bewarb mich.

Das Vorstellungsgespräch fand in Walchensee statt, einem Ort zwischen Kochel und Mittenwald. Zunächst stellte man mich auf Probe ein, mit der Aussicht, dass ich nach einem Monat dritte Saaltochter werden könne, ohne dass ich eine Ahnung davon hatte, was das bedeutete.

Es war im April 1956, als ich München geradezu fluchtartig verließ und meine Zelte am Walchensee aufschlug. Nach dem Probemonat, von meinem ersten dortigen Gehalt also, überwies ich ohne Angabe des Absenders die Summe, die ich dem Münchner Arzt schuldete. Ebenso beglich ich meine Schulden in dem kleinen Lebensmittelladen, und schon war mir wieder erheblich wohler!

Von nun an ging's wieder bergauf. Nach dem Probemonat nahm ich das Angebot an, in der Gastronomie eine ganz neue Ausbildung zu machen, die drei Jahre dauern sollte. Inzwischen wusste ich auch, dass dritte Saaltochter erstes Lehrjahr bedeutete. Demnach war man im zweiten Lehrjahr zweite Saaltochter und avancierte im dritten Lehrjahr zur ersten Saaltochter, nachdem man alle Aufgaben eines Hotelbetriebes vom Keller über die Küche, den Einkauf, den Service, das Zimmermachen bis hin zur Buchhaltung, sprich

Kalkulation, durchlaufen hatte. Die Bezeichnung für die männlichen Kollegen, welche die gleiche Ausbildung durchliefen, war: Kellner, Oberkellner, Chef de Rang. Bis ich jedoch alle Ausbildungsstufen absolviert hatte, war es ein weiter und steiniger Weg. Ich hatte eine Achtzig-Stunden-Woche mit einem freien Nachmittag. Der begann um 14 Uhr, und spätestens um 22 Uhr musste man wieder zurück sein. Das wurde vom Hausmeister gewissenhaft kontrolliert.

Wie bereits erwähnt, hatten meine Schwester und ich unter Anleitung unserer »Hauslehrerin« im Attersee schwimmen gelernt. Seitdem war ich eine Wasserratte auf dem Trockenen gewesen. Hier aber, am Walchensee, konnte ich meine Leidenschaft endlich wieder ausleben. Niemand hatte etwas dagegen, wenn ich meinen Tag morgens um 6 Uhr damit begann, dass ich eine Runde im Walchensee drehte, bei um die 16 bis 18 Grad Wassertemperatur. In Ermangelung eines Badeanzuges schwamm ich im Evaskostüm. Aber das störte niemanden. Die einzigen Zeugen waren die Fischer weit draußen im See.

Um 6.30 Uhr gab es Personalfrühstück, bestehend aus trockenem Schwarzbrot, Vierfruchtmarmelade und Blümchenkaffee. Sobald die Hausgäste versorgt waren, »organisierten« wir, die Saaltöchter, das, was sie übrig gelassen hatten: Brötchen, Butter und Bohnenkaffee, sozusagen als zweites Frühstück, für uns. Danach ging der Arbeitstag in rasantem Tempo weiter: Speisesaal putzen, Zimmer machen, in der Küche helfen. Nach dem Servieren des Mittagessens mussten wir, wenn nichts anderes anstand, entweder die Riesenfenster putzen oder das Parkett abziehen. Letzteres war die reinste Sklavenarbeit. Auf den Knien rutschend musste man mit einer Platte aus Stahlwolle von Hand Quadratmeter für Quadratmeter des Parketts abschleifen. Anschließend musste man den so traktierten Holzboden – ebenfalls wieder auf Knien rutschend – mit Bohnerwachs einreiben. War dieses lange genug eingezogen, musste man es mit einem schweren Bohnerbesen, auch Blocker genannt, blocken, bis es spiegelblank war. Das kostete viel Kraft. Nachdem das Tagespensum erledigt war, meist gegen Mitternacht, wenn der letzte Gast die Weinstube verlassen hatte, endete mein Tag mit einem erfrischenden Bad im See. So anstrengend diese Ausbildungszeit auch war, es war für mich doch eine sehr glückliche und schöne Zeit, und ich verschwendete kaum einen Gedanken an zu Hause.

Unsere Gäste blieben in der Regel drei Wochen. Daher gab es, da fast alle gleichzeitig abreisten, alle drei Wochen reichlich Trinkgeld. Da zum Geldausgeben weder Zeit noch Gelegenheit bestand, konnte ich mein ganzes Geld aufs Sparbuch bringen, was mir eine tiefe innere Befriedigung brachte. Wie vorgesehen wechselte ich immer im Oktober nach Grasellenbach und im April umgekehrt. Von der Arbeit her gab es in Grasellenbach keinen Unterschied zu dem Haus am Walchensee. Dort gab es zwar reichlich Schnee, aber auf die Idee, Wintersport zu machen, kam ich schon deshalb nicht, weil mir keine Zeit dazu blieb. Mein regelmäßiges Schwimmen vermisste ich aber doch, deshalb war ich immer froh, wenn es an meinen geliebten Walchensee zurückging.

Es störte mich nicht, dass zwischen meinem Sommer- und Wintereinsatz keine Zeit für meinen vierzehntägigen Jahresurlaub blieb, den ließ ich mir lieber auszahlen. Zum 21. Geburtstag – also endlich volljährig – machte ich meinen Führerschein, den ich auf Anhieb bestand. Wenn ich mir auch nicht vorstellen konnte, jemals ein Auto zu besitzen, so gehörte für mich dieser Schein doch zur Allgemeinbildung.

Meiner Zwillingsschwester schrieb ich zum 21. Geburtstag einen lieben Brief mit herzlichen Glückwünschen. Auf ihre Antwort wartete ich jedoch vergebens. Auch von meinen anderen Familienmitgliedern, denen ich regelmäßig zum Geburtstag gratulierte, kamen nie Glückwünsche zu meinen Geburtstagen, außer von meinem Vater.

Nachdem ich ein Jahr lang als erste Saaltochter gearbeitet hatte, galt meine Ausbildung als beendet. Ein Examen brauchte man nicht abzulegen. Der Personalchef hatte sich ja im Laufe der drei Jahre davon überzeugen können, dass man sein »Handwerk« verstand. Gleich nach dem dritten Lehrjahr wurde ich nach Wiesbaden in die Hauptzentrale dieser Hotelkette geschickt. Dort gefiel es mir ausnehmend gut. Deshalb wollte ich dort auch nicht weg, als die Firma mir die Stelle einer Geschäftsführerin in einem ihrer Häuser auf Sylt anbot. Längst vergessen war auch mein früherer Berufswunsch, Säuglingsschwester zu werden. Seit ich in Walchensee als dritte Saaltochter in der Gastronomie Blut geleckt hatte, war es mein Bestreben, eines Tages ein eigenes Restaurant zu führen. Da kam ich wohl nach meiner Taufpatin, Tante Gerburg, der Schwester meiner Mutter, die das große Hotel am Tegernsee leitete. Ein bisschen ähnelte ihr Lebensweg meinem eigenen auch in anderer Hinsicht: Sie hatte sich auch viel allein erkämpfen müssen. Zwar hatte sie in das Hotel hineingeheiratet, aber schon zu Beginn des Krieges wurde ihr Mann eingezogen und kam nicht mehr zurück. Daher war sie schon früh auf sich allein gestellt und musste sich durchbeißen. Eines war mir klar, bis ich zu einem eigenen Restaurant gelangen würde, lag noch ein sehr weiter, arbeitsreicher Weg vor mir.

Durch einen glücklichen Umstand, es war im Frühjahr 1959, wurde mir auf Grund meiner doppelten Ausbildung eine sehr gut bezahlte Stellung in einem der bestgehenden Restaurants in Wiesbaden angeboten. Ich nahm an und verdiente dort so viel Geld, dass ich mir schon bald einen gebrauchten VW kaufen konnte, für den auch 1959 schon 3600 DM bezahlt werden mussten. Ferner leistete ich mir in Aukamm, der teuersten Wohngegend Wiesbadens, ein sehr schönes, geräumiges und sonniges Zimmer. Mir ging es jetzt richtig gut. Ich war mächtig stolz, das alles alleine, aus eigener Kraft, erreicht zu haben, und aus diesem Selbstbewusstsein heraus, das mich sicher machte, nun endlich auch von meiner Mutter akzeptiert zu werden, erwachte in mir allmählich der Wunsch, dieses Glück mit meiner Familie zu teilen. Nach vielen Jahren der Trennung fuhr ich deshalb an Weihnachten, bepackt wie das Christkind persönlich, voller Zuversicht und richtig aufgeregt nach Hause. Meiner lieben, kranken Schwester Gretl wollte ich etwas ganz Besonderes zum Liebhaben schenken. Kurzerhand kaufte ich einen kleinen Hund. Zwergpudel waren damals gerade in Mode. Es war ein süßes, braunes Hundebaby, an das ich mich in wenigen Tagen so gewöhnt hatte, dass mir die Tränen beim Verschenken über die Wangen kullerten. Meiner Schwester Gudrun, die für den ersten Feiertag nach Hause gekommen war, schenkte ich einen Kulturbeutel, für Mutter hatte ich einen Staubsauger und für den Vater eine grüne Wildlederjacke im Gepäck.

Wer jetzt womöglich auf die Idee kommt, ich hätte mit meinen Geschenken auf meine Mutter Eindruck gemacht, eventuell Dank geerntet oder sogar Anerkennung erhalten, der irrt sich aber gewaltig! Im Gegenteil, meine Mutter konnte nicht glauben, dass man durch großen Fleiß, durch Sparsamkeit und Ehrgeiz zu so viel Geld kommen kann, um auch anderen damit eine Freude machen zu wollen. Sie war deshalb von der fixen Idee besessen, ich hätte das Geld im Rotlichtmilieu verdient. Von meinen Schwestern sprühte mir statt Dank eher Neid entgegen. Und der Vater freute sich zwar sichtlich, aber er hatte, in den Augen meiner Mutter als Kriegsverbrecher und Versager abgestempelt, schon lange nichts mehr zu sagen und zog sich immer mehr auf seine berufliche Aufgabe als Personalchef des kleinen Kaufhauses zurück. Seine Freude und seinen Stolz, die mir nicht verborgen blieben, wagte er nicht einmal offen zu zeigen, nur ein verstohlener Händedruck und sein liebevoller Blick verrieten es mir. Ein paar anerkennende Worte konnte er mir erst sagen, als ich nach den Feiertagen mit ihm durch Städtchen schlenderte.

Obwohl die Mutter sowohl auf ihn als auch auf mich einen Pick hatte, waren wir von ihr losgeschickt worden, damit wir für Gretl ein Schmuckstück kaufen sollten. Es war als Belohnung gedacht für das bereits vor einigen Monaten abgelegte Examen an einer Sprachenschule, die sie zwei Jahre lang besucht hatte, um ihre in der Realschule erworbenen Englisch- und Französischkenntnisse so weit aufzubessern, dass sie sich nun als Fremdsprachenkorrespondentin bezeichnen konnte. Anscheinend hatte sie mit ihren in München erworbenen hauswirtschaftlichen Kenntnissen doch nichts beruflich anfangen wollen. Typisch, dachte ich, sie kriegt wegen einer abgeschlossenen Ausbildung gleich ein wertvolles Schmuckstück, während ich, die ich mittlerweile sogar zwei abgeschlossene Berufausbildungen nachzuweisen habe, leer ausgehe. Ich sagte aber nichts dazu.

Mit meinem Vater betrat ich das beste Juweliergeschäft der Stadt. Zuvorkommend eilte der Inhaber auf uns zu und legte uns eine stattliche Auswahl an Ringen, Armbändern und Halsketten vor. Wir wählten sorgfältig aus, wobei sich mein Vater ganz auf meinen Geschmack verließ. Am besten gefiel mir eine goldene Halskette, besetzt mit einigen Rubinen und zahlreichen winzigen Brillanten. Also ließ der Vater sie einpacken, und ich war erstaunt, wie viel Geld er dafür hinlegen musste. Gretl war entzückt von dem Schmuckstück, und für mich war es eine Belohnung, zu sehen, dass ich ihren Geschmack getroffen hatte.

Für den Besuch bei meinen Eltern hatte ich mir eigens einige Tage Urlaub genommen. Aber ich reiste schon wieder ab, noch bevor mein Urlaub zu Ende war. Was sollte ich bei Menschen, von denen mir – mein Vater ausgenommen – so viel Gleichgültigkeit und offene Ablehnung entgegenschlug? Ich war vor allem über die Feindseligkeit meiner Mutter tief verletzt.

Vielleicht war es letztlich das, was mich in die Arme eines sechzehn Jahre älteren Mannes trieb. Zunächst fing jedoch alles völlig harmlos an. In meinem Gefühl des Verlassenseins nach dem »verpatzten« Weihnachtsfest zog es mich von Zeit zu Zeit nach Dienstschluss ins Kurhaus. Dort pflegte ich mir an der Bar einen Drink zu bestellen und so vor mich hinzubrüten. Natürlich war ich in diesem seelischen Tief sehr empfänglich für jedes bisschen Aufmerksamkeit und Zuwendung. Da stand er plötzlich vor mir: groß, blond, braungebrannt, blaue Augen und erinnerte mich lebhaft an meinen Vater, wie ich ihn aus meiner frühen Kindheit in Erinnerung hatte.

»Na, kleines Fräulein, so allein?«, drang eine so wohltönende Stimme mit einem ganz leichten ausländischen Akzent an mein Ohr, dass es sich für mich gar nicht wie ein plumper Annäherungsversuch anhörte.

»Jetzt nicht mehr«, antwortete ich.

Der gutaussehende Mann ließ ein wohltönendes Lachen vernehmen. »Schlagfertig sind Sie auch noch!« Er bestellte sich einen doppelten Cognac und prostete mir zu, und auch ich erhob meinen Martini, um mit ihm anzustoßen.

Er war wirklich eine verdammt gutaussehende Erscheinung und zudem sehr elegant gekleidet. Außerdem schien er über reichlich Geld zu verfügen, denn er spendierte nicht nur mir, sondern auch den Gästen, die sich nach und nach zu uns gesellten, eine Runde nach der anderen. Man lachte und scherzte, und nachher ging jeder seiner Wege, alle bestens gelaunt.

Zwei Tage später sah ich ihn wieder. Wieder im Kurhaus, und wieder an der Bar, wo ich mit meinem

Martini stand. Nun erfuhr ich, dass er Jimmy van der Hold hieß. Nicht nur sein Name und seine wohltönende Stimme faszinierten mich, sondern auch sein Akzent. Holländer sei er, erklärte er mir.

Sehr interessant wusste dieser Mann zu erzählen. Dass er zudem sportlich war, sah man ihm an. So fiel es mir nicht schwer, seine unwahrscheinlichen Geschichten über die Siege zu glauben, die er behauptete, in Sportarten errungen zu haben, die ich gerade mal dem Namen nach kannte. Seiner Aussage nach hatte er schon Meisterschaften in Golf, Tennis, im Fechten und im Rudern gewonnen. Als er mir aber weismachen wollte, er habe für Holland auch schon einen Weltmeistertitel im Alpinski geholt, schüttelte ich lachend den Kopf. »Sie wollen ein Skiläufer sein? In Holland? Wo habt ihr denn da die Berge?«

»Berge haben wir nicht, ich trainiere natürlich in den Alpen.«

Dass er dort Ski lief, das war für mich noch nachvollziehbar, aber den Weltmeistertitel für Holland glaubte ich ihm trotzdem nicht. Lachend sagte ich: »Jetzt wollen Sie mir aber einen Bären aufbinden. Für wie naiv halten Sie mich eigentlich?«

Verdutzt schaute er mich an. »Wie, Sie glauben mir nicht? Dann schauen Sie mal her.«

Damit zog er ein kleines Steck-Fotoalbum aus der Jackentasche und blätterte mir einiges vor. Tatsächlich, da sah man Bilder, welche vom Einzug der »Gladiatoren« ins Stadion stammten. Bei jeder Nation wurde die Fahne vorangetragen, gefolgt von einer mehr oder weniger großen Mannschaft. Dann kam ein Foto, auf dem sah man eine große Lücke und dann kam unverkennbar Jimmy, derselbe Mann, der hier neben mir saß, mit der holländischen Fahne in der Hand. Nach ihm klaffte eine weitere Lücke, hinter der schon der Fahnenträger der nächsten Mannschaft anschloss. Jetzt war ich noch verwirrter als zuvor.

Schmunzelnd erklärte er mir: »In dem Jahr war ich der einzige Skiläufer, der sich für die Holländische Nationalmannschaft qualifizieren konnte. Ich holte für uns den Titel ›Skiflachland-Weltmeister‹.«

Dass er sich auf diese Weise selbst auf den Arm nahm, imponierte mir. Wie er mir danach anhand der Fotos belegte, waren all seine anderen sportlichen Auszeichnungen aber ernstzunehmende gewesen.

»Sie leben also nur für Ihren Sport?«, wollte ich wissen, »und müssen nichts arbeiten?«

»O doch«, lachte er und zeigte zwei Reihen blendender Zähne. »Arbeiten muss ich schon, wie sonst sollte ich meinen aufwendigen Lebensstil finanzieren? Ursprünglich habe ich eine Ausbildung in der Gastronomie gemacht. Aber nun fliege ich in der ganzen Welt herum und beschaffe Lebensmittel für die amerikanische Besatzung. Das ist ein sehr einträgliches Geschäft.«

Das klang durchaus überzeugend. Als gebürtiger Niederländer, mit seinen Sprachkenntnissen und seiner Erfahrung in der Gastronomie brachte er durchaus das mit, was im Nachkriegsdeutschland gefragt war.

In der Folgezeit verschwand er immer wieder für ein paar Tage, traf sich aber an jedem meiner freien Abende mit mir und führte mich in die besten Häuser zum Essen aus. Er war sehr aufmerksam und schenkte mir mal einen riesengroßen Rosenstrauß, mal eine

Bonbonniere feinster Pralinen und mal ein kostbares Parfüm. Aber nie trat er mir zu nahe. Kurzum, er war ein Kavalier vom Scheitel bis zur Sohle. Verliebt war ich in diesen Mann nicht, aber er faszinierte mich durch seinen Charme, seine Sprachkenntnisse, sein Auftreten und vor allem durch seinen Humor. In jeder Situation zeigte er sich verständnisvoll und war mir in allem haushoch überlegen. Bei dem großen Altersunterschied – er war immerhin sechzehn Jahre älter als ich – und meiner geringen Lebenserfahrung war es für ihn aber auch nicht schwer, mir zu imponieren.

Er sprach auch davon, dass er das Vagabundenleben leid sei. Sobald er das nötige Kapital beisammen habe, wolle er ein Luxushotel mit Feinschmeckerlokal eröffnen. Das wäre der richtige Partner, mit dem sich mein Traum vom eigenen Restaurant verwirklichen ließe, setzte sich deshalb in meinem Kopf fest. So weit ich das beurteilen konnte, war Herr van der Hold ein Allroundman. Immer hatte er einen Witz auf den Lippen und konnte die ganze Nacht einen Club unterhalten. Unbezahlbar waren auch seine Kontakte zu Sport, Film und Fernsehen. Zu seinem Freundeskreis gehörten keine Geringeren als Toni Sailer, Vico Torriani, Gunther Sachs, Roberto Blanco und Siegfried Rauch, um nur einige zu nennen. Wenn einem solche Leute ins Restaurant kämen, spann ich den Gedanken weiter, würde das eine Menge Schaulustiger nach sich ziehen, und das Lokal würde sich zu einer Goldgrube entwickeln.

Es war sehr viel, was dieser Mann mir in wenigen Tagen über sich erzählte, und doch waren es letztlich alles Nichtigkeiten. Nie sprach er über das, was er machte, wenn er nicht in Wiesbaden war. Danach fragte ich auch nicht, weil ich annahm, dass er in dieser Zeit seine internationalen Geschäfte abwickelte. Über seine Familie sprach er nicht, und was er mir auch verschwieg, war seine Vergangenheit. Die interessierte mich, ehrlich gesagt, zu dem Zeitpunkt aber noch gar nicht. Ich hatte nur Auge und Ohr für die Zukunft, eine Zukunft mit ihm, in unserem gemeinsamen Restaurant.

Doch diese Zukunftsvision zerplatzte wenig später wie eine Seifenblase. Denn so plötzlich, wie dieser strahlende Held in mein Leben getreten war, so unvermittelt war er auch wieder verschwunden. Zum verabredeten Rendezvous erschien er eines Abends nicht. Einige Tage machte ich mir noch vor, eine Geschäftsreise habe sich länger hingezogen als vorgesehen. Nach vier Wochen aber musste ich der Realität ins Auge sehen: Herr van der Hold hatte sich ganz offensichtlich verdünnisiert. Nein, nicht diesem Mann trauerte ich nach – ich hatte ja nichts an Gefühlen investiert – sondern meinem Traum vom eigenen Restaurant, den ich vorläufig wieder begraben musste.

Einige Wochen später trat ein neuer Oberkellner bei uns ein. Alfons hieß er, sah gut aus, war drei Jahre älter als ich und schien recht tüchtig in seinem Fach. Aber das war noch nicht alles: Jedes Mal, wenn ich ihn sah, begann mein Herz schneller zu schlagen. Und als er mich gar fragte, ob ich an unserem nächsten gemeinsamen freien Abend mit ihm ausgehen wolle, schlug mein Herz Purzelbäume. Da merkte ich, ich war verliebt, zum ersten Mal in meinem Leben. Das tröstete mich schnell über den Verlust von Jimmy hinweg, und auch meine praktische Seite hatte gegen Alfons keine Einwände: Mit einem zielstrebigen Oberkellner würde sich mein Traum vom eigenen Restaurant gleichfalls verwirklichen lassen, wenn auch nicht so schnell. Aber das hatte ja auch gar keine Eile. Vorerst genoss ich das – mir bis dahin unbekannte – Gefühl der Schmetterlinge im Bauch.

Genau in dieser Zeit flatterte mir eine Einladung ins Haus: Meine Schwester Gudrun schickte sich an zu heiraten. Das kam für mich ganz überraschend. An Weihnachten hatte es noch keinerlei Anzeichen dafür gegeben. Noch mehr wunderte mich, dass die Trauung, so war es auf der Einladungskarte vermerkt, in derselben Kirche stattfinden sollte, in der meine Zwillingsschwester und ich getauft und konfirmiert worden waren. Was mich daran wunderte, war, dass Gudrun, die sich seinerzeit doch standhaft geweigert hatte, sich taufen zu lassen, nun kirchlich heiratete. Aber ich freute mich auch für sie. Mit ihren siebenundzwanzig Jahren wurde es ja auch allmählich Zeit.

Für einen solchen festlichen Anlass brauchte ich natürlich ein neues Kleid. In einer Boutique erstand ich eines, einen Traum von einem Kleid, bodenlang, aus Chiffon, hellblau, wodurch das Blau meiner Augen noch besser zur Geltung kam und welches das Blond meiner Haare wirkungsvoll unterstrich. Du kannst nicht mit leeren Händen kommen, dachte ich, und weil ich nicht wusste, in was für Verhältnisse sie hineinheiraten würde, hielt ich Frotteehandtücher in jedem Falle für angebracht. Ich wählte also ein ganzes Dutzend in bester Qualität aus, uni, in unterschiedlichen Farben.

Für mich war es selbstverständlich, dass ich Alfons zur Hochzeit mitbrachte, weil er ja, auch das schien mir eine Selbstverständlichkeit, ebenfalls bald zur Familie gehören würde. So hatten schon mal alle die Gelegenheit, ihn zu beschnuppern. Da wir, von Wiesbaden kommend, am Hochzeitsmorgen ein bisschen knapp dran waren, fuhren wir gleich zum Gotteshaus. Die Hochzeit wurde mit allem kirchlichen Pomp vollzogen, der denkbar war, und ich dachte, ich sähe nicht recht, als die Braut sogar das Abendmahl empfing. Mein Erstaunen sollte sich allerdings bei der weltlichen Hochzeitsfeier noch steigern. Sie fand in der Wohnung meiner Eltern statt und fiel sehr bescheiden aus. Zum Kaffee wurde nichts anderes gereicht als Mutters selbstgebackene »Kirchi«. Das ist ein Hefegebäck, das in heißem Fett schwimmend ausgebacken wird. Gefeiert wurde nur im engsten Familienkreis. Außer dem Brautpaar waren nur die beiderseitigen Eltern, meine Zwillingsschwester und ich eingeladen. Dass der nicht eingeplante Alfons auch mitgekommen war, wurde nicht gerade gnädig aufgenommen. Ja, und dann waren da noch drei Kinder, zwei Mädchen im Alter von zwölf und vierzehn Jahren und ein Junge, der etwa fünf sein mochte.

Mein Vater, der sonst so Schweigsame, war es, der mich dann in einem unbeobachteten Moment aufklärte. Dass er das tat, war es nicht, was mich in Erstaunen versetzte, sondern der Inhalt dessen, was er mir heimlich anvertraute: Es war kein Geringerer als Gudruns Chef, ein Architekt, der sie zum Traualtar geführt hatte. Seine Frau war erst vor einem halben Jahr nach einem langen Krebsleiden gestorben.

»Vor einem halben Jahr erst?«, rutschte es mir heraus. »Warum haben die es mit dem Heiraten so eilig?«

»Offiziell heißt es, damit die Kinder wieder eine Mutter haben. Es wird aber allgemein getuschelt, dass die beiden ihr langjähriges Verhältnis so schnell wie möglich legalisieren wollen. Aber was weiß ich.« Er zuckte die Schultern wie einer, dem es egal ist, wie die Wahrheit wirklich aussieht.

Dass meine Schwester nicht aus Mutterliebe geheiratet hat, war allzu bald ersichtlich. Eine Mutter war sie den Kindern nämlich nicht. Sie wurde ihnen eher eine klassische Stiefmutter, wie aus einem Märchenbuch entstiegen. Fluchtartig verließen alle drei das Elternhaus, sobald sie erwachsen waren.

Aber ich greife vor. Zurück zur überstürzten Heirat.

»Vater, wie kommt es, dass Gudrun kirchlich geheiratet und zudem das Abendmahl empfangen hat?«, wollte ich nun auch noch wissen. Ich erfuhr, dass Gudruns Ehemann sehr religiös sei und darauf bestanden habe, sie müsse sich vor der Trauung taufen lassen.

»Willst du damit etwa sagen, dass sie mittlerweile getauft ist?«

Vater nickte. Nachdem sie bei ihrem Pfarrer den entsprechenden Unterricht besucht hat, sei meine Schwester im Beisein meiner Eltern sowie ihres Bräutigams getauft getauft und schon am nächsten Tag mit den Vierzehnjährigen konfirmiert worden, berichtete er.

Was die Liebe doch alles vermag! Gudrun, die als Fünfzehnjährige die Taufe so vehement abgelehnt hatte, wurde später die frömmste Frau von ganz Roth. Davon konnte ich mich überzeugen bei den wenigen Besuchen, die ich in ihrem Hause machte. Es wurde keine Mittags- und Abendmahlzeit eingenommen, bei denen vorher und nachher nicht gebetet wurde. Dass sie zu ihren Stiefkindern so garstig war, ist zwar eher unchristlich, das jedoch steht wieder auf einem anderen Blatt.

Aber ich galoppiere schon wieder voraus.

Noch ehe die kleine Hochzeitsfeier zu Ende war, reiste ich mit Alfons wieder gen Wiesbaden, weil wir beide am nächsten Tag unseren Dienst wieder pünktlich antreten mussten, und wie sich zeigte, hatte das alles ihn nicht unbeeindruckt gelassen. Vor unserer Reise zu dieser Hochzeit hatte er schon mehrfach versucht, mich »herumzukriegen«, und jedes Mal hatte ich klipp und klar gesagt: »Nicht bevor ich einen Ring am Finger habe. Meinst du, ich will nachher mit einem unehelichen Kind dasitzen?« Das gefiel ihm nicht, und statt auf das Thema Heirat einzugehen, schmollte er dann lieber ein paar Tage. An unserem nächsten gemeinsamen freien Tag aber verhielt er sich auffällig anders. Wir machten einen langen Spaziergang am Rhein entlang und setzten uns schließlich – das Wetter war so recht dazu angetan – auf eine Bank unter einer blühenden Kastanie. Versonnen betrachteten wir die Enten und die Möwen und die vorbeiziehenden Schiffe. Plötzlich fragte er mich ohne jede Vorwarnung: »Willst du mich heiraten?«

Völlig überrascht hauchte ich ein seliges »Ja!«, und wir versanken wir in einem langanhaltenden Kuss. Er zog aus seiner Hosentasche etwas, das in Zeitungspapier eingewickelt war. Es entpuppte sich als ein Rubinring, der aus der Schmuckschatulle seiner Mutter

112

stammte. Donnerwetter, dachte ich, dann meint er es wirklich ernst. Er steckte mir den Ring an den Finger mit den Worten: »Nun sind wir verlobt.«

Voller Seligkeit fragte ich ihn: »Müssen wir das nicht groß feiern, mit deinen Leuten und mit meinen Leuten?«

»Hältst du das wirklich für nötig? Meinst du, dann wärest du glücklicher?«

Ich überlegte einen Moment, dann schüttelte ich den Kopf. Nein, noch glücklicher konnte ich nicht mehr werden. Wir brauchten es also im Grunde nicht an die große Glocken zu hängen. Es genügte, dass wir beide es wussten.

Am Abend begleitete Alfons mich in meine Behausung und blieb die ganze Nacht bei mir. Am folgenden Morgen wartete er mit einer weiteren Überraschung auf: »Weißt du, was? Im Sommer verbringen wir unseren Urlaub gemeinsam in Spanien. Jetzt, wo wir verlobt sind, werden wir damit keine Schwierigkeiten haben.«

Ich schwebte im siebten Himmel.

Natürlich fuhren wir mit meinem Wagen nach Spanien, denn er hatte keinen. Aber einen Führerschein besaß er schon, und so konnten wir uns am Steuer abwechseln. Die Hinreise verlief ohne jeglichen Zwischenfall. Zu meinem Erstaunen bekamen wir am Urlaubsort auch ohne Weiteres ein gemeinsames Zimmer, dabei hatte ich immer gehört, die Spanier seien so prüde.

Die ersten Urlaubstage genoss ich völlig unbeschwert. Zum ersten Mal unter südlicher Sonne! Der Sandstrand! Das Schwimmen im Meer! Die Abende in lauschigen Restaurants! Die Nächte mit Alfons! Aber das böse Erwachen sollte rasch folgen. Da ich die Tage entweder schwimmend oder lesend am Strand verbrachte, fiel es mir zunächst gar nicht auf, dass mein Verlobter immer häufiger für längere Zeit verschwand. Am achten Tag aber ließ er mich den ganzen Abend allein in der Eingangshalle des Hotels sitzen. Nach zwei Stunden wurde es mir zu dumm. Ich zog mich schmollend in mein Bett zurück und schlief auch bald ein.

Am nächsten Morgen tastete ich zu den anderen Bett hinüber; es war unberührt. Auch am Frühstückstisch blieb ich allein. Erst als ich wieder aufs Zimmer ging, um meine Schwimmsachen zu holen, kam auch er des Weges mit einer Miene, als sei es die normalste Sache der Welt, dass er die ganze Nacht ausgeblieben war. Ich stellte ihn zur Rede, und er erklärte leichthin: »Was regst du dich auf? Ich habe doch nur die Dame zu ihrem Hotel gefahren, die ich dir gestern in der Hotelhalle vorgestellt habe.«

»Mit meinem Auto?«, fragte ich leicht pikiert.

»Womit denn sonst?«, erwiderte er heftiger, als es nötig gewesen wäre.

»Du hättest mich zumindest vorher fragen können.«

»Du warst ja auf der Toilette.«

»So lange hätte das wohl noch Zeit gehabt«, entgegnete ich. »Und überhaupt, wieso hat das denn die ganze Nacht gedauert? So weit weg kann die Dame doch gar nicht wohnen.«

»Das nicht«, antwortete er mit einem unverschämten Grinsen. »Ich habe aber die Nacht mit ihr verbracht.«

Für einige Sekunden verschlug es mir die Sprache.

»Mit einer Frau, die du erst zehn Minuten zuvor kennengelernt hast?«, war alles, was mir dazu noch einfiel.

Es sollte aber noch besser kommen. »Da irrst du dich«, belehrte er mich. »Ich kenne sie schon länger. Sie lebt ebenfalls in Wiesbaden und ist mit dem Flieger hergekommen.«

»Ist sie dir etwa nachgereist?«

»Wenn du das so nennen willst.«

Das waren so viele Ungeheuerlichkeiten auf einmal, dass ich kaum noch wusste, was ich dazu denken, geschweige denn sagen sollte. Alfons hatte mich also nicht nur betrogen, sondern das vielleicht sogar schon in Wiesbaden getan? Mit dieser Frau, die ich gestern in der Hotelhalle gesehen hatte? Die war doch mindestens zehn Jahre älter als er!

»Das stört mich nicht«, sagte er mir ganz ungerührt ins Gesicht. »Sie ist eine tolle Frau, und sie hat Geld genug, um nicht wie wir jede Mark umdrehen zu müssen. Sie hat gleich Champagner aufs Zimmer bestellt, und es war alles sehr lustig.«

Mein Hals krampfte sich zusammen, ich schluckte. Was nun? Sollte ich ihn anschreien oder ihm wortlos seinen Verlobungsring an den Kopf werfen? Erst bei diesem Gedanken merkte ich, dass ich den Ring vor lauter Nervosität schon eine Weile an meinem Finger drehte. Oder sollte ich vielleicht doch stillschweigend über alles hinweggehen? Die Großmütige spielen, ihm verzeihen? Vielleicht sogar akzeptieren, dass er mit mir verlobt war, aber nebenbei noch mit jener anderen ein Verhältnis hatte?

Während mir alle diese Gedanken ungeordnet durch den Kopf purzelten, enthob Alfons mich aber jeder Entscheidung. Offenbar fand er es doch nicht so selbstverständlich, neben seiner Verlobten noch ein Techtelmechtel mit dieser anderen Frau zu haben, wie er gerade den Eindruck zu erwecken versucht hatte. Dummerweise fand er das Techtelmechtel aber verlockender als mich.

»Mit uns hat das so keinen Sinn mehr. Unsere Verlobung ist damit zu Ende«, sagte er nämlich auf einmal in die Stille hinein. Mit dem nächsten Satz forderte er seinen Rubinring zurück, und ich legte ihn schweigend vor ihn auf den Tisch.

Nachdem er das Zimmer verlassen hatte, packte ich meine Siebensachen zusammen und verließ fluchtartig den Urlaubsort. Sollte er sich doch um die Begleichung der Hotelrechnung kümmern. Meine einzige Genugtuung dabei war, dass ich ihn ohne Fahrzeug sitzen ließ. Ganz allein legte ich mit meinem Auto die Heimreise zurück, nonstop, und ich fuhr wie ein Henker, denn was lag mir noch an meinem Leben? Ein Baum, gegen den ich hätte krachen können, wäre mir im Gegenteil ganz willkommen gewesen. Es hat aber nicht sein sollen; alle Bäume müssen respektvoll vor mir zurückgewichen sein. Ich weiß noch, dass ich auch dachte: Wenn du jetzt den Abhang runterkrachst, dann bist du weg. Dann steht am nächsten Tag in der Bild-Zeitung: Leichtsinnige Urlauberin im Abgrund zerschellt. Aber ich habe es nicht geschafft, meinen VW bewusst in den Abgrund zu steuern.

So kam ich unversehrt in Deutschland an und suchte als Erstes meine Eltern auf. Wieso eigentlich? Ich hätte doch wissen müssen, dass die Mutter mir kein Verständnis entgegenbringen und mein armer Vater zu schwach sein würde, um mir in irgendeiner Weise beistehen zu können. Erwartete ich vielleicht Trost von meiner Zwillingsschwester? Wenn mir jemand würde helfen können, das wurde mir in dem Moment klar, als ich die elterliche Wohnung betrat, dann war ich das selbst. Schon zwei Tage später fuhr ich zurück nach Wiesbaden, voller Enttäuschung, voller Wut, voller Verzweiflung. Rachegedanken stiegen in mir auf: Wie konnte ich mich an meinem treulosen Verlobten rächen?

Zunächst jedoch kriegte ich einen weiteren Schurkenstreich von ihm zu spüren. Als ich meinen Zimmerschlüssel ins Schloss stecken wollte, passte er nicht. Wie gibt es denn so was?, überlegte ich. Das Schloss kann sich doch während meiner Abwesenheit nicht verändert haben. Auch der zweite Versuch scheiterte. Während ich ein drittes Mal an dem Schloss herumfummelte, wurde die Tür mit einem Ruck von innen geöffnet. Und wer stand vor mir? Mein treuloser Verlobter! War er etwa zurückgekehrt, um bei mir Abbitte zu leisten? Ich kam noch nicht mal dazu, zu Ende denken, was ich in diesem Fall tun sollte, da erklärte er mir kurz und sachlich: »Du wohnst nicht mehr hier. Deine Sachen habe ich bereits in dein neues Zimmer geschafft.«

Während er mir noch Straße und Hausnummer nannte, sah ich im Hintergrund seine Neue durchs Zimmer huschen.

Nun reichte es mir endgültig. Schnurstracks marschierte ich – noch ehe ich mein neues Domizil besichtigt hatte – in die erstbeste Anwaltskanzlei, die ich am Wege fand. »Rechtsanwalt und Notar« stand auf dem Schild an der Tür. Hier musste ich auf jeden Fall richtig sein. Ein freundlicher Herr mittleren Alters empfing mich. Zu diesem Zeitpunkt konnte ich nicht ahnen, dass sich unsere Wege in Zukunft noch öfter kreuzen würden, weil ich seine Dienste noch mehrmals und in den unterschiedlichsten unerfreulichen Angelegenheiten in Anspruch nehmen musste.

Zunächst schilderte ich ihm meine Situation, und er hatte gleich den richtigen Paragraphen zur Hand: § 1300 BGB. Darin ging es um den sogenannten Deflorationsanspruch. (So etwas gab es damals und sogar bis zum Jahre 1998 tatsächlich noch!) Er lautete: *Hat eine unbescholtene Verlobte ihrem Verlobten die Beiwohnung gestattet, so kann sie, wenn die Voraussetzungen der Paragraphen soundso vorliegen, auch wegen Schadens, der nicht Vermögensschaden ist, eine billige Entschädigung in Geld verlangen.*

In normalem Deutsch hieß das, dass der ungetreue Verlobte, durch den ich meine Jungfräulichkeit eingebüßt hatte, zur Zahlung eines sogenannten Kranzgeldes verdonnert werden konnte. Dazu kam es dann auch. Ein ganzes Jahr lang musste er mir jeden Monat fünfzig DM zahlen. Das war immerhin die halbe Miete, im wahrsten Sinne des Wortes. Denn für das Zimmer, das er für mich angemietet hatte, waren monatlich hundert DM zu zahlen. Nachdem dieser Prozess vorbei war, stellte ich aufatmend fest, dass ich bei der ganzen Affäre mehr Glück als Verstand gehabt hatte. Denn obwohl ich nicht die geringste Ahnung über Verhütung gehabt hatte, war ich nicht schwanger geworden.

So viel Anstand besaß mein ehemaliger Verlobter immerhin, dass er umgehend seine Arbeitstelle kündigte. Das ersparte mir die Peinlichkeit, ihm täglich begegnen zu müssen, und so verschwand er für immer aus meinem Leben.

Fast zwei Jahre lang konnten mir die Männer nun gestohlen bleiben, und dann trat Jimmy wieder in mein Leben.

War es Zufall oder das berüchtigte Schicksal? Nach langer Zeit hatte ich mich mal wieder aufgerafft, ins Kurhaus zu gehen, und da trat plötzlich auch er durch die Tür. Doch wie verändert sah er aus! Er war nicht mehr der strahlende Held, den ich vor gut zweieinhalb Jahren kennengelernt hatte. Mit hängenden Schultern kam er daher. Er schien auch abgemagert, denn der abgewetzte Straßenanzug, den er trug, schlotterte um seine Gestalt. Das Leuchten war aus seinen Augen gewichen. In dem Moment aber, als er mich erblickte, kehrte ein Abglanz davon in seinen Blick zurück. »Liesl!« Mit ausgebreiteten Armen eilte er auf mich zu. »Welch eine Fügung des Himmels!«

Ehe ich überhaupt reagieren konnte, drückte er mich an seine breite Brust, was ich eher reserviert aufnahm. »Dass du mich nach so langer Zeit überhaupt wiedererkannt hast!«

Entweder hatte er den Spott in meiner Stimme nicht bemerkt oder er überhörte ihn absichtlich. »Aber Liesl, so eine Erscheinung wie dich vergisst man doch nicht!«, säuselte er. Er bestellte sich einen Whisky und prostete mir zu: »Auf die alten Zeiten, Liesl!«

Von alten Zeiten wollte ich aber ganz bestimmt nichts hören. Die waren vorbei. »Mich würden eher die neueren Zeiten interessieren«, tat ich ihm kund.

»Was soll es schon Neues geben?« Leichthin kippte er den Rest seines Whiskys hinunter und orderte einen zweiten.

»Mit dir stimmt etwas nicht«, sagte ich ihm auf den Kopf zu, als ich ihm dabei zusah, wie er geradezu wie ein Verdurstender auch den zweiten Whisky hinunterkippte.

»Du hast recht, Liesl«, gab er zu. »Du siehst hier einen Menschen vor dir, dem das Leben alles genommen hat.«

Das wollte ich etwas genauer erklärt bekommen.

»Ich habe alles verloren, was ich besaß: meine Frau, meinen Sohn, mein Haus, mein Auto und mein ganzes Geld. Alles, was mir noch geblieben ist, hat in einem einzigen Koffer Platz«, präzisierte er.

»Und wo befindet sich der Koffer?«, fragte ich, denn er hatte mit leeren Händen die Bar betreten.

»Gleich gegenüber vom Kurhaus gibt es eine kleine Pension, in der bewohnt ein Freund von mir ein winziges möbliertes Zimmer. Wenn der mich nicht aufgenommen hätte, wäre ich in der Gosse gelandet.«

Das klang angesichts des traurigen Anblicks, den er bot, überzeugend genug, dass ich ihn nun doch zu bedauern begann. Aber außerdem wurde ich neugierig. »Wie konnte es so weit kommen? Vor zwei Jahren hatte ich den Eindruck, du wärst reich.«

»Das war ich damals auch. 1960 betrug mein Besitz mehr als fünf Millionen DM – aber jetzt ist alles weg.«

Die Trauer über diesen Verlust spülte er mit einem dritten Whisky hinunter. Dann setzte er seinen Bericht fort, und meine ungeteilte Aufmerksamkeit war ihm nun sicher. Ich lauschte gebannt, ohne ihn ein einziges Mal zu unterbrechen.

»Gleich nach dem Krieg war ich genauso ein armes Schwein wie die meisten anderen auch«, fing er an. »Durch Gelegenheitsarbeiten und Zigarettenhandel auf dem Schwarzmarkt hielt ich mich über Wasser. Doch dann bekam ich durch Zufall Kontakt zu einem amerikanischen Unternehmen, das sein Geld mit Hummerbänken machte. Bei ihm kaufte ich zunächst eine kleine Menge Hummer ein und belieferte damit ein amerikanisches Casino in Deutschland. Damit fing es an. Bald blühte mein Geschäft so, dass ich immer größere Mengen von Hummer und anderen Delikatessen einkaufen konnte, um die amerikanische Besatzung damit zu beliefern. Du kannst dir nicht vorstellen, welche Unsummen die Amis in dieser Zeit für solche teuren Nahrungsmittel ausgegeben haben!« Er schüttelte den Kopf, als könne er das immer noch nicht fassen. »Das jedenfalls war der Grundstein für meinen Reichtum«, erzählte er weiter. »Endlich konnte ich meiner Frau den ihr gemäßen Rahmen bieten. In der besten Wohngegend Münchens ließen wir uns eine schicke Villa bauen. Dort residierte meine Frau mit unserem Sohn, während ich ständig unterwegs war, um mein Geld zu vermehren. Ich hatte nämlich ein großes Ziel vor Augen: In absehbarer Zeit wollte ich in den Bergen ein Luxushotel eröffnen.«

Unwillkürlich seufzte ich auf. Davon hatte er mir ja auch vorgeschwärmt, und ich war Feuer und Flamme für diesen Plan gewesen. Ach, wie gerne hätte ich ein solches Unternehmen gemeinsam mit ihm in Angriff genommen!

Währenddessen berichtete Jimmy weiter: »In dieser Lebensphase hatte ich eine unglaubliche Glückssträhne. Ich konnte einfach nichts falsch machen. Alles, was ich anfasste, wurde zu Geld. Deshalb versuchte ich auch mein Glück in der Spielbank. Wenn man genug Geld hat, spielt es nämlich keine Rolle, ob man an einem Abend ein paar Hunderter oder Tausender verliert: Am nächsten Abend gewinnt man sie wieder zurück. Und mir ist es sogar oft passiert, dass mir dann ein Vielfaches davon wieder zugeflogen ist.«

Er hatte, berichtete er weiter, nicht nur das Geld, das er verdient hatte, sondern auch die auf diese Weise gewonnenen Beträge regelmäßig seiner Frau nach München geschickt, damit sie sie auf ihr gemeinsames Konto einzahlen konnte. Dann aber war er eines Tages nach Hause gekommen und hatte das Haus leer vorgefunden, und als er zur Bank ging, stellte er fest, dass auch das Konto leergeräumt war. Seine Frau, stellte sich schließlich heraus, war mit ihrem Liebhaber, der als ihr angeblicher Cousin Richard schon jahrelang bei ihnen ein- und ausgegangen war, nach Portugal durchgebrannt. Ihren gemeinsamen Sohn hatte sie in einem Schweizer Internat untergebracht. Nun wünschte sie die Scheidung, und Jimmy willigte ein. »Denn was will ich mit einer solchen Frau?«, fragte er. Rachegedanken so wie ich bei Alfons hatte er offenbar keine gehabt. Die Scheidung wurde also mit seiner Zustimmung vollzogen.

»Ich dachte: Mir bleibt ja noch die Villa«, berichtete er weiter. »Aber da hatte die Bank bereits die Hand drauf, denn auch die monatlichen Raten waren schon lange nicht mehr gezahlt worden. Also verkaufte ich die Möbel. Meine guten Anzüge und alles, was mir sonst noch von einigem Wert geblieben war, verpfändete ich nach und nach. Mit dem Erlös hoffte ich, mich wieder aufzurappeln.«

Diesen Versuch hatte er aber dummerweise nicht durch Geschäfte, sondern in der Spielbank unternommen. Doch seine Glücksstähne von einst wiederholte sich nicht, sondern nun verlor er nicht nur an einem Abend, sondern am nächsten genauso. Das ging so lange, bis sein ganzes Geld verspielt war.

»Von dem Rest meines Geldes kaufte ich eine Fahrkarte nach Wiesbaden«, schloss er. »Das muss eine Eingebung von oben gewesen sein. Denn wer begegnet mir als erster Mensch? Mein Engel Liesl!«

Wie ein Ertrinkender streckte er beide Arme nach mir aus und zog mich an sich. In mir machte sich Panik breit. Sicher, ich empfand großes Mitleid mit dem armen Gestrandeten, aber ich hatte nicht die geringste Lust, ihn für den Rest seines Lebens zu ernähren.

»Dein Hummergeschäft wird dich bald wieder auf die Beine bringen«, versuchte ich Optimismus auszustrahlen, vor allem aber eine Verantwortung, die ich schnurstracks auf mich zukommen sah, wieder abzuschütteln.

»Das ist vorbei. Mit Hummer ist nicht mehr viel zu holen.« Melancholisch schüttete er das nächste Glas Whisky in sich hinein.

»Und wie soll es bei dir jetzt weitergehen?«, fragte ich vorsichtig.

»In Wiesbaden habe ich einflussreiche Freunde. Da wird sich bald was finden lassen.«

Fürs Erste atmete ich auf.

Er fand dann tatsächlich sehr schnell wieder eine Arbeit, im amerikanischen Club als Barkeeper, und da ich nach wie vor gerne das Kurhaus besuchte, sahen wir uns ab und zu wieder. Ich war höflich und nett zu ihm, freute mich, dass er offensichtlich wieder Fuß gefasst hatte, zeigte aber absolut kein Interesse an seiner Person. Er dagegen ließ nicht locker und machte mir unverhohlen den Hof, und als ich auf seine Schmeicheleien hin nicht anbiss, versuchte er mit sicherem Instinkt, mich durch meinen alten Traum zu ködern: gemeinsam ein eigenes Restaurant zu eröffnen. Verlockend war dieser Gedanke schon, und ich wurde schwankend. Den Ausschlag gab mein Besuch in Jimmys holländischer Heimatstadt Maastricht, wo er selbst seit Jahren nicht gewesen war. Er nahm mich dorthin mit, um mich seinen Eltern vorzustellen. Die hatten ihren Sohn seit seiner Scheidung nicht mehr gesehen. Sein Vater flehte mich geradezu an, seinen Sohn doch zu heiraten: Wir gäben doch ein ideales Paar ab. Jimmy liebe mich sehr, und es sei für einen Mann nicht gut, alleine zu leben. Und so weiter.

Diese lange Rede brachte mich doch zum Nachdenken. Ja, der alte van der Hold hatte schon recht: So, wie es für einen Mann nicht gut ist, allein zu leben, war es für eine Frau auch nicht ideal. Sicher, redete ich mir gut zu, Jimmy ist sechzehn Jahre älter als ich, aber was soll der Quatsch. Gudrun hat einen Mann, der sogar siebzehn Jahre älter ist als sie, und sie scheinen glücklich miteinander zu sein. Irgendwann willst du ja doch eine Familie gründen und Kinder haben. Mittlerweile bist du schon sechsundzwanzig, und jünger wirst du ja auch nicht. Auf was sollst du dann eigentlich noch warten? Es kommt ja doch nichts Besseres nach.

Jimmy war nett, er war höflich und gebildet und sprach mehrere Sprachen. Seit er wieder ein geregeltes Einkommen hatte, ging er mit mir nur in gute Häuser zum Essen und zeigt sich großzügig. An solchen Äußerlichkeiten machte ich alles fest, meine ganze Zukunft. Ich liebte ihn nicht, aber war das wirklich so schlimm? Vielleicht lernst du ihn mit der Zeit ja noch lieben, dachte ich optimistisch.

Kaum waren wir von Holland zurück, machte Jimmy mir einen förmlichen Heiratsantrag – ich sagte ja, ohne zu zögern – und steckte mir einen mit einem kleinen Brillanten besetzten Ring an den Finger. »Ein Erbstück von meiner Großmutter«, flüsterte er mir zu.

Nun war ich also wieder verlobt. Das himmelhochjauchzende Gefühl, das ich bei meiner ersten Verlobung empfunden hatte, vermisste ich diesmal. Aber dafür wird die Verlobung diesmal halten, tröstete ich mich.

Mir war es wichtig, eine kirchliche Trauung zu haben. In den vier Schuljahren, die meiner Taufe gefolgt waren, hatte ich im Religionsunterricht eine Menge über Gott und die Kirche gelernt, und ich hatte mich auch wirklich dafür interessiert. Bis zur Konfirmation und auch noch einige Zeit danach war ich regelmäßig in den Gottesdienst gegangen. Ja, ich kann sagen, ab meinem zehnten Lebensjahr habe ich meinen Glauben gelebt. Ohne den Segen Gottes hätte ich mich nicht richtig verheiratet gefühlt. Abgesehen davon ging ich davon aus, dass ich nur einmal im Leben heiraten würde, und das sollte so feierlich wie möglich sein, damit ich für den Rest meines Lebens davon zehren konnte. Im weißen Kleid unter Orgelbrausen zum Altar zu schreiten, das war doch wesentlich beeindruckender, als mal eben auf dem Standesamt eine Unterschrift zu leisten. Außerdem wollte ich, das Aschenputtel, natürlich auch meiner Familie und insbesondere meiner Mutter mit einer prächtigen Hochzeit imponieren. Auch meine Schwester Gudrun wollte ich beeindrucken: Meine kirchliche Trauung sollte mindestens so feierlich werden wie die ihre, und mit der anschließenden Feier wollte ich noch eins draufsetzen. Sie sollte nicht so spartanisch werden wie die ihre. Ich wollte es ordentlich krachen lassen.

Für Gudrun hatte die Mutter ein schickes Brautkleid genäht, mit Rüschen und Schleifen und allerlei Zierrat, sodass sie eine wirklich schöne Braut gewesen war. Da ich Zweifel hatte, ob Mutter sich für mich diese Mühe ebenfalls machen würde, fragte ich sie erst gar nicht; es wäre wegen der großen räumlichen Entfernung auch schwierig gewesen mit den Anproben. Außerdem war, falls sie wirklich dazu bereit gewesen wäre, zu befürchten, dass sie mir ihren Geschmack aufpfropfen und meine Wünsche ignorieren würde. Glücklicherweise hatte ich genug gespart, um mir in einer Brautboutique ein Kleid kaufen zu können, das mir gefiel. Schließlich wollte ich an der Seite meines großen, gutaussehenden künftigen Ehemannes auch eine gute Figur abgeben. Nach ausgiebigem Suchen erstand ich ein eng anliegendes Kleid von schlichter Eleganz. Das weich fließende Material brachte meine körperlichen Vorzüge voll zur Geltung.

Am 28. Mai 1963 war es soweit. Am Arm meines Bräutigams, der in einem gut sitzenden Smoking steckte, schritt ich in der Marktkirche zu Wiesbaden zum Altar. Obwohl mein Zukünftiger Katholik war, wurden wir evangelisch getraut. Jimmy war ja schon einmal nach katholischem Ritus verheiratet gewesen und konnte nicht wieder katholisch heiraten, da seine erste Frau noch lebte – nach dem Verständnis der katholischen Kirche ist die Ehe unauflöslich. Also akzeptierte er die evangelische Trauung. Eigenartigerweise war unsere Trauzeugin, Hilde Sauer, eine entfernte Verwandte von Jimmys erster Frau.

Erst nach der kirchlichen Feier lernten meine Eltern Jimmy kennen. Sie waren zusammen mit meiner Zwillingsschwester gekommen, für die Mutter eigens ein seegrünes Kleid genäht hatte, zu dem das goldene Halskettchen mit den Rubinen, das ich seinerzeit ausgesucht hatte, trefflich passte. Das Grün des Kleides harmonierte sehr gut mit Gretls braunen Augen und ihrem brünetten Haar. Doch Mutters Geschicklichkeit im Nähen konnte nicht über Gretls gedrungene Figur hinwegtäuschen. Von Gudrun und ihrem Angetrauten war dagegen nichts zu sehen, obwohl ich sie persönlich per Telefon eingeladen hatte. Auf meine Nachfrage hin, erklärte mir meine Mutter das folgendermaßen: »Gudrun kommt nicht, weil sie keine schriftliche Einladung bekommen hat. Außerdem hat sie noch einen anderen Grund.« Das

Folgende sprach meine Mutter nicht ohne eine gewisse Schadenfreude aus: »Gudruns Mann ist wohl nicht gut auf dich zu sprechen. Nach seiner Hochzeit soll er ihr gegenüber geäußert haben: ›Wenn ich gewusst hätte, dass du so eine Schwester hast, hätte ich dich nicht geheiratet.‹ «

Ihre Bosheit prallte diesmal einfach an mir ab. Was mein Schwager damit sagen wollte und ob es überhaupt stimmte, dass er dies gesagt hatte, war mir in dem Moment völlig egal. Eine solche Bemerkung konnte mir meinen Hochzeitstag nicht verderben. Wir begaben uns zu dem Restaurant, in dem ich arbeitete und erlebten dort eine Hochzeitsfeier, die einfach traumhaft war. Sie fand ihren krönenden Abschluss durch die musikalische Unterhaltung durch Jimmys Freund, Roberto Blanco.

Nachdem meine Mutter alles sehr gründlich in Augenschein genommen hatte – das Restaurant, unsere honorigen Hochzeitsgäste und die üppigen Hochzeitsgeschenke – war sie endlich davon überzeugt, dass ich mein Geld auf ehrliche Weise verdiente. Das war immerhin ein Etappensieg.

Wie im Taumel hatte ich diesen Tag erlebt, die Bewunderung, die Glückwünsche und die zahlreichen Geschenke von Freunden und Gästen des Lokals entgegengenommen. Es wurde sehr spät, bis sich die Hochzeitsgesellschaft endlich aufgelöst hatte und wir, das Brautpaar, die Hochzeitssuite in einem noblen Hotel beziehen konnten. Da war der Bräutigam nicht mehr in der Lage, die Braut über die Schwelle zu tragen. Wer über die Schwelle getragen wurde, war er. Aber nicht von mir, sondern von seinen Freunden, die ihn mir als Whiskyleiche ins Bett legten. Dass er nicht mehr in der Lage war, die Ehe zu vollziehen, versteht sich von selbst. Dieser Fehlstart in die Ehe sollte sich auch als schlechtes Omen erweisen.

Meine Ehe – ein Albtraum

Schon in den ersten Tagen unserer Ehe machte Jimmy mir klar, dass er sich von mir einen Sohn wünschte. Von seinem Sohn aus erster Ehe hatte er seit seiner Scheidung nämlich nichts mehr gehört. Ihm diesen Wunsch zu erfüllen war ich gerne bereit, soweit das in meiner Macht stand. Für mich gehörten Kinder nämlich zu einer Ehe, und mein Wunschtraum war es, mehrere Kinder zu haben. Die Schwangerschaft stellte sich jedoch nicht so schnell ein wie erhofft.

Auch eine andere Geschichte verlangte Geduld von uns. Es ging um den Erwerb eines Restaurants. Wenige Tage nach unserer Hochzeit hatten langjährige Bekannte von Jimmy uns zu sehr günstigen Bedingungen ein Lokal zur Pacht angeboten. Das war unsere Chance: Es war genau das, was wir angestrebt hatten, es war das, was uns verband. Da hieß es zugreifen, denn etwas Besseres konnte uns gar nicht passieren. So schnell, wie wir uns das vorgestellt hatten, ging es dann aber doch nicht. Schwierigkeiten auf Schwierigkeiten stellten sich uns in den Weg, und es ging einfach nicht voran.

Auf einem anderen Gebiet dagegen war das Glück uns schneller hold. Ebenfalls durch Bekannte kamen wir an eine schöne, günstige Wohnung, die wir schon bald beziehen konnten. Und auf einmal ging alles andere dann doch auch ganz schnell: Etwa ein halbes Jahr nach unserer Trauung reiste ich mit Jimmy nach Mailand zu einem Barmixerturnier. Und hier – vielleicht bedingt durch die Luftveränderung – wurde ich endlich schwanger. Und was soll ich sagen? Wieder ein halbes Jahr später lag der Pachtvertrag für das Lokal auf dem Tisch.

Endlich war mein Traum in Erfüllung gegangen: Ich war Wirtin in einem eigenen Lokal! Ich war in einem wahren Freudentaumel, aber mir war auch bewusst, dass das Leben für mich nun verdammt hart und ernst werden sollte. Voller Euphorie und Eifer stürzten wir uns in die Arbeit. Innerhalb von drei Monaten wollten wir das Restaurant so herrichten, wie es unserer Vorstellung entsprach. Dass ich in anderen Umständen war, darauf nahm weder ich noch sonstwer Rücksicht. So kam es, wie es kommen musste, die Wehen setzten drei Wochen zu früh ein, kurz nachdem wir das Lokal eröffnet hatten. Das wäre nicht weiter schlimm gewesen, da man normalerweise nach der ersten Wehe noch genug Zeit hat, alles zu regeln und zu ordnen. Aber bei mir ging gleichzeitig das Fruchtwasser ab, und so war höchste Eile geboten: Ich musste alles liegen und stehen lassen und mich auf dem schnellsten Weg ins Krankenhaus begeben. Mein Mann brachte mich mit dem Wagen hin.

Die Geburt ging dann doch nicht so schnell vonstatten, wie die Umstände zuerst hatten vermuten lassen. Da das Kind eine Steißlage war, zog sich die Entbindung Stunde um Stunde hin, und ich wurde immer schwächer und schwächer. Achtzehn Stunden dauerte es, bis Peter, der erwünschte Sohn, endlich da war,und dazu noch mit gebrochenem Schlüsselbein.

Das verlängerte den Klinikaufenthalt über die übliche Zeit des Wochenbettes hinaus. Dennoch fand mein Mann, der sich doch so brennend einen Sohn gewünscht hatte, keine Zeit, uns wenigstens einmal in der Klinik zu besuchen. Er freute sich offenbar so wahnsinnig über die Geburt seines Sohnes, dass er dies jeden Tag ausgiebig feiern musste und dafür auch das Lokal Lokal sein ließ. Wo er sich dann so zusoff, dass er stürzte und sich eine Meniskusverletzung zuzog, war nie in Erfahrung zu bringen. Diese Verletzung hinderte ihn jedenfalls daran, mich und seinen kleinen Sohn nach zwölf Tagen wenigstens pünktlich von der Klinik abzuholen.

Mit meinem Säugling auf dem Arm und dem Koffer neben mir auf dem Boden stand ich am Entlassungstag in der Eingangshalle der Klinik und wartete und wartete. Nach etwa einer halben Stunde erbarmte sich der Pförtner und fragte, ob er für mich irgendwo anrufen könne. Zu Hause hob jedoch niemand ab. Der alte Mann, der Mitleid mit mir hatte, versuchte es danach jede Viertelstunde, bis sich endlich jemand meldete.

»Herr van der Hold, Ihre Frau steht hier seit zwei Stunden mit dem Baby auf dem Arm!«

Wieder dauerte es geraume Zeit, dann fuhr ein Taxi vor. Jimmy stieg aus und kam humpelnd auf mich zu. Wortreich erklärte er mir, dass er aufgrund seiner Knieverletzung nicht Auto fahren könne, und bedeutete mir, ihm zum Taxi zu folgen. Er war weder in der Lage, das Baby noch den Koffer zu tragen. Beides wäre mir überlassen geblieben, hätte der Taxifahrer mir nicht wenigstens den Koffer abgenommen und im Kofferraum verstaut. So hatte ich eine Hand frei, um mit Klein-Peter in den Wagen steigen zu können.

Zu Hause angekommen, legte sich mein Mann gleich wieder ins Bett und wollte gepflegt werden. Auf der anderen Seite schrie der Sohn vor Hunger und wollte gestillt werden. Bei mir aber war – wohl aufgrund der Strapazen oder vielleicht auch wegen der lieblosen Behandlung – die Milch weggeblieben. In unserer Wohnung war aber für diesen Fall nichts vorbereitet. Es gab weder Milchpulver noch Fläschchen und auch keinen Sauger. Das lag zum einen daran, dass ich mich auf natürliche Ernährung eingestellt hatte, zum anderen war das Kind ja drei Wochen zu früh gekommen, und ich hatte bis zum letzten Augenblick im Restaurant gearbeitet. Ich wusste gar nicht, wo ich anfangen sollte.

Erschöpft ließ ich mich auf einen Stuhl fallen, schlug die Hände vors Gesicht und weinte bittere Tränen. Nach einer Weile gab ich mir aber innerlich einen Ruck, überließ Mann und Sohn ihrem Schicksal und machte mich auf zur nächsten Drogerie. Dort erstand ich das Nötigste. Nachdem das Kind gierig sein Fläschchen ausgesaugt hatte, schlug ich für meinen Mann ein paar Eier in die Pfanne und servierte sie ihm mit Brot. Mein nächster Weg führte mich in unser Lokal, um dort nach dem Rechten zu sehen, denn es war schließlich unsere einzige Einnahmequelle.

Langsam, aber sicher bekam ich in der darauffolgenden Zeit alles wieder in den Griff. Jeden Tag stand ich im Restaurant bis nachts ein Uhr in der Küche. Tagsüber pendelte ich immer zwischen der Wohnung

– wo mein kleiner Peter ganz brav schlief – und dem Restaurant hin und her. Zu meiner Erleichterung wurde in dem Gebäude, in dem sich unser Lokal befand, bald eine größere Wohnung frei, und ich griff sofort zu. Nun hatte ich alles unter einem Dach und brauchte nicht mehr so lange Wege zurückzulegen. Das war ein gewaltige Verbesserung, da der Stress im Lokal immer größer wurde, denn es lief von Tag zu Tag besser.

Alles schien sich einzupendeln. Dann stellte ich fest, dass ich erneut in anderen Umständen war.

Wie bereits erwähnt, hatte ich mir immer eine Familie mit mehreren Kindern gewünscht. Damals ließ sich noch nicht, wie heute, per Ultraschall vor der Geburt das Geschlecht des Kindes feststellen, aber mein Bauchgefühl sagte mir, dass es ein Mädchen würde. Von meiner erneuten Schwangerschaft bekam mein Mann bis zum sechsten Monat noch gar nichts mit – womit auch alles über das Interesse gesagt ist, das er mittlerweile noch an mir aufbrachte. Erst seine Schwester, zu der ich ein freundschaftliches Verhältnis hatte, brachte ihm die freudige Nachricht bei einem ihrer Besuche dann schonend bei. Da geriet er außer sich: »Was soll das? Früher bekamst du ja auch kein Kind, und jetzt soll es wohl jedes Jahr eins sein? An diesem Kind gehen wir pleite!«

»An diesem Kind gehen wir nicht pleite, aber an deinem Lebenswandel, wenn du nicht bald mit Saufen aufhörst«, entgegnete ich ihm ganz ruhig.

Angesichts seines offensichtlichen Desinteresses an mir und dem Kind hatte ich mich damit abfinden müssen, dass es wenig Sinn hatte, mich auf ihn zu verlassen. Ich kam deshalb nicht einmal auf den Gedanken, ihm Peter anzuvertrauen, während ich im Krankenhaus zum zweiten Mal Mutter wurde, sondern bat meine Putzfrau, sich um das Kind zu kümmern.

War die Geburt meines Sohnes schon nicht so einfach gewesen, so verlief die meiner Tochter geradezu dramatisch. Auch sie kam um einige Tage früher als erwartet. Am 5. Januar 1966, also zwei Tage vor meinem Geburtstag, begab ich mich zu einer Routineuntersuchung zu meinem Gynäkologen, wo ich Privatpatientin war. Er war eine anerkannte Kapazität auf seinem Gebiet.

»Frau van der Hold«, eröffnete er mir nach der Untersuchung mit ernster Miene, »der Muttermund ist bereits fünfmarkstückgroß geöffnet.«

»Aber ich – ich habe doch noch gar keine Wehen«, stammelte ich.

»Das ändert nichts daran, dass Sie in jedem Fall morgen um zehn Uhr im Kreißsaal sein müssen. Falls die Wehen bis dahin nicht eingesetzt haben, muss die Geburt eingeleitet werden.«

Pünktlich um zehn Uhr lag ich dann im Rote-Kreuz-Krankenhaus auf dem Kreißbett. Die Hebamme stellte fest, dass sich der Muttermund inzwischen noch weiter geöffnet hatte. Aber Wehen hatte ich immer noch nicht.

»Uns bleibt nichts anderes übrig, wir müssen die Geburt einleiten«, kommentierte sie, als sie mir ein Wehenmittel injizierte.

Nun habe ich Zeit, dachte ich, in Erinnerung daran, dass sich meine erste Entbindung mehr als achtzehn Stunden hingezogen hatte. Das Kind wird also in den frühen Morgenstunden des 7. Januar geboren werden, gerade rechtzeitig als Geburtstagsgeschenk für mich.

Während ich mich diesen Träumen hingab, setzte bereits nach drei Minuten die erste Wehe ein. Und dann kamen sie Schlag auf Schlag. Aber weiter rührte sich nichts. Die Hebamme tastete nochmals meinen Bauch ab und setzte mehrmals das Stethoskop an. Plötzlich wurde sie ganz hektisch: »Schnell, rufen Sie den Arzt an!«, befahl sie der assistierenden Schwester und raunte ihr etwas zu. Ich glaubte das Wort »Querlage« verstanden zu haben.

Zehn Minuten später war mein Gynäkologe bereits vor Ort. Es verursachte wahnsinnige Schmerzen, als er mir in die Scheide griff und den vergeblichen Versuch unternahm, das Kind zu drehen. Dann ging alles sehr schnell. »Alles fertig machen zum Kaiserschnitt!«, hallte es durch den Kreißsaal. Der Arzt packte mich und trug mich eigenhändig auf den Operationstisch, und dann wurde es Nacht um mich.

Als ich endlich wieder ansprechbar war, saß mein Gynäkologe an meinem Bett und hielt mir die Hand. »Ich gratuliere Ihnen zur Tochter. Sie ist genauso hübsch wie die Mama und kerngesund.«

»Ich habe also eine Tochter«, konstatierte ich matt. Um in Jubel auszubrechen, fehlte mir die Kraft. Noch ehe ich erfuhr, wie groß und wie schwer sie war, geschweige denn, dass ich danach verlangt hätte, sie zu sehen, sank ich wieder in Dämmerschlaf. Am nächsten Tag fühlte ich mich schon etwas besser und konnte mein Töchterchen für einige Minuten im Arm halten. Nun erfuhr ich auch, dass sie bei der Geburt fünfzig Zentimeter groß und 3000 Gramm schwer gewesen war. Auch nahm ich zur Kenntnis, dass sie am 6. Januar um die Mittagszeit geboren worden war, also einen Tag vor meinem Geburtstag. Dennoch war sie für mich mein Geburtstagsgeschenk. Dann hatte ich wieder das Bedürfnis, zu schlafen und zu schlafen. Erst nach einigen Tagen ging es langsam aufwärts mit mir.

Jetzt hielt mich mein Frauenarzt für stabil genug, um mir die ganze Wahrheit zu sagen: »Frau van der Hold, Sie haben noch mal wahnsinniges Glück gehabt.«

»Wieso das?«, fragte ich erstaunt.

»Ihr Leben und das Ihres Kindes hingen an einem seidenen Faden. Ohne eine Menge Schutzengel hätten wir es sicher nicht geschafft.« Er räusperte sich kurz. »Als mich der Notruf aus dem Krankenhaus erreichte, hatte ich gerade eine Patientin auf dem Untersuchungsstuhl. Die habe ich einfach sitzengelassen und nur meiner Helferin zugerufen, sie solle sich um die Frau kümmern, und dann bin ich losgerast. Auf der Straße hatte ich das unwahrscheinliche Glück, dass kein Stau war und alle Ampeln auf Grün. Sonst wäre ich wahrscheinlich zu spät gekommen.«

Verständnislos schaute ich den Arzt an.

»Ihre Tochter lag quer, deshalb ging nichts vorwärts«, erklärte er. »Da die ständigen starken Wehen unentwegt auf die Gebärmutter einwirkten, bestand die Gefahr einer Berstung. Also war höchste Eile geboten. Aber nicht nur deswegen, Ihre Tochter hatte auch noch die Nabelschnur um den Hals. Das stellte ich fest, als ich versuchte, sie zu drehen. Dadurch war für sie die Sauerstoffzufuhr blockiert. Nur dank des schnellen Kaiserschnitts und der sofortigen Wiederbelebungsmaßnahme konnten wir das Kind retten. Hätten meine Assistenten nicht so erstklassig reagiert, hätte Ihre Tochter nicht überlebt.«

Er muss den entsetzten Ausdruck auf meinem Gesicht bemerkt haben, denn beruhigend fügte er hinzu: »Keine Sorge, jetzt ist alles überstanden; es geht ihr gut.«

»Gott sei Dank!« Das war von mir nicht nur so hingesagt, es kam aus tiefstem Herzen. Mein Mediziner war aber noch nicht fertig. »Auch um Sie habe ich mir Sorgen gemacht. Eine Gebärmutterberstung überlebt man normalerweise nicht. Aber auch Ihr Kreislauf machte mir Sorgen. Er drohte zusammenzubrechen. Deshalb hielt ich eine Weile persönlich Wache an Ihrem Bett. Es dauerte sehr lange, bis Sie nach der Operation endlich die Augen aufschlugen.«

»Vielen Dank«, flüsterte ich matt und drückte ihm die Hand. Verlegen wehrte er ab. »Es geht mir nicht um Dank. Mir ist es wichtig, Sie zu warnen. Sie sollten kein weiteres Kind mehr bekommen, denn das könnte Ihr Tod sein. Ob wir bei einer nächsten Entbindung ebenso viel Glück haben, wage ich zu bezweifeln.«

»Das sehe ich ja ein«, antwortete ich kleinlaut, »aber was kann ich tun?«

»Nach dem Wochenbett, bevor Sie Ihre ehelichen Pflichten wieder aufnehmen, kommen Sie zu mir in die Praxis. Da verschreibe ich Ihnen ein Medikament zur Empfängnisverhütung. Man nennt es ›Anti-Baby-Pille‹.«

Nun entsann ich mich, dieses Wort schon mal irgendwo aufgeschnappt zu haben. »Und Sie meinen, das ist zuverlässig?«, äußerte ich zweifelnd.

»Hundertprozentig. Vorausgesetzt, Sie nehmen die Tabletten gewissenhaft ein.«

Das war doch mal ein Lichtblick!

Mein Klinikaufenthalt dauerte diesmal aufgrund des Kaiserschnitts achtzehn Tage. Eigentlich wäre das eine ausreichende Zeit gewesen, mich so richtig von den Strapazen der Schwangerschaft und der Entbindung zu erholen. Den Luxus des Nichtstuns konnte ich mir aber selbst im Krankenhaus nicht leisten. Nach einer Woche, als ich mich wieder halbwegs bei Kräften fühlte, ließ ich mir durch unseren Kellner sämtliche Geschäftsunterlagen ans Krankenbett bringen, um ein Jahr Buchhaltung nachzutragen.

Unser kleiner Sohn, gerade mal anderthalb Jahre alt, wurde, wie erwähnt, von unserer Putzfrau Berta betreut. Dabei ging ihr die Freundin unseres Kellners zur Hand. Mein Gemahl, da hatte ich goldrichtig gelegen, hatte ja weder die Zeit seinen Sohn zu betreuen, noch mich wenigstens einmal auf der Entbindungsstation zu besuchen. Er liebte ja in erster Linie den Whisky, aber auch den Skisport. Da für ihn die Geburt so furchtbar anstrengend gewesen war, schloss er – nachdem er erst eine Woche ausgiebig gefeiert und eine Lokalrunde nach der anderen geschmissen hatte – kurzerhand das Restaurant und fuhr nach Garmisch zum Skilaufen. Als er nach zwei Wochen endlich zurückkam, hatte ich den Laden – trotz der beiden kleinen Kinder – bereits wieder geöffnet und alles im Griff. Allerdings hatte ich dafür auch, und zwar gleich, nachdem ich aus dem Krankenhaus entlassen war, jede Nacht bis drei Uhr in der Restaurantküche gestanden.

140

Mittlerweile lief das Lokal so gut, dass wir uns fünf Angestellte leisten konnten. So sehr mich Jimmys Alkoholkonsum inzwischen beunruhigte, eines musste ich neidlos anerkennen: Auf dem Gebiet der Unterhaltung und Verbreitung von Frohsinn war er ein unschlagbares Genie. Er knüpfte sehr gute Kontakte zu den amerikanischen Clubs, das kannte er ja aus seiner Zeit in Garmisch. Seine prominenten Freunde zählten zu den Stammgästen und lockten wirklich viele Fans und Neugierige an. Auch deshalb lief es bei uns immer besser. An unserem Töchterchen gingen wir also nicht in Konkurs, allerdings ging das alles auf Kosten meiner Gesundheit. Mehr als zwei Stunden Schlaf pro Nacht waren für mich nicht mehr drin. Ich musste doch beweisen, dass es auch mit zwei Kleinkindern zu schaffen war, ein Restaurant zu führen.

Mein Mann hat seine Tochter nie akzeptiert und kaum beachtet. Dafür konnte er aber mit dem geschäftlichen Erfolg – den er natürlich allein als sein Verdienst sah! – gar nicht genug prahlen. Das nennt man Arbeitsteilung: Ich hatte das Geschäft und die Kinder und er die Freude, den Alkohol und seinen Skiurlaub, um sich von der vielen Arbeit und vom Kinderkriegen zu erholen.

Solange die Einnahmen stimmten und das Lokal gut lief, konnte ich dieses Leben mit meinen Kindern, für die er sich nicht verpflichtet fühlte, ja noch akzeptieren. Ja, ganz im Gegenteil: Es mag sich seltsam anhören, aber ich war zu jener Zeit sogar der Meinung, alles sei in bester Ordnung. Als ich ausnahmsweise mal die Zeit fand, meinen Kinderwagen durch den Park zu schieben, war ich meinem Herrgott sogar dankbar für alles. Meine Gedanken kreisten um meine Familie, und ich sagte mir: Mit neunundzwanzig Jahren habe ich doch viel erreicht. Ich habe einen guten Mann – damals glaubte ich das noch, trotz allem –, zwei gesunde, zauberhafte Kinder, ein ganz toll florierendes Restaurant, beide Eltern noch am Leben und relativ gesund. Es drängte sich mir aber die Frage auf: Wie lange wird das noch so weitergehen?

Meine bangen Ahnungen betrafen dabei vor allem meine Eltern. Irgendwann würden sie mich für immer verlassen. Vor allem bei meinem Vater gab mir dieser Gedanke einen Stich. Er war derjenige, der sich als einziger über meinen geschäftlichen Erfolg freute, und als mein Buchhalter und Steuerberater hatte er den besten Überblick und konnte würdigen, was ich geleistet hatte. Da er sich für seine Arbeit absolut nicht entlohnen lassen wollte, beschloss ich, ihm zum Dank zu Weihnachten einen Fernsehapparat zu schenken.

Aber warum bis Weihnachten warten?, dachte ich dann. Er sollte ruhig schon eher seine Freude daran haben. Also rief ich eine Fachfirma in Ansbach an, stellte mich als Tochter von Ludwig Wagner vor und erteilte den Auftrag, umgehend ein Gerät an die Adresse meiner Eltern zu liefern und zu installieren, mit allem Drum und Dran.

Als mein geliebter Vater am 6. Dezember nach Hause kam, konnte er die Überraschung kaum fassen. Er rief mich sofort an – inzwischen hatte man Telefon –, was er sonst nie tat. Ich hatte ihn noch niemals so aufgeregt und so glücklich erlebt. »Nein, Liesl, so eine Überraschung!«, sprudelte er förmlich hervor. »So eine Freude! Du kannst dir gar nicht vorstellen, was dieses Geschenk für mich bedeutet! Von jetzt an werde ich abends wieder gerne und pünktlich nach Hause gehen. Vor Freude könnte einen glatt ein Herzschlag treffen.«

Die Freude dauerte allerdings nur vier Tage. Am 10. Dezember 1966 erhielt ich in aller Frühe den unfassbaren Anruf von meiner Mutter: »Dein Vater hat einen Hirnschlag erlitten. Er lebt noch, aber er ist nicht mehr ansprechbar. Du brauchst also nicht zu kommen.«

Ich ignorierte den letzten Satz und fuhr sofort los. Die Kinder brachte ich zu meiner Putzfrau, die von ihnen liebevoll Oma Berta genannt wurde und sich immer wieder als fünfzehnter Nothelfer erwies. Unser Personal war so eingespielt, dass ich nicht viel erklären musste, sondern das Restaurant unbesorgt auch einmal alleine lassen konnte. Ich traf meinen Vater noch lebend an, wenn er auch das Bewusstsein wirklich nicht mehr erlangte und damit das Telefongespräch, das ich vier Tage zuvor mit ihm geführt hatte, das letzte Mal blieb, dass ich mit ihm gesprochen hatte. Aber ich war so froh, ihn noch lebend anzutreffen! Wenn er mir auch nicht mehr antworten konnte, so flüsterte ich ihm doch alles, was ich ihm an Dankbarkeit und Liebe und Vertrauen noch sagen wollte, ins Ohr, während ich seine Hand hielt.

Am Abend fuhr ich wieder zurück nach Wiesbaden. Drei Tage später wieder ein Anruf aus Ansbach: die Todesnachricht. In meinem tiefen Schmerz war es nicht mein Ehemann, der mich tröstete, sondern meine Putzfrau. Sie war es auch, die meine Kinder wieder in Obhut nahm, als Jim und ich zur Beerdigung fuhren.

Im Trauerhaus angekommen, bereitete mir meine Mutter mit den Worten: »Hoffentlich hast du die Rechnung für das Fernsehgerät auch bezahlt, damit ich in dieser Kleinstadt nicht schief angesehen werde. Im übrigen hätte es ja auch ein Farbfernseher sein können!«, gleich einen ernüchternden Empfang. Als wir gegen 8.30 Uhr zur Beerdigung aufbrachen, die in Nürnberg stattfand, hatte sie keine anderen Sorgen, als den Anzug meines Mannes zu kritisieren sowie eine Laufmasche an einem meiner Strümpfe zu bemängeln. Natürlich hatte ich kein zweites Paar schwarzer Strümpfe bei mir, und es bestand auch keine Möglichkeit mehr, mir noch welche zu besorgen. Da war also nichts zu machen.

Da mein Vater schon in den dreißiger Jahren aus der Kirche ausgetreten und nicht wieder eingetreten war, wurde er freireligiös beerdigt. An seinem Grab stand ein Prediger, der das für meine Begriffe sehr schön, loyal und feierlich machte. Aber viel bekam ich ohnehin von der ganzen Beisetzung nicht mit, dafür war ich viel zu sehr von meiner Trauer überwältigt. Mit meinem Vater wurde schließlich der einzige Mensch in die Erde gesenkt, der immer für mich dagewesen war, der mich verstanden, der mich geliebt hatte. Nun würde ich niemanden mehr haben, bei dem ich mich mal »ausweinen« konnte, der mir beistand, der mich wieder aufrichtete. Tränenblind stand ich am offenen Grab und bekam gar nicht mit, wer sich sonst noch eingefunden hatte. Vielfach wurde mir die Hand geschüttelt und wurden Beileidsworte gemurmelt, aber ich kriegte weder deren Inhalt mit, noch, wer sie zu mir sprach. Es war mir, als sei nur meine Hülle anwesend, während meine Seele nach dem verlorenen Vater suchte.

Auch beim anschließenden Leichenschmaus, zu dem meine Mutter in eine nahegelegene Gaststätte geladen hatte, bekam ich nicht viel mit. Ich erinnere mich noch, Gudrun und ihren Mann gesehen zu haben sowie meine Zwillingsschwester mit ihrem Mann, den ich zum ersten Mal sah, weil sie mich zur Hochzeit nicht eingeladen hatte. Aber mit beiden Schwestern habe ich kaum drei Worte gewechselt. Wir brachen auch sehr bald wieder auf, weil ich meine Kinder nicht zu spät bei Oma Berta abholen wollte.

Rückblickend war dieser Todesfall auch in anderer Hinsicht ein tiefer Einschnitt in meinem Leben: In den Jahren, die darauf folgten, ging es Schlag auf Schlag bergab. Es war mir in jener Zeit deshalb manchmal, als sei mit dem Tod meines Vaters auch sein Segen für immer dahingegangen oder als laste seitdem sogar ein Fluch auf mir.

Das Unheil begann ein halbes Jahr nach dem Tod meines Vaters. Als ich eines Morgens die Gaststube betrat, fiel ich aus allen Wolken, als ein schwarzgekleideter Herr auf mich zukam, der sich als Gerichtsvollzieher vorstellte.

»Sie müssen sich in der Adresse geirrt haben«, gab ich mich selbstbewusst. »Bei uns gibt es für Sie nichts zu tun. Wir bezahlen unsere Rechnungen immer pünktlich.«

»Leider nicht alle, Frau van der Hold.« Der Unterhalt für Jochen, den Sohn aus der ersten Ehe meines Mannes, sei nicht bezahlt worden, erklärte er dann.

Ich dachte, ich hätte nicht nicht richtig gehört, und dann legte ich ganz empört los: »Das ist doch lächerlich. Wieso sollte mein Mann für seinen Sohn Unterhalt zahlen? Und wovon? Seine Exfrau, die Erna, hat doch das gesamte Vermögen mitgehen lassen, als sie sich mit ihrem Liebhaber abgesetzt hat. Von fünf Millionen D-Mark müsste sich doch der Unterhalt für den Sohn bestreiten lassen! Ihren Ehemann hat sie doch bettelarm sitzen lassen. Mit einem abgewetzten Anzug und einem ramponierten Koffer stand er 1962 vor meiner Tür.«

Zwischendurch musste ich doch einmal Luft holen, und der Schwarzgewandete nutzte das, um mir in die Parade zu fahren: »Tut mir leid, dazu kann ich nichts sagen. Im Scheidungsurteil vom Jahre 1960 steht aber, dass Jimmy van der Hold für seinen Sohn Jochen unterhaltspflichtig ist.«

»Und wenn schon«, regte ich mich auf. Ein wenig verunsichert war ich nun aber doch. »Wieso weiß ich nichts davon?«

»Da müssen Sie schon Ihren Mann fragen«, gab der Gerichtsvollzieher zur Antwort. Das Urteil, nach dem Jimmy für seinen Sohn Unterhalt zu zahlen hatte, erfuhr ich nun, sei ihm gleich mitgeteilt worden, als die Scheidung rechtskräftig wurde. Da bei seiner Exfrau bis zum Januar dieses Jahres keine Zahlungen eingegangen waren, hatte sie auf Zwangseintreibung geklagt. Das Urteil dazu sei am 8. Februar 1967 ergangen.

»Das hätte man uns doch erst einmal schriftlich mitteilen können, statt uns gleich Sie zu schicken«, begehrte ich dennoch noch einmal auf.

Der Gerichtsvollzieher verzog das Gesicht zu einem säuerlichen Grinsen. »Das hat man getan, Gnädigste. Mehrmals. Aber Ihr Herr Gemahl hat auf keines der Schreiben reagiert.«

Bis zu diesem Punkt unseres Gespräches glaubte ich immer noch, etwas retten zu können.

»Also, das verstehe ich nicht. Die Ehe meines Mannes ist doch bereits vor sieben Jahren geschieden worden. Wieso ist das Urteil auf Zwangseintreibung erst jetzt gefällt worden?«

Das konnte der Schwarzgewandete mir erklären. »Nach der Scheidung hat die Exfrau Ihres Mannes sicherlich gewusst, dass bei ihm nichts zu holen ist. Vermutlich hat sie inzwischen von Ihrem geschäftlichen Erfolg Wind bekommen.«

»Ja, dass es bei uns so gut läuft, ist doch nicht sein Verdienst«, empörte ich mich. »Mit meinen Ersparnissen haben wir das Lokal übernommen, und ich bin es, die Tag und Nacht hier schuftet, damit wir den Kredit abzahlen können. Oder sehen Sie ihn hier irgendwo? Der liegt doch immer bis Mittag im Bett und schläft seinen Rausch vom Vorabend aus. Wie käme ich also dazu, für seinen Sohn Unterhalt zu zahlen?«

Der Gerichtsvollzieher hatte auch auf diese Frage sofort eine Antwort parat. »Da Ihnen das Lokal gemeinsam gehört, und da Sie nicht im Stande der Gütertrennung leben, müssen Sie auch für seine Schulden geradestehen.«

Ich schluckte. Von solchen Dingen hatte ich keine Ahnung. Weder das Wort Gütertrennung noch das Wort Gütergemeinschaft waren mir je zu Ohren gekommen. Bei mir zu Hause waren wir zwar arm gewesen, aber Schulden hatte es bei uns nie gegeben. Mir dämmerte nun, dass da anscheinend nichts mehr zu retten war. »Auf wie viel belaufen sich denn die Schulden?«, erkundigte ich mich zaghaft.

»Bis zum heutigen Tag auf rund 16 000 DM.«

Ich spürte, wie mir die Farbe aus dem Gesicht wich, meine Knie wurden weich. Nur mit Mühe erreichte ich den nächsten Stuhl. »16 000 DM!? Das ist ja ungeheuerlich! Wo sollen wir die hernehmen? Wir stecken doch jede Mark, die wir nicht für unseren Lebensunterhalt brauchen, in die Abzahlung des Kredits.«

»Das tut mir leid für Sie. Ich jedenfalls habe den Auftrag, falls Sie nicht zahlen können, bei Ihnen zu pfänden.«

Wie gelähmt verharrte ich auf meinem Stuhl und schaute schweigend zu, wie der freundliche Beamte zunächst in der Gaststube und dann in der Küche die wichtigsten und teuersten Gegenstände mit kleinen rot-weißen Aufklebern versah. Nebenbei erfuhr ich, dass dies die sogenannten Kuckucks waren, die ich bis dahin nur vom Hörensagen gekannt hatte.

Als mein Mann endlich ansprechbar war – also am frühen Nachmittag – stellte ich ihn zur Rede. Erst mimte er den Unwissenden und zuckte nur die Schultern. Als ich mich damit nicht zufrieden gab, beteuerte er mit ganz unschuldiger Miene: »Es tut mir furchtbar leid, dass du davon erfahren hast, und noch dazu auf so unschöne Weise. Mit diesen Dingen wollte ich dich nicht belasten. Da Erna ja mein ganzes Geld mitgenommen hatte, nahm ich an, dass sie für Jochens Unterhalt nichts fordern würde.«

Damit ließ ich ihn nicht davonkommen. »Aber du wusstest doch von dem entsprechenden Urteil.«

»Ich dachte, das sei reine Formsache«, behauptete er. »Ich konnte doch nicht ahnen, dass Erna wirklich auf diesen Zahlungen besteht.«

Ich erinnerte ihn daran, dass er Anfang dieses Jahres eine Zahlungsaufforderung erhalten habe. »Spätestens da wäre es an der Zeit gewesen, mit mir darüber zu reden.«

»Ich hielt das Ganze doch für einen Irrtum. Da sich die Erna all die Jahre nicht gerührt hatte, dachte ich: Was wollen die von mir?«

»Und als die erste Mahnung kam? Und die zweite und die dritte? Und die Ankündigung der Zwangsvollstreckung?«

Er zuckte abermals hilflos die Schultern. Ich merkte, dass jedes weitere Wort in den Wind gesprochen sein würde, und mir dämmerte, dass mir nichts anderes übrig bleiben würde, als selbst zu handeln, um unsere Existenz zu retten. Es gelang uns, einen weiteren Kredit über die 16 000 DM aufzunehmen, die Jimmys Exfrau verlangte. Mir war es nämlich wichtig, den Betrag in einer Summe zu zahlen, damit die Kuckucks aus unserem Restaurant verschwanden, und als das geschehen war, atmete ich auf.

Aber das war verfrüht, wie sich schon bald zeigen sollte. Mit ihrer Geldforderung hatte die Geschiedene meines Mannes eine Lawine losgetreten, die nicht mehr zu stoppen war. Nach ihrem finanziellen Sieg über uns hatte die liebe Erna wohl nichts Besseres zu tun gehabt, als in München und Garmisch herumzuposaunen, dass bei uns etwas zu holen sei. Und dass es noch andere Leute gab, die bei Jimmy etwas zu holen hatten, merkte ich nur allzu bald. Noch während wir an dem Kredit von 16 000 DM knabberten, tauchte erneut der Gerichtsvollzieher bei uns auf, diesmal mit einer Forderung von Jimmys Bruder. Diesem schuldete er einige Tausend Mark, die er sich angeblich für einen Autokauf geliehen hatte – wo auch immer dieses Auto stecken mochte, denn jetzt hatte er keines. Abermals wurden einige Gegenstände im Restaurant mit Kuckucks dekoriert. Wutentbrannt stürzte ich in unsere Wohnung und rüttelte meinen Mann wach.

»Warum hast du mir nicht gesagt, dass du dir von deinem Bruder Geld geliehen hast?«

»Ach, hab ich das? – Ach ja, jetzt fällt es mir wieder ein.«

»Mit wie vielen solchen Überraschungen muss ich denn noch rechnen?«, fauchte ich.

»Da kommt keine mehr. Du kannst ganz beruhigt sein«, versuchte er, mich einzulullen. Das gelang ihm aber nur halbwegs. Mir blieb ein ungutes Gefühl in der Magengegend, und es sollte sich nur allzu rasch bestätigen.

Jimmy hatte wohl verdrängt, was ihn aus der Zeit, als seine Frau ihn hatte sitzen lassen, noch alles wieder einholen konnte. Seine angeblichen Freunde aber nicht. Immer wieder tauchte der sympathische Gerichtsvollzieher bei uns auf. Und als er im Lokal nichts mehr fand, auf das er seine niedlichen kleinen Vögel kleben konnte, bemühte er sich hinauf in unsere Wohnung. So kannte er sich in unserem Restaurant und in der Wohnung bald besser aus als mein Angetrauter.

Wie mir der Gerichtsvollzieher glaubhaft versicherte, waren seinem Besuch stets »böse« Briefe, Gerichtsbescheide und Urteile fristgerecht vorausgegangen. Von diesen habe ich jedoch nie etwas zu sehen gekriegt. Mein kleiner Sohn dagegen, damals sechs Jahre alt, muss einiges davon mitbekommen haben. Denn ein paar Jahre später erzählten mir Mitbewohner, wie sie ungewollt Zeugen eines Gesprächs zwischen Peter und dem Briefträger geworden waren. Als der in unsere Wohnung wollte, habe Peter ihn weggeschickt mit den Worten: »Wir nehmen keine Post mehr an.«

Nach und nach bekam ich heraus, dass Jimmy damals vielen seiner Freunde irgendwelche Märchen aufgetischt hatte, warum er im Moment nicht an sein Geld rankomme. Daraufhin hatten sie ihm einige Hundert oder Tausend Mark geborgt, in gutem Glauben, sie bekämen ihr Geld in wenigen Tagen zurück. Daran muss er auch selbst geglaubt haben, denn er hatte mit dem geliehenen Geld nichts Eiligeres zu tun gehabt, als es in diverse Spielcasinos zu tragen, von der vergeblichen Hoffnung beseelt, damit wieder zu Reichtum zu kommen.

Nicht zu vergessen das Finanzamt! Auch bei diesem stand er nämlich in der Kreide. Insgesamt waren es noch mal 27 000 DM, die ich für ihn aufzubringen hatte. Man muss sich vorstellen, das war Ende der sechziger Jahre! Damals bedeutete diese Summe wesentlich mehr als heute.

Sowohl die amtlichen als auch die nichtamtlichen Schreiben fand ich einige Zeit später in Jimmys Nachtkästchen vor. Sie waren allesamt ungeöffnet. Was dagegen geöffnet war, das waren zahlreiche Whisky-flaschen, die ich unter seinem Bett fand.

Jetzt wachte ich endgültig auf. Was würde da noch alles auf mich zukommen? Konnte man dem nicht einen Riegel vorschieben? Der Gerichtsvollzieher, der mir inzwischen ziemlich vertraut war, hatte Begriffe erwähnt wie Zugewinngemeinschaft und Gütertrennung. Da ich mit diesen nichts anzufangen wusste, brauchte ich fachlichen Rat, und den suchte ich bei dem Rechtsanwalt und Notar, den ich seinerzeit in Sachen geplatzter Verlobung eingeschaltet hatte und der mittlerweile Stammgast in unserem Lokal war. Bei seinem nächsten Besuch schilderte ich ihm kurz meine Lage.

»Ja, Frau van der Hold, da sollte man schleunigst etwas tun. Kommen Sie doch in den nächsten Tagen mal mit Ihrem Mann in meine Kanzlei.«

Zu meiner Überraschung war mein lieber Gemahl dazu gleich bereit. Also marschierten wir einträchtig zu unserem gemeinsamen Bekannten. Genauso bereit-willig, wie er mich in die Anwaltskanzlei begleitet hatte, unterschrieb er auch den Ehevertrag, mit dem die Gütertrennung festgelegt wurde. Der Notar gab uns noch die Belehrung mit auf den Weg, dass die Gütertrennung ab sofort wirksam sei, dass sie aber noch für jeden Dritten erkennbar im Güterrechtsre-gister eingetragen werden müsse. Das dauere in der Regel vier Wochen. Tief befriedigt zog ich von dan-nen.

Einige Tage nach dem Besuch bei unserem Anwalt sagte ich zu meinem Mann: »Wenn ich von meinem sauer verdienten Geld schon so viel an Alimenten für deinen ›verlorenen‹ Sohn nachzahlen muss, will ich das Exemplar jetzt aber auch kennenlernen.«

Für diese Idee war Jim gleich Feuer und Flamme. Wir wussten jedoch nicht, wo der Knabe sich aufhielt. Dem Schweizer Internat musste er längst entwachsen sein, und auch von diesem hatte mein Mann keine Adresse gehabt. Wir bekamen lediglich heraus, dass Jochen in Frankfurt am Main in einem guten Hotel eine Ausbildung als Hotelkaufmann aufgenommen hatte. Nun ist Frankfurt nicht gerade ein Dorf, und es gibt eine Menge Hotels dort. Für den Laien ist es nicht leicht, auszumachen, welche Hotels in die Kategorie »gut« gehören. Da wir in der gehobenen Gastronomie jedoch nicht ganz unbekannt waren, machten wir uns optimistisch auf den Weg und klapperten in der Main-Metropole jedes einigermaßen renommierte Hotel ab. Überall Fehlanzeige. Angeblich war bei niemandem ein Jochen van der Hold beschäftigt.

Irgendwo musste er aber doch stecken. Schließlich dehnten wir unsere Suche auf die besten Hotels der Stadt aus, wie Hilton, Intercontinental und Frankfurter Hof, und ahnten nicht, wie dicht wir ihm nun auf den Fersen waren. Auf unsere Frage nach Jochen beteuerte man überall mit Unschuldsmiene: »Tut mir leid, bei uns ist er nicht.«

»Sicher haben Sie Kontakt zu anderen Hotels und wissen vielleicht, wo er sein könnte«, versuchten wir, von ihnen wenigstens Hilfe bei unserer weiteren Suche zu bekommen. Manch einer zog sich zurück zu einem Telefonat mit diesem oder jenem Hotel, aber immer kam die ernüchternde Auskunft: »Nein, auch da ist nichts über seinen Verbleib bekannt.«

Resigniert zogen wir am Abend wieder in unsere Behausung zurück.

Was wir zu dem Zeitpunkt nicht wissen konnten: Die liebe Erna, Jochens Mutter, hatte ihrem Sohn gedroht: »Wenn du irgendwie zu deinem Vater Kontakt aufnimmst, wirst du enterbt.« Und da hätte er ja bekanntlich eine Menge zu verlieren gehabt. Aber die schlaue Exgattin, die ihrem Sohn die Stelle im Frankfurter Hof besorgt hatte, hatte allen Kontaktversuchen zur Sicherheit noch einen weiteren Riegel vorgeschoben. Selbst von Portugal aus war ihr Einfluss in Frankfurt so groß, dass der Hoteldirektor das Spielchen mitmachte. Er hatte nicht nur den Angestellten untersagt, Auskunft über Jochens Aufenthalt zu geben, er hatte auch die Direktoren der anderen Nobelherbergen entsprechend geimpft.

Wir hatten die Suche längst aufgegeben, als aber eines Abends aus heiterem Himmel ein netter, gutgekleideter, junger Mann bei uns am Tresen stand mit den Worten: »Hallo Vater, da bin ich! Ich bin dein Sohn Jochen.«

Diese Überraschung war ihm geglückt. Die Freude war riesig, auf allen Seiten. Das Wiedersehen musste gefeiert werden! Vor allem wollten wir wissen, wie der »verlorene Sohn« auf unsere Spur gekommen war. Da winkte er eine hübsche, dunkelhaarige Frau heran, die sich bis dahin im Hintergrund gehalten hatte. Sie entpuppte sich als niemand anderes als Hilde Sauer, eine Cousine seiner Mutter, die bei uns Trauzeugin gewesen war. Womit die gute Erna nämlich nicht gerechnet hatte und wodurch ihr ganzes Ränkespiel und ihre Kontakte zu den verschiedenen Hoteldirektoren nichts genutzt hatten, war die Tatsache, dass Blut dicker ist als Wasser. Von der Drohung seiner Mutter, sie werde ihn enterben, hatte sich Jochen nämlich nicht einschüchtern lassen, sondern von sich aus bereits seit längerer Zeit die Suche nach dem »verlorenen Vater« betrieben – mit aller gebotenen Vorsicht natürlich und nur über »neutrale« Quellen. Die hatten sich aber alle als unergiebig erwiesen, und so hatte er schließlich seine einzige Quelle aus dem Umfeld der Mutter angezapft. Hilde Sauer, die im Rhein-Main-Gebiet lebte, hatte stets Kontakt zu Jochen, der armen Scheidungswaise, gehalten und hatte nun auch volles Verständnis für seine Vatersuche. Von ihr würde seine Mutter kein Sterbenswörtchen darüber erfahren, das versicherte sie ihm gleich.

Und helfen konnte sie ihm auch. Da Jimmy sie zu unserer Hochzeit eingeladen hatte, wusste sie natürlich, wo er zu finden war. Ja, seit diesem Wiedersehen wurde Hilde meine beste Freundin – sie sollte mir noch in vielen Lebenslagen Beistand leisten – und ist es geblieben bis auf den heutigen Tag.

Meinen Stiefsohn Jochen, den ich wie einen leiblichen Sohn an meine Brust drückte und in mein Herz schloss, ließen wir nicht gleich wieder weg. Im Wohnzimmer bereitete ich ihm für die Nacht ein Lager. Am nächsten Morgen staunte er nicht schlecht, als plötzlich zwei kleine Geschwister auf seiner Bettdecke herumturnten. Die drei Kinder waren gleich ein Herz und eine Seele. Jochen war so begeistert, endlich eine Familie zu haben, dass er unseren Vorschlag, bei uns einzuziehen – in unserem Wohnhaus war nämlich gerade eine Personalwohnung frei geworden – mit Freuden annahm. Täglich von Wiesbaden nach Frankfurt zu fahren war mit der Bahn kein Problem.

Jochen war sehr ehrgeizig, ungeheuer sprachbegabt und hatte das feste Ziel vor Augen, eines Tages Hoteldirektor eines großen Konzerns zu werden. Außer dass er mit seinem Vater Kontakt aufgenommen hatte und dass er bei uns wohnte, hütete er vor seiner Mutter noch ein weiteres Geheimnis, und das so ängstlich, dass selbst wir lange Zeit nichts davon erfuhren. Nachdem er aber seine Ausbildung beendet hatte, stellte er uns seine Freundin vor, ein sehr nettes Mädchen namens Heike, die wie für Jochen geschaffen war. Seine Mutter durfte deshalb nichts von ihr wissen, weil sie längst eine andere Braut für ihn ins Auge gefasst hatte. Wir nahmen Heike mit offenen Armen auf, und sie wohnte fortan mit ihm in der Personalwohnung.

Mit der Zeit waren unsere Beziehungen in der Gastronomie doch recht weitreichend geworden. So erfuhren wir frühzeitig, dass das Hilton-Hotel, das gerade in Mainz eröffnet wurde, sehr gute Fachkräfte mit überdurchschnittlichen Sprachkenntnissen suchte. Das war genau die Herausforderung, die mein Stiefsohn gesucht hatte. Um aber überhaupt die Möglichkeit zu einem Vorstellungsgespräch zu bekommen, benötigte er drei einflussreiche Personen aus Industrie und Wirtschaft, die für ihn bürgten. Hier kamen ihm die ausgezeichneten Verbindungen seines Vaters zugute, der in seinem Bekanntenkreis rasch drei namhafte Persönlichkeiten auftreiben konnte, die für Jochen die Hand ins Feuer legten.

Er enttäuschte seine Bürgen nicht und kam am Abend glücklich mit seinem Arbeitsvertrag nach

Hause. Das Gehalt entsprach zwar nicht ganz seinen Vorstellungen, doch selbstbewusst meinte er: »Denen zeige ich schon, was ich kann!«

Heike fand kurz darauf ebenfalls eine Arbeitsstelle in Mainz. So fuhren denn die zwei jungen Leute täglich von Wiesbaden aus mit zwei Motorrollern zur Arbeit.

Eines Abends tauchten die beiden freudestrahlend bei uns auf. »Wir haben uns verlobt!«

»Wie? Was? So schnell? So heimlich?«

»Ja«, gestand die Braut. »Jochen hat mich nach Dienstschluss mit den Ringen überrascht. Im Dom haben wir uns vor den Marienaltar gekniet, uns dort das Ja-Wort gegeben und uns die Ringe angesteckt.«

»Ja, warum musste denn das in so großer Heimlichkeit geschehen? Ich hätte euch doch mit Freuden eine Verlobungsfeier ausgerichtet«, äußerte ich leicht vorwurfsvoll.

»Ja, weißt du«, erklärte mir Heike, »meine Eltern sind streng evangelisch, und da Jochen katholisch ist, würden sie einer Verbindung nie zustimmen. Im Falle einer großen Verlobungsfeier hätten sie vielleicht aber Wind davon gekriegt.«

»Aber geh, Heike, du könntest doch warten, bis du großjährig bist. Das ist doch nur noch ein gutes Jahr.«

»Ja sicher, und dann richten wir eine große Verlobungsfeier mit Freunden und Bekannten aus und blamieren uns, weil meine Eltern ihr mit Sicherheit fernbleiben würden.« Heike hatte sich sichtlich viele Gedanken gemacht. »Wir wollen auch einfach nicht mehr so lange warten«, erklärte sie weiter. »Wir sind uns unserer Sache sicher, und deshalb wollten wir uns jetzt schon vor Gottes Angesicht das Ja-Wort geben.«

Das leuchtete mir ein und ich konnte es gut verstehen. Ich gratulierte beiden von Herzen, und danach ließ ich es mir nicht nehmen, einen Champagnerkorken knallen zu lassen und im kleinen Kreis – Jimmy, das Brautpaar und ich – die Verlobung zu feiern.

Bald warteten die beiden mit einer weiteren Überraschung auf. Klammheimlich, wie sie sich verlobt hatten, suchten und fanden sie in Mainz auch eine Wohnung. Mit wenig Mitteln bastelten sie sich ihre Möbel zusammen und heirateten kurz nach Heikes 21. Geburtstag. Erst als alles längst gelaufen war, erfuhren auch wir davon. Die beiden waren jedenfalls glücklich!

Von Jimmy und mir konnte man das allerdings nicht behaupten, denn die nächste Katastrophe bahnte sich zu jener Zeit gerade an. Trotz Gütertrennung versuchte mein Mann, mir ein geplatztes Wechselgeschäft reinzuwürgen, und diese Transaktion brachte das Fass für mich zum Überlaufen.

Folgendes war vorausgegangen: Von einem Generalvertreter hatte sich mein Mann zwölf Spielautomaten andrehen lassen, das Stück zu 5000 DM, also so viel, wie damals ein neuer VW gekostet hat. Die dafür benötigten 60 000 DM hatte er bei der Bank ohne mein Wissen über Wechsel finanziert. Mit diesen Automaten hätte man durchaus gutes Geld verdienen können. Davon muss auch die Bank überzeugt gewesen sein, denn Banken schließen ja nur Geldgeschäfte ab, bei denen eine echte Aussicht besteht, dass sie ihr Geld zurückbekommen. Die Automaten wurden in amerikanischen Clubs aufgestellt, wo sie eine Goldgrube hätten sein können. Die Amis liebten es nämlich, zu flippern, und schmissen das Geld nur so rein. Von den

Einnahmen sollten fünfundfünfzig Prozent an den Aufsteller – also meinen Mann – und fünfundvierzig Prozent an den Club gehen. Die Clubbetreiber hätten ja die Aufstellung nicht zugelassen, wenn sie nichts daran verdient hätten.

Das Geld aus Spielautomaten war also eine Einnahme, für die man nicht arbeiten musste. Im Grunde genau das Richtige für meinen arbeitsscheuen Ehemann! Allerdings hätte er sie jeden Tag besuchen und abschöpfen müssen, und selbst dazu war er zu faul. Daher geschah es immer wieder, dass ein Automat gerammelt voll war und sich keine Münze mehr einwerfen ließ. Dann blieb dem Clubbetreiber nichts anderes übrig, als den Stecker rauszuziehen und seinen enttäuschten Gästen zu erklären: »Out of order.« Hätte Jimmy, statt sich auf die faule Haut zu legen und seinen Whisky zu schlürfen, regelmäßig seine Apparate geleert und das Geld zur Bank getragen, dann hätte er nicht nur rechtzeitig seine Wechsel bedienen, sondern sogar noch etwas zu unserem Lebensunterhalt beitragen können. Bis ich mitbekam, dass mein Gemahl seine Automaten derart vernachlässigte, hatte er schon viel Geld eingebüßt. Um noch zu retten, was zu retten war, zog ich um Mitternacht mit meiner Putzfrau von Automat zu Automat und leerte die Dinger. Aber da war das Kind schon in den Brunnen gefallen, und das ganze Geschäft war geplatzt.

Die Bank wäre mit ihrer Forderung nun wohl wieder auf mein Restaurant zugekommen, aber zum Glück griff zu diesem Zeitpunkt bereits die Gütertrennung. Und ich war mit meiner Geduld nun auch am Ende. Nach gut achteinhalb Jahren Schuften, so gut wie nie Urlaub, nur um Geld für seine alten Schulden aufzubringen, reichte ich die Scheidung ein. Dabei dachte ich nicht nur an mich, sondern auch an meine Kinder. Ich wollte sie davor bewahren, durch die Schuld ihres Vaters in der Gosse zu landen.

Unsere Scheidung wurde wohl eine der schnellsten, die in Deutschland möglich waren. Sie wurde im November 1971, innerhalb von acht Wochen nach Antragstellung, ausgesprochen. Die Kinder, das Restaurant und die Wohnung wurden mir zugesprochen. Mein lieber Mann musste mit fünfhundert Mark, die ich ihm als Handgeld aushändigen musste – somit ging er reicher, als er gekommen war – und seinem alten Koffer von dannen ziehen. Bei seinem alten Freund, dem Barkeeper, fand er wieder Unterschlupf und verschwand, nachdem er ihm die Bar leergesoffen hatte, nach München, wo er abtauchte. Leider sollte ich, auch noch viele Jahre später, immer wieder unliebsam an ihn erinnert werden.

In dem Moment, als der Richter das Scheidungsurteil verkündet hatte, empfand ich eine ungeheuere Erleichterung. Aber wenig später, als ich in mein Restaurant zurückkehrte, kam das heulende Elend über mich. Nüchtern betrachtet stand ich mit zwei kleinen Kindern, einem heruntergewirtschafteten Lokal und einer Menge Restschulden vor einem großen Scherbenhaufen. Schmerzlich wurde mir bewusst, dass es in meiner Familie niemanden gab, bei dem ich Trost und Zuflucht suchen konnte. Mein geliebter Vater war ja nicht mehr da. Die meisten Frauen in meiner Situation wären sicher zu ihrer Mutter gegangen, um sich bei ihr auszuweinen und von ihr Trost und Rat und vielleicht sogar noch tatkräftige oder materielle Unterstützung zu bekommen. Für mich war es aber eine abwegige Vorstellung, ausgerechnet bei meiner Mutter Trost und Hilfe zu erwarten. Den Triumph, mich am Boden liegen zu sehen, wollte ich ihr nicht gönnen. Bei meinen Schwestern sah es auch nicht besser aus, da musste ich mit einem hämischen»Das hast du dir selbst eingebrockt!« rechnen, und das hätte ich nicht ertragen. Die einzige Person, zu der ich vielleicht hätte gehen können, war meine Freundin Hilde Sauer. Aber die wollte ich mit meinem Klagelied verschonen, denn die hatte zu der Zeit mit ihrem kranken Mann gerade selbst genug Sorgen.

Da mein Lokal wegen des Scheidungstermins eh den ganzen Tag geschlossen war und ich meine Kinder bei Oma Berta gut aufgehoben wusste, setzte ich mich still in eine Ecke und ließ die letzten Jahre Revue passieren. Wie hatte ich nur in dieses Schlamassel geraten können? Ganz offensichtlich war ich sehr blauäugig in diese Ehe gegangen. Jimmy war sicherlich kein schlechter Mensch, aber labil, mit wenig Rückgrat und, da gab es kein Drumherumreden: Er war offensichtlich alkoholabhängig. Letzteres war vermutlich noch nicht mal seine Schuld, sondern die seiner Exfrau, die ihn aus der Bahn geworfen hatte, aber das machte es für mich ja auch nicht besser.

Überhaupt wurde mir erst jetzt so richtig bewusst, wie wenig ich über meinen Mann wusste. Ich konnte mich nicht erinnern, dass er je etwas über seine Kindheit erzählt hätte, und auch nicht über seine Erlebnisse im Zweiten Weltkrieg. Es musste doch, überlegte ich weiter, auch einen Grund gegeben haben für sein jahrelanges Fernbleiben vom Elternhaus. Achteinhalb Jahre hatte ich mit einem Mann zusammengelebt, dessen Vorgeschichte ich in Wirklichkeit gar nicht kannte. Sicher, er hatte immer viel und gerne über sich geredet, aber eigentlich nie etwas Konkretes. Dass er schon mal verheiratet gewesen war, das wusste ich und hatte ich auch akzeptiert, und auch von dem Sohn wusste ich bereits vor der Heirat, auch wenn ich nicht hatte ahnen können, dass ich für seinen Unterhalt würde aufkommen müssen. Dass sich Jochen dann als das Beste entpuppt hatte, was Jim mit in die Ehe gebracht hatte, brauche ich nicht eigens hervorzuheben.

Mein Fehler war natürlich, dass ich wegen des Unterhalts, aber auch wegen Jimmys geschäftlicher Eskapaden nicht nachgebohrt hatte. Das war meiner Unerfahrenheit zuzuschreiben. Nach dem Krieg war meine Familie zwar arm, wie so viele, aber es ging bei uns immer alles korrekt zu. Mit Schulden und solchem Kram hatten wir zu Hause nie etwas zu tun gehabt. Jim, dachte ich, hätte mit seinen 42 Jahren verantwortungsbewusst genug sein müssen, mich über seine Lage rechtzeitig zu informieren. Er wäre einfach verpflichtet gewesen, zu sagen: »Hör mal, das und das kommt auf dich zu.« Dann wäre ich nicht so fassungslos dagestanden, als die Schuldenlawine auf mich zurollte. Hätte ich auch nur die geringste Ahnung von so etwas gehabt, dann hätte ich – falls ich ihn dann überhaupt geheiratet hätte – vor der Hochzeit auf einem Ehevertrag bestanden und das Geschäft von Anfang an auf meinen Namen laufen lassen. Weder seine Exfrau noch all die anderen Gläubiger hätten dann auch nur eine müde Mark von mir beanspruchen können. Dadurch, dass er mir so viel von seiner Vergangenheit verschwiegen hatte, würde ich nun jahrelang nur für diese Vergangenheit arbeiten müssen, die wie ein Fass ohne Boden war. Für mich und meine Kinder war von meiner jahrelangen Schufterei nichts übrig geblieben, deshalb war ich auch so schnell und glatt geschieden worden.

Was dieser Mann mir angetan hatte, in menschlicher und finanzieller Hinsicht, das konnte er sein ganzes Leben lang nicht wieder gut machen. Nicht, dass er das wenigstens versucht hätte! Im Gegenteil: Er hat, obwohl er bei der Scheidung dazu verdonnert worden war, nie einen Pfennig Alimente für Peter und Jasmin gezahlt. Aber wovon auch? Solange ich mit ihm verheiratet war, konnte er nur Geld ausgeben, verdienen konnte er es nicht.

Nachdem ich mich lange genug in Selbstmitleid gesuhlt hatte, straffte ich meine Schultern und erhob mein Haupt nach der Devise: Was mich nicht umwirft, macht mich stark. Mein Rückgrat wurde stählern und mein Stolz unbeugsam. Das war auch bitter nötig, um nicht unterzugehen. Zugute kam mir dabei der vom Vater ererbte Charakter und das an Entbehrungen gewöhnte Leben während meiner Ausbildungszeit. Ein gesundes Selbstbewusstsein sowie Ehrgeiz, gepaart mit Fleiß, flüsterten mir immer wieder zu: Es kann nur besser werden. So steuerte ich nach dem Motto »Nach jedem Tief folgt wieder ein Hoch!« den nächsten Lebensabschnitt an.

Ein geheimnisvoller Gast

Wie nicht anders zu erwarten war, stellte sich das Hoch allerdings nicht sofort ein. Zunächst schloss ich mein Restaurant für einige Wochen, renovierte es von Grund auf und gab ihm einen völlig neuen Stil. Die mehrsprachige Speise- und Getränkekarte wurde kleiner, bürgerlicher und erschien nur noch in deutscher Sprache. Es musste doch auch gute deutsche Lokale mit normalen Preisen geben, hatte ich mir überlegt. Der Erfolg ließ aber lange auf sich warten und kostete sehr viel Kraft und Geld.

Trotz meiner beiden mittlerweile fünf und sieben Jahren alten Kinder musste ich alles ganz allein meistern. Angestellte konnte ich mir nicht mehr leisten, noch nicht mal eine Putzfrau. Ein ehemaliger Kellner aus der Zeit vor unserem geschäftlichen Absturz unterstützte mich ab und zu. Ein Anruf genügte, und er sprang – gegen ein geringes Entgelt – ein, wenn Not am Mann war. Dieser treue Mitarbeiter war Mitglied der Marine-Kameradschaft und hatte noch Kontakt zu seinen Verbänden. Seinen Vorschlag, aus meinem Restaurant ein Vereinslokal zu machen, fand ich so gut, dass ich ihn gleich in die Tat umsetzte. Das Restaurant hatte einen Extrasaal, der fünfzig Personen fasste. Es gelang mir, diesen an vier verschiedene Soldatenverbände zu vermieten sowie zusätzlich noch an die

Segelflieger und die Friseurinnung. Das heißt, jeder dieser Vereine belegte wöchentlich einen festen Vereinstag. Am siebten Tag der Woche war ja wegen Ruhetag geschlossen. So trafen sich die Marine-Kameraden jeden Montag, die Fallschirmjäger dienstags, das Afrika-Korps am Mittwoch, die neuen Bundeswehrsoldaten mit den Veteranen des letzten Krieges am Donnerstag, die Segelflieger am Freitag und die Friseurinnung am Samstag. Die sechs Vereine einigten sich ganz phantastisch und dekorierten, jeder für seinen Zweck entsprechend, den Raum einfallsreich. So hatte ich also täglich feste Stammgäste, womit die Miete schon einmal gesichert war. Da das Lokal über weitere achtzig Sitzplätze verfügte, die sich auf vier kleine Räume verteilten, war für das laufende Publikum noch reichlich Platz.

Obwohl ich so einiges versuchte, um noch mehr Schwung in das Geschäft zu bekommen, etwa eine Modenschau, große Familienfeste oder Schlesier-Treffen und vieles mehr, blieb der erwünschte Erfolg zunächst aus. Mit Hängen und Würgen kam ich über die Runden, weil ja auch immer noch die Raten an die Bank zu zahlen waren. Meinen Exmann, der von Zeit zu Zeit in Wiesbaden auftauchte und immer noch glaubte, mich melken zu können, ließ ich, als es mir zu bunt wurde, rausschmeißen und ihm Lokalverbot erteilen.

Ein Jahr war nach der Scheidung vergangen, da saß plötzlich jeden Abend ein unbekannter Gast in der Stube, in der gemütlichsten Ecke des Lokals. Da er äußerst zurückhaltend war, fiel er mir anfangs gar nicht auf, obwohl er zu Kameraden der Fallschirmjäger von Calw gehörte. Aufmerksam auf ihn wurde ich durch seine wunderschönen Hände, als sie einmal vor mir auf dem Tresen lagen. Von nun an behielt ich ihn jeden Abend heimlich im Auge.

Mein geheimnisvoller Gast war außergewöhnlich schweigsam und hatte sehr traurige Augen mit dunklen Ringen darunter. Er trank meistens zwei bis drei kleine Biere und verließ wieder das Lokal. Nie war er einer der letzten Gäste. In ein Gespräch ließ er sich auch nur ganz selten verwickeln. Eines Abends jedoch, es war kurz vor Weihnachten 1972, gelang es mir, ihn aufzuhalten, indem ich ihn bat, mir beim Schließen des Restaurants beizustehen, damit ich mit den Einnahmen nicht allein über den dunklen Hof zur Wohnung gehen müsse. Mit diesem Vorwand hatte ich es geschafft, ihn näher kennenzulernen, und als ihn am nächsten Morgen seine Mutter telefonisch suchte und bei mir fand, begann endlich das Hoch, auf das ich so lange gewartet hatte, denn er gab seine Zurückhaltung auf, und es blieb nicht aus, dass wir bald ein Paar waren.

Hans-Jörg Giebel hieß er. Er war ein gut aussehender, großer, schlanker Mann mit einem gepflegten Hans-Hass-Bart und nur zwei Jahre älter als ich, was für mich eine ganz neue, aber äußerst angenehme Erfahrung war. Seine Hände begeisterten mich bald nicht nur durch ihre Schönheit, sondern auch durch Fleiß und Geschicklichkeit. Als gelernter Fernmeldetechniker – als solcher hatte er jahrelang bei der Bundeswehr gearbeitet –, wusste er mit Elektrizität umzugehen. In meinem Haushalt war auf diesem Gebiet viel zu tun, denn bei Jimmy mit seinen beiden linken Händen war alles liegengeblieben und für Handwerker fehlte mir natürlich das Geld. Aber Hans-Jörg nahm sich gleich der defekten Spülmaschine an, brachte meine Elektrokerzen für meine drei Tannenbäume in Ordnung und schmückte anschließend die Bäume noch liebevoll.

Ganz peinlich wurde es, als plötzlich mein Telefon gesperrt wurde. Da ihm auch das nicht entgangen war, zog er daraus seine Schlüsse. Ohne dass er ein Wort darüber verlor, überreichte mir dieses Prachtexemplar von Mann am folgenden Morgen viertausend Mark. Dieses Geld hatte er sich von seiner Mutter geborgt, damit ich meine wichtigsten Rechnungen bezahlen konnte.

Überhaupt, seine Mutter war eine wunderbare Frau. Als sie von meinen geschäftlichen und finanziellen Problemen gehört hatte, kam sie täglich ins Lokal, um mir in der Küche zu helfen. Hans-Jörg übernahm unterdessen den Dienst am Büffet. Die Speisekarte verkleinerten wir ein weiteres Mal. Und plötzlich – mir kam es vor wie ein Wunder – geschah der so lange ersehnte Durchbruch. Jeden Mittag und jeden Abend war unsere Gaststätte proppenvoll, sodass man hätte meinen können, es gäbe in Wiesbaden nur dieses eine Lokal. Da wir zu dritt mit dem Service nicht mehr nachkamen, benötigten wir den besagten Kellner, der sonst nur auf Abruf gekommen war, nun täglich.

In diesen Tagen war es, dass Hans-Jörg mir ausgiebig über seine Vergangenheit erzählte. Schon lange, bevor er in mein Leben getreten war, hatte er nicht mehr in seinem eigentlichen Beruf gearbeitet. Vom Fernmeldewesen hatte er sich freistellen lassen, um seine Ehe zu retten. Seine Frau nämlich, die ebenfalls ein Restaurant führte, hatte sich ihm zusehends entfremdet, da er so viel unterwegs war. Er hatte gehofft, wenn er mehr mit ihr zusammen sei und sie bei der Arbeit tatkräftig unterstützte, könne die alte Vertrautheit zurückkehren. Bald merkte er jedoch, dass seine Ehe nicht mehr zu retten war. Zu allem Übel war er auch noch krank geworden – ein Venenleiden – und musste feststellen, dass seine Frau ihn, um die Beiträge zu sparen, von der Krankenkasse abgemeldet hatte. So wagte er es nicht, einen Arzt aufzusuchen, sondern biss die Zähne zusammen und arbeitete weiter. Mit dem Erfolg, dass er bald ein offenes Bein bekam und unter starken Schmerzen litt. Damit war das Maß aber noch nicht voll. Während er hilflos in seiner Wohnung lag, brannte seine Frau mit den gesamten Einnahmen und einem Taxifahrer durch.

Nachdem ich diese Geschichte erfahren hatte, konnte ich mir endlich die große Traurigkeit erklären, die sich in seinem Gesicht abgezeichnet hatte, als ich ihn kennenlernte.

Bei der Scheidung seiner Ehe, die im Frühjahr 1973 über die Bühne ging, wurden seine beiden Kinder gefragt, bei wem sie in Zukunft leben wollten. Tochter Anita, dreizehn Jahre alt, entschied sich spontan für die Mutter, Sohn Udo dagegen, fünfzehn Jahre alt, zog zu uns. Er fragte gleich, ob er Mutti zu mir sagen dürfe.

Da Hans-Jörg, ebenso wie ich, geordnete Verhältnisse liebte, setzten wir als Datum für unsere Hochzeit den 20. Juli 1973 fest und bekamen auf dem Standesamt einen Termin für acht Uhr am Morgen. Im Gegensatz zu meiner ersten Hochzeit hatte ich diesmal nur eine kleine, bescheidene Feier geplant, die im engsten Familienkreis stattfinden sollte. Außer unseren beidseitigen Kindern und den beiden Trauzeugen sollten daran nur Hans-Jörgs Eltern, meine Mutter und meine beiden Schwestern mit ihren Ehemännern teilnehmen. Mir war zwar klar, dass meine Mutter am 18. Juli ihren siebzigsten Geburtstag haben würde, aber solange ich zurückdenken konnte, hatte sie ihren Geburtstag noch nie gefeiert. Daher hatten wir bei der Planung unseres Hochzeitstermins auf dieses Datum keine Rücksicht genommen. Außerdem, dachte ich, konnten wir dann bei unserer Hochzeit Mutters Geburtstag gleich gebührend mitfeiern. Die Einladungen an meine Verwandten – diesmal schriftlich! – waren rechtzeitig losgeschickt worden. Dennoch fehlte von ihnen am Vorabend zur Hochzeit jede Spur. Meine Mutter hatte sich gerade noch aufgerafft, uns ein Glückwunschtelegramm zu schicken.

Dennoch wurde es eine schöne und unvergessliche Hochzeit, wozu der Polterabend entscheidend beitrug. Um in aller Ruhe unsere Vorbereitungen treffen zu können, hatten wir an diesem Tag ein Schild an die Tür gehängt mit der Aufschrift: »Wegen Privatfeier geschlossen«. Als ich am Abend jedoch die große Gaststube betrat, war sie voll mit lauter Stammgästen und Mitgliedern sämtlicher Vereine, die bei uns ihre Vereinsabende abzuhalten pflegten. Die Sektkorken knallten, und Glückwünsche hagelten auf uns nieder. Wir wurden regelrecht überhäuft mit Blumen und Geschenken, mit Vorträgen, Gedichten und Musik.

Diese herrliche Feier dauerte bis zum frühen Morgen, sodass wir erst um sechs Uhr ins Bett kamen.

Zwei Stunden später fuhren wir wie elektrisiert hoch. Da hätten wir eigentlich schon vor dem Standesbeamten stehen sollen! Wie wir trotz unserer benebelten Köpfe so schnell in unsere Kleider kamen, ist mir heute noch ein Rätsel. Dann düsten wir laut hupend durch die Stadt. Zu allem Überfluss gerieten wir in der Wilhelmstraße auch noch in einen Stau. Außer Atem kamen wir kurz vor neun auf dem Standesamt an. Dort hatte man inzwischen zwei Paare vorgezogen. Unsere beiden Trauzeugen – mein väterlicher Freund, der Rechtsanwalt, und meine Freundin Hilde Sauer, die Cousine von Jims Exfrau –, saßen treu und brav auf der Wartebank im Flur, obwohl sie am Polterabend ebenfalls bis in der Frühe um sechs Uhr mitgefeiert hatten. Sie atmeten sichtlich auf: »Gott sei Dank! Ihr habt es euch nicht anders überlegt! Wir hatten schon die schlimmsten Befürchtungen.«

Nach der Trauung stellte mein frischgebackener Ehemann schmunzelnd fest: »Ich glaube, diese Trauung wird gar nicht anerkannt, wir standen ja beide noch unter Alkoholeinfluss.«

Bei der Planung unseres Hochzeitstermins hatten wir vor allem an meinen Sohn Peter gedacht, der bereits seit einem Jahr in einem Internat lebte. Unser Datum fiel mit dem Beginn der Sommerferien zusammen, sodass mein Sohn anschließend gleich daheim bleiben konnte. Schon bevor ich von Jimmy geschieden wurde, war Peter, bedingt durch die schwierige häusliche Situation, kein besonders guter Schüler gewesen.

Nachdem ich mich von seinem Vater getrennt hatte und dadurch, dass ich mich nicht genügend um den Buben kümmern konnte – ich musste ja den Lebensunterhalt für die Familie verdienen –, sackte er in seinen Leistungen noch weiter ab. Daher sahen sein Lehrer und ich keinen anderen Ausweg, als ihn in Heimerziehung zu geben. Finanziell hätte ich mir das allerdings nicht leisten können. Weil wir uns aber einkommensmäßig unter der Armutsgrenze befanden, wurde von anderer Stelle für Peter gezahlt. Dass wir den richtigen Schritt getan hatten, war daran ablesbar, dass sich seine schulischen Leistungen innerhalb eines Jahres erstaunlich verbesserten.

Flitterwochen konnten wir uns nicht leisten, sowohl aus finanziellen als auch aus familiären Gründen. Wir konnten ja Peter, der fast das ganze Jahr fernab von der Familie lebte, nicht auch noch in seinen Ferien abschieben. Außerdem wollten wir die Ferienzeit nutzen, um zu einer Familie zusammenzuwachsen. Das konnten wir, die fünfköpfige Familie, im Gartenhaus meiner Schwiegereltern. Dort verbrachten wir wunderschöne Sommerferien.

Rückblickend waren diese drei Urlaubswochen die glücklichste Zeit meines Lebens. Wir fünf waren tatsächlich nach dieser Zeit zu einer Familie verschmolzen. Meine Kinder liebten ihren Stiefvater genauso aufrichtig und innig wie er sie und wie Udo, mein neuer Stiefsohn, mich und ich ihn. Deshalb schlug mein Mann am Ende der Ferien vor: »Lass Peter doch zu Hause bleiben. Du hast die Kleine da, du hast meinen Sohn da, dann soll auch deiner nicht fehlen. Sonst fühlt er sich doch ausgeschlossen.«

Ich erinnerte mich daran, wie es bei mir und meiner Zwillingsschwester gewesen war, und spürte, dass er recht hatte. Auch wenn mein Verstand ein paar Einwände vorbrachte, fuhr ich mit dem Buben zu dem Heim, um ihn abzumelden und seine restlichen Sachen zu holen. Doch der Direktor redete ein ernstes Wort mit uns beiden. Im Beisein des Sohnes erklärte er mir: »Frau Giebel, es wäre ein Fehler, wenn Sie Peter jetzt hier herausreißen. Dann wären seine Bemühungen und die unseren während des ganzen verflossenen Jahres völlig für die Katz gewesen. Jetzt, wo er sich gerade eingewöhnt hat und so gute Erfolge aufweist, sollte man auf dem beschrittenen Weg weitergehen.«

Dem Jungen versicherte er: »Wenn du weiterhin so fleißig lernst, dann darfst du nach einem Jahr für immer nach Hause. Dann wirst du nämlich den Sprung auf die Realschule schaffen. Die kannst du dann in Wiesbaden besuchen.«

Die Worte des Direktors überzeugten Peter. Deshalb war er mit seinem Vorschlag zufrieden, und ich war es auch.

Kaum war ich wieder daheim, flatterte uns eine Einladung ins Haus, über die ich mehr als erstaunt war. Meine Mutter, die nie auf meine Briefe reagierte, die nie bei uns anrief und die bei meinen Anrufen immer sehr kurz angebunden war, sodass ich das Telefonieren längst aufgegeben hatte, lud zur Nachfeier ihres siebzigsten Geburtstages ein. Aber nicht nur mich, auch mein Mann und meine Kinder wurden ausdrücklich eingeladen. Das versetzte mich in eine geradezu euphorische Stimmung. Diese Einladung wertete ich als nichts anderes, als endlich die Anerkennung meiner

Person und Mutters späte Einsicht, dass sie in mir – wenn ich auch nicht der schmerzlich entbehrte Sohn war – doch endlich ihr Kind sah. Fieberhaft überlegte ich mit meinem Mann, mit welchem Geschenk man ihr wohl zu ihrem Festtag eine Freude bereiten könne. Nach einigem Hin und Her hatte Hans-Jörg eine grandiose Idee: »Lass uns doch das Festmahl zubereiten und mitbringen. Die Ausrüstung dazu haben wir ja.«

Sogleich rief ich bei meiner Mutter an, bedankte mich für die Einladung und unterbreitete ihr unseren Vorschlag. Da sie diesen sofort aufgriff, erkundigte ich mich noch, mit wie viel Personen sie zum Abendessen rechne. Etwa mit fünfundzwanzig bis dreißig Personen, meinte sie.

So hatten wir unseren Kofferraum voll mit Tiegeln, Töpfen und Schüsseln, als wir uns auf die Reise nach Ansbach begaben. Unterwegs holten wir Peter vom Internat ab. Er sollte bei der Geburtstagsfeier seiner Großmutter nicht fehlen.

Am Nachmittag zum Kaffee, zu dem meine Schwestern den Kuchen beigesteuert hatten, waren außer den Verwandten auch noch Nachbarn und Freunde gekommen. Für den Abend bauten Hans-Jörg und ich dann in der Küche das Büffet auf, zu dem einige Speisen aufgewärmt wurden. Das Büffet war optisch sehr ansprechend und wohl auch kulinarisch, denn ihm wurde von allen eifrig zugesprochen. Hätte ich dafür Dank oder gar Lob erwartet, so wäre ich natürlich wieder einmal fehl am Platze gewesen. Dennoch war es eine gelungene Familienfeier. Alle blieben friedlich, der übliche Zank und die Sticheleien blieben aus. Ja, die Tanten sahen in dieser Geburtstagsfeier so eine Art

174

nachträglicher Mitfeier meiner Hochzeit, zu der sie ja nicht eingeladen gewesen waren. Zu meiner Überraschung gratulierten sie nicht nur, sie hatten mir sogar Geschenke mitgebracht, die eine einen Eierkocher, die andere einen Eieröffner und die dritte zwei Frotteetücher.

Auffallend war, dass nur die Geschwister meiner Mutter, zu denen sie immer einen lebhafteren Kontakt gepflegt hatte, anwesend waren. Von Vaters Seite war niemand eingeladen. Anscheinend war für meine Mutter mit seinem Tod seine Verwandtschaft gleich mitgestorben.

Peters Schuldirektor sollte recht behalten. Nach einem Jahr wies mein Sohn überdurchschnittliche schulische Leistungen auf. Glücklich kehrte er in den Schoß der Familie zurück und wurde ein guter Realschüler. Aber zuvor verbrachten wir unseren zweiten gemeinsamen Gartenhäuschen-Sommerurlaub bei den Schwiegereltern. Mein Mann, der bisher seinem Sohn und meiner Tochter ein vorbildlicher Vater gewesen war, nahm sich nun auch Peters an. Er beaufsichtigte ihn bei den Hausaufgaben, er führte Gespräche mit ihm von »Mann zu Mann«, er zeigte Interesse für seine Hobbys, und er spielte häufig mit ihm. Kurzum, Hans-Jörg war nicht nur ein wunderbarer Ehemann, er war auch der ideale Vater, wenn er auch zu Peter sehr viel strenger war als zu seinem eigenen Sohn. Als ich ihn darauf ansprach, begründete er das so: »Bei Peter will ich nicht die gleichen Erziehungsfehler machen wie bei Udo. Der Kleine soll mal besser werden.«

Damit war für mich die Welt in Ordnung.

Endlich war für mich eine glückliche Zeit angebrochen, denn auch geschäftlich hätte es nicht besser laufen können. Es schien, als sei das Hoch, auf das ich so lange gewartet hatte, endlich heraufgezogen.

Im September, ziemlich genau ein Jahr, nachdem wir in Ansbach den siebzigsten Geburtstag meiner Mutter gefeiert hatten, erreichte mich ein Anruf meiner Zwillingsschwester. Ich war freudig überrascht, denn so etwas war seit Jahren nicht mehr vorgekommen. »Ja, Gretl!«, rief ich aus, »wie schön, dass du dich mal meldest.«

Die Antwort war ein Schluchzen in der Leitung. »Unsere Mutter ist gestorben.«

Mir blieb die Sprache weg. Obwohl ich nie ein gutes Verhältnis zu meiner Mutter gehabt hatte, erschütterte mich diese Nachricht zutiefst. Ja, vielleicht gerade deswegen. So lange sie lebte, hatte ich um ihre Liebe gebuhlt und nie die Hoffnung aufgeben können, sie doch noch zu erlangen. Nun war mir diese Chance genommen!

»Hallo, Liesl, bist du noch da?«, ertönte es aus dem Hörer.

»Ja, Gretl«, stammelte ich. »Aber das verstehe ich nicht. Mit ihren einundsiebzig Jahren war sie doch noch relativ jung, und vor allem, sie schien doch auch kerngesund. Wie konnte das passieren?«

»Das ist eine längere Geschichte«, antwortete meine Schwester. »Ich erzähle sie dir, wenn du hier bist. Jetzt wollte ich dir nur mitteilen, dass die Beerdigung am 22. September um 14 Uhr in Ansbach stattfindet.«

176

Am Beerdigungstag fuhren Hans-Jörg und ich schon in aller Frühe los. Die Kinder nahmen wir diesmal aber nicht mit, sie wurden in unserer Wohnung von meiner Schwiegermutter betreut. Am zeitigen Vormittag trafen wir am Trauerhaus ein. Meine beiden Schwestern, bereits in Tiefschwarz, wie sich das gehört, umarmten mich in stiller Trauer. Auch ich hatte bereits meine Trauerkleidung angelegt. So blieb uns bis zur Beisetzung genügend Zeit zum Reden. Dabei erwiesen sich meine Schwestern als erstaunlich liebenswürdig und erklärten mir ausführlich, was sich zugetragen hatte.

Meine Mutter hatte zwei Wochen am Tegernsee bei ihrer Schwester Gerburg verbracht, wie sie das auch schon zu Lebzeiten meines Vaters immer wieder getan hatte. Ihre Zeit am Tegernsee wusste sie sehr zu genießen. Dafür, dass sie in dieser wunderschönen Gegend immer wieder Urlaub machen durfte, erledigte sie für ihre Schwester die anfallenden Näharbeiten. Außerdem liebte sie es – diese Neigung muss ich von ihr geerbt haben –, im Tegernsee zu schwimmen. Auch in ihrem diesjährigen Urlaub – Anfang September war es schon recht frisch – badete sie täglich im See. Dabei musste sie sich eine Erkältung zugezogen haben. Mit dieser fuhr sie nach Hause, wo sich ihr Zustand dermaßen verschlechterte, dass sie einen Arzt kommen ließ. Der stellte nichts Geringeres fest als eine Lungenentzündung und veranlasste die sofortige Einlieferung ins Krankenhaus. Da sich zu dieser Zeit Gudrun, die am nächsten bei ihr wohnte, gerade auf Sylt befand – sie machte dort jedes Jahr mit ihrem Mann drei Wochen Urlaub –, hatte die Mutter im Krankenhaus nicht nur

Gretls Adresse angegeben, sondern diese auch gleich benachrichtigen lassen. Von München aus hatte meine Zwillingsschwester die Mutter während ihres Klinikaufenthaltes mehrmals besucht, die dank der Behandlung mit Antibiotika gute gesundheitliche Fortschritte machte. Daher sollte sie nach vierzehn Tagen wieder entlassen werden. Gretl hatte sich bereit erklärt, die Mutter am frühen Nachmittag abzuholen.

Zum Mittagessen gab es in der Klinik Hackbraten, den die Mutter sehr schätzte. Da sie nach dem Mittagessen abgeholt werden sollte, hatte die Schwester das Essen für sie auf den Tisch gestellt. Aber meine Mutter sollte nicht mehr dazu kommen, ihn zu essen. Als sie aufstand, um sich anzukleiden, passierte es. Sie hatte sich nur einige Schritte von ihrem Bett entfernt, da sackte sie zusammen. Dort fand die Krankenschwester sie wenig später vor, tot. Angeblich sei sie einem Kreislaufkollaps erlegen. Vielleicht war es aber auch eine Embolie, aber wir haben nicht weiter nachgeforscht, denn es hätte ja doch nichts geändert. Wenig später jedenfalls war meine Zwillingsschwester frohgemut erschienen, um die Mutter abzuholen, und so traf sie die Nachricht wie ein Blitz aus heiterem Himmel.

Nachdem sie sich einigermaßen gefangen hatte, hatte sie zunächst Gudrun angerufen, damit sie aus ihrem Urlaub zurückkomme. Dann erst hatte sie mich benachrichtigt. Nach ihrer Rückkehr erledigte Gudrun alle Formalitäten und nahm auch die Gestaltung der Beerdigung in die Hand. Seinerzeit hatte sie Klage darüber geführt, dass die Beisetzung unseres Vaters so lieblos gewesen wäre, während ich sie als schön und würdig in Erinnerung hatte. Aber zugegeben, damals besaß ich noch keine Erfahrung auf diesem Gebiet.

Im Gegensatz zu unserem Vater waren die Mutter und Gudrun wieder in die Kirche eingetreten, daher veranlasste unsere Schwester ein kirchliches Begräbnis. Wir Schwestern mit unseren Ehemännern begaben uns rechtzeitig zur Trauerhalle. Ich war erstaunt, welch riesiges Aufgebot von Verwandten und anderen Trauergästen sich vor der Halle eingefunden hatte. Man grüßte hier, man grüßte da, man schüttelte Hände von Menschen, die man kaum oder gar nicht kannte. Auf einmal kam Bewegung in die Menge. Wo laufen die alle hin?, dachte ich und ließ mich im Pulk vorwärtsschieben. Plötzlich befand ich mich vor dem offenen Sarg meiner Mutter.

Sie so unvorbereitet tot wiederzusehen, war ein Schock für mich. Gewiss, sie war schön angezogen – Gretl hatte dafür gesorgt, dass man ihr das Lieblingskleid angelegt hatte –, sie war tadellos frisiert, aber ihr Gesicht! Der Tod hatte ihr nichts von ihrer Unzufriedenheit genommen. Der Mund wirkte noch genauso verbissen wie im Leben. Ich fand es ganz entsetzlich, dass ich sie so sehen musste und dass ihr jeder andere ebenfalls ins Gesicht starren konnte. Deshalb nahm ich mir vor, sollte ich mal eine Beerdigung ausrichten müssen, würde ich dafür sorgen, dass der Sarg geschlossen blieb, so wie es bei meinem Vater auch gewesen war.

Das muss ich meiner Schwester Gudrun aber zugute halten, die kirchliche Trauerfeier war wirklich bestens organisiert. Schon die Predigt des Pfarrers hob sich deutlich von der des Laienpredigers ab. Sie berührte mich tief und machte mich nachdenklich. Ja, und dann gab es noch Musik. In Ansbach finden alljährlich die Bachwochen statt, die immer regen Zuspruch haben. Von diesen Musikern hatte Gudrun ein Trio engagiert. Mit Querflöte, Violine und Cello spielten sie eine Bachsonate, die mich sehr ergriff.

Als der Sarg hinabgelassen wurde, war ich sehr gefasst, Gretl dagegen, die neben mir stand, wurde von heftigem Weinen geschüttelt. In einer spontanen Gefühlsregung schloss ich sie fest in die Arme. Sie ließ es sich gefallen. Klein und zerbrechlich wie sie war, kam sie mir vor wie ein aus dem Nest gefallenes Vögelchen. Mit einem Mal war es wieder da, das alte Gefühl von Vertrautheit, wie wir es in unseren Kindertagen gehabt hatten. Wenngleich ich ihre tiefe Trauer nicht teilte, konnte ich sie ja doch verstehen. Mit dem Tod der Mutter hatte sie wesentlich mehr verloren als ich. Für mich wurde nur die Person in die Erde gesenkt, um deren Zuneigung ich mein Leben lang gekämpft hatte. Meine Schwester dagegen verlor in unserer Mutter den Menschen, der ihr von Geburt an rückhaltlose Liebe und Zuwendung geschenkt hatte. In diesem Moment nahm ich mir vor, ihr, soweit es mir möglich sein würde, die Mutter zu ersetzen.

Ich hielt Gretl so lange umfangen, bis sie sich einigermaßen beruhigt hatte und sich meinen Armen entwand. Verschämt wischte sie sich die Tränen fort. Anschließend folgten wir den Verwandten schweigend zu dem nahegelegenen Gasthaus, wo wegen des fortgeschrittenen Nachmittags nur Kaffee und Kuchen gereicht wurde.

Nachdem die Kaffeetafel aufgehoben war, begaben wir Schwestern nebst Ehemännern uns zurück zum Trauerhaus. Dort ergriff Gudrun das Wort: »Ich habe bereits mit dem Vermieter gesprochen. Wenn die Wohnung bis zum 30. September geräumt ist, brauchen wir ab Oktober keine Miete mehr zu zahlen. Daher mein Vorschlag: Jede sucht sich heraus, was sie haben möchte, den Rest verschenken oder entsorgen wir.«

Zu meinem Erstaunen wurde die ganze Hinterlassenschaft meiner Mutter friedlich aufgeteilt. Am selben Abend begannen wir noch damit und machten am nächsten Morgen weiter. Um nicht ein einziges Stück wurde gestritten. Wahrscheinlich lag es daran, dass wir drei Schwestern nicht nur vom Charakter her völlig verschieden waren, sondern uns auch vom Geschmack her sehr unterschieden. Das schwere, alte Herrenzimmer zum Beispiel, das noch von den Großeltern meiner Mutter her stammte, wollte von meinen Schwestern keine haben, während ich begeistert war, es zu bekommen. Schlafzimmer und Küchenmöbel gefielen uns allen nicht, nur Einzelteile fanden ihre Liebhaber, zum Beispiel eine alte Truhe, ein Wandschränkchen, ein Sessel, diverse Stühle. Die Bilder wurden aufgeteilt, die Wäsche, das Porzellan. Bald bildeten sich drei Ecken, worin jede von uns ihre »Beute« zusammentrug. Als es an das Ausräumen von Vaters Schreibtisch ging, zeigten meine Schwestern nur lebhaftes Interesse an dem Sparbuch. Die Summe, die darin verzeichnet war, stellte nichts von Bedeutung dar. Nachdem davon die Beerdigungskosten gezahlt waren, blieben für jede nur ein paar Hunderter übrig. Die restlichen Papiere und Schachteln mit Orden und Abzeichen hätten meine Schwestern unbesehen weggeworfen. Ich wunderte mich, dass meine Mutter das nicht längst getan hatte, und war ihr in diesem Moment dankbar für ihre Nachlässigkeit. Mein Mann war ebenfalls sofort von den Dokumenten angetan. Mit vereinten Kräften gelang es uns, sie vor dem Untergang zu bewahren. Mir schien es wichtig, jedes Blatt Papier gewissenhaft anzusehen. Da ich mir dessen bewusst war, dass mein Vater jedes einzelne Stück davon in Händen gehalten hatte, war es mir, als spüre ich noch seinen Atem zwischen den vergilbten Papieren. Zu diesem Zeitpunkt konnte ich nicht ahnen, dass ich in diesen Papieren noch eine bedeutsame Entdeckung machen würde.

Weil uns keine Zeit blieb, vor Ort alles durchzusehen und jedes Stück genau zu betrachten, packte ich alles sorgfältig in einen großen Karton, den ich in meine Ecke stellte.

»Was willst du denn mit dem alten Kram?«, äußerte Gretl abfällig, und Gudrun fügte bissig hinzu: »Du willst diesen Kriegsverbrecher wohl noch verherrlichen?!«

Für diese Bemerkung wäre ich ihr am liebsten an die Gurgel gegangen, aber mit viel Mühe hielt ich mich zurück.

Ehe wir nach Wiesbaden zurückfuhren, lud ich meinen Pappkarton ins Auto, aus Angst, sein Inhalt könne mir noch abhanden kommen. Um die anderen Dinge würde sich später mein Mann kümmern. Da seine guten Beziehungen zur Bundeswehr noch nicht abgerissen waren, gelang es ihm, für einen der folgenden Tage einen Lastwagen inklusive Fahrer zu organisieren. So hatte er gleich jemanden zur Hand, der ihm beim Ein- und Ausladen der schweren Möbel half.

Nachdem das Herrenzimmer in unserer Wohnung einen würdigen Platz gefunden hatte, machten wir uns an unserem nächsten freien Tag über den Karton mit der Hinterlassenschaft meines Vaters her. In mit rotem oder blauem Samt ausgeschlagenen Etuis lagen unterschiedliche Orden und Ehrenzeichen, die man ihm während seiner militärischen Laufbahn verliehen hatte. Für mich waren sie hübsche Andenken, aber es schien mir vernünftig, sie vor fremden Blicken zu verbergen, um kein Ärgernis zu erregen.

Dann galt unsere Aufmerksamkeit den Dokumenten. Je weiter ich in diese Materie vordrang, umso leichter wurde mir ums Herz. Aus diesen mit Schreibmaschine dicht beschriebenen Seiten erfuhr ich, dass mein Vater unmittelbar nach Kriegsende inhaftiert worden war und über zwei Jahre in Nürnberg in Einzelhaft gesessen hatte, wo er auf seinen Prozess wartete. Danach verbrachte er weitere zweieinhalb Jahre im Gefangenenlager in Dachau. In dieser Zeit scheint er, ebenso wie meine Mutter, Leute benannt zu haben, die seinen Lebensweg schon lange Zeit vor Ausbruch des Krieges begleitet hatten, denn ich fand eine ganze Reihe von eidesstattlichen Erklärungen, durch die mir eindeutig bestätigt wurde, was ich schon immer gefühlt hatte: Mein Vater war kein Kriegsverbrecher gewesen! Im Gegenteil, aus den Zeugnissen von jüdischen Mitbürgern und anderen, durch das Dritte Reich verfolgten Personen, ging einwandfrei hervor, dass mein Vater sogar eher auf Seiten der Verfolgten gestanden hatte. Trotz Gefahr für sich und seine Familie hatte er seine damalige Position dazu genutzt, um Menschen in Notlagen zu helfen und sie vor Konzentrationslager oder gar Hinrichtung zu bewahren.

Bevor ich einige von ihnen zitiere, möchte ich meinen Vater in einer Erklärung selbst zu Wort kommen lassen, in der es nicht darum ging, sich selbst von den angelasteten Verbrechen reinzuwaschen, sondern darum, die Unschuld meiner Mutter hinsichtlich ihrer Parteizugehörigkeit zu bezeugen.

Eidesstattliche Erklärung

Es ist mir bekannt, dass diese Erklärung zur Vorlage bei der Spruchkammer dienen soll und dass ich mich bei Abgabe einer schuldhaft falschen Erklärung strafbar mache.

Zur Person:

Ich, Ludwig Wagner, geboren am 25.1.1902 zu Kulmbach, z. Zt. Dachau, Internierungs- und Arbeitslager, bin mit Gertraud Wagner, geborene Klein, seit 1930 verheiratet.

Ich gehörte der NSDAP, der Allgemeinen SS und der Waffen-SS an.

Zur Sache:

Meine Frau trat 1927 der NSDAP bei. Zufolge der Mitgliedsnummer unter 100 000 erhielt sie das Goldene Parteiabzeichen. Sie war, wie auch später beim gezwungenen Eintritt in die Frauenschaft, lediglich Mitglied, hatte keinerlei Amt und übte auch keine Funktion aus. Als Hausfrau und Mutter von drei kleinen

Kindern lebte und wirkte sie in Haushalt und Familie. Für eine politische Tätigkeit fehlten meiner Frau Zeit und Neigung. Meine Frau genoss auch von oder durch die Partei oder beim späteren Eintritt in die Frauenschaft keinerlei Vorteile oder Vorzüge.

In diesem Zusammenhang muss ich erwähnen, dass ich auch in meiner Stellung bei der Allgemeinen SS und später bei der Waffen-SS meiner Frau in keiner Weise zum Vorteil gereichte. Meine Frau hat weder von der Partei noch von der Frauenschaft jemals etwas erhalten und hat auch nichts daran verdient.

Im Januar 1937 wurden unsere Zwillinge geboren. Als meine Frau aus der Klinik zurückkam, suchte ich eine hauswirtschaftliche Stütze, da die Zwillinge einer besonderen Aufsicht und Pflege bedurften. Meine Bemühung beim Arbeitsamt war ohne Erfolg. Mein Vorsprechen bei den verschiedenen Frauenschaftsdienststellen fand ebenfalls kein Verständnis.

Bei diesen Stellen hatte ich lediglich gebeten, bei der zur Verfügungstellung einer vorübergehenden von mir selbst zu bezahlenden Kraft behilflich zu sein. Diesen Fall führe ich an, um zu zeigen, dass selbst in einer menschlich verständlichen Notlage, die damals zweifelsohne gegeben war, nicht einmal eine ideelle Unterstützung gewährt wurde.

Meine Frau war lediglich beitragszahlendes Mitglied der Partei und später nach ihrem Eintritt in die Frauenschaft ebenfalls. Bei beiden hatte sie die Zahlung 1943 eingestellt. Sie besuchte auch seit dem Jahre 1933 keine politischen Versammlungen und Kundgebungen.

Dachau, den 6. Februar 1948

Im Folgenden will ich einige von Ludwigs vielen Entlastungszeugen zu Wort kommen lassen, in denen sowohl sein Charakter als auch seine Taten dargestellt werden.

I. Rechtsanwalt
Dr. jur. e. rer. pol.
Friedrich Schwarzhaupt
Kulmbach

Bestätigung

Herrn Ludwig Wagner kenne ich seit 1926. Er war, während ich als Vorsteher des Finanzamtes Kulmbach fungierte, in den Jahren 1927 bis 1935 Angestellter des Finanzamtes und in der Kasse und Buchhaltung tätig. Herr Wagner war ein fleißiger, tüchtiger und anständiger Mitarbeiter. Im Amt unterließ er jede nationalsozialistische Propaganda. Von den Pflichtigen wurde niemals eine Klage gegen seine Person laut.

Ich bemerke, dass ich zu keinem Zeitpunkt der Partei oder einer ihrer Gliederungen angehörte.
Friedrich Schwarzhaupt

II. Eidesstattliche Versicherung

Herr Ludwig Wagner ist mir seit dem Jahre 1936 bekannt. Unsere Bekanntschaft hat sich weder auf gleicher politischer Weltanschauung begründet, noch haben uns gegenteilige Meinungen auseinandergebracht.

Ich habe der Partei oder einer ihrer Gliederungen nicht angehört, und Herr Wagner hat mich auch nie zu einem Beitritt aufgefordert.

Im Jahre 1938 hat er mir gelegentlich der Ausschreitungen gegen Juden erklärt, dass er davon überrascht sei und von Vorbereitungen hierzu nichts gewusst habe.

In der langen Zeit unserer Bekanntschaft habe ich von Ludwig Wagner den Eindruck gewonnen, dass er ein durchaus anständiger Charakter ist, weit entfernt von der Unduldsamkeit des Nationalsozialismus.

Gretl Rosenzweig
München, Nymphenburger Straße
Nürnberg-Langwasser, den 15.5.1948

III. Eidesstattliche Erklärung

Mir ist bekannt, dass die schuldhaft falsche Abgabe einer eidesstattlichen Erklärung strafrechtliche Folgen nach sich zieht. Es ist mir weiter bekannt, dass diese Erklärung als Beweismaterial einer Spruchkammer oder anderen Behörden vorgelegt werden soll.

Ich erkläre an Eides Statt:
Zur Person:
Ich heiße Xaver Lang, geb. 13.10.1899 zu Neustadt/ Donau, wohnhaft in Nürnberg, zur Zeit Internierten- und Arbeitslager Nürnberg-Langwasser. Mit dem Genannten bin ich weder verwandt noch verschwägert.

Zur Sache:

Ich kenne Herrn Ludwig Wagner seit seiner Einberufung zum Verwaltungsamt SS in München im Jahre 1935 aus meiner Tätigkeit im Personalwesen des Verwaltungsamtes SS in München.

Die Einberufung des Herrn Wagner zum hauptamtlichen Verwaltungsdienst erfolgte nicht auf Grund von Verdiensten für die SS und Partei, sondern ausschließlich auf Grund seiner beruflichen und fachlichen Eignung für den Verwaltungsdienst.

Seine Aufgabe war daher auch nur rein wirtschaftlicher Natur. Er übernahm die Kleiderkasse SS, vergleichbar denselben Einrichtungen der Heeresteile.

Auf Grund seiner Aufgabe, die nur wirtschaftlich-verwaltungsmäßig zu bezeichnen ist, hat sich Wagner in parteipolitischer Linie und parteipolitischem Sinne weder betätigt, noch ist er in Erscheinung getreten. Gleichzeitig sei festgehalten, dass er weder taktische noch führungsmäßige Befugnisse hatte.

Seine Beförderungen waren absolut planmäßige und auch in besoldungstechnischer Hinsicht begründet, politische oder sonstige Verdienste waren nicht maßgebend.

Ich kenne Herrn Wagner nur als einen sauberen, ruhigen und bescheidenen Menschen mit einem ehrlichen und verständigen Charakter.

Xaver Lang

IV. Eidesstattliche Versicherung

Zur Person:

Ich, Susanne Kiefer, geb. am 23.1.1897, war bis zur zwangsweisen Auflösung, Ende 1934, Mitglied des Gewerkschaftsbundes der Angestellten. Der Partei und ihren Gliederungen habe ich nie angehört. Meine Erklärung gebe ich freiwillig und ohne jede Beeinflussung von anderer Seite ab.

Zur Sache:

Vom 1. Januar 1942 bis 28. Februar 1944 war ich im SS-Wirtschafts-Verwaltungs-Hauptamt, dem Amt B IV, Herrn Ludwig Wagner als Amtschef als Sekretärin und Mitarbeiterin zugeteilt.

Dieses Amt war in erster Linie für die rohstoffmäßige Versorgung der Truppe auf dem Textil- und Ledersektor eingesetzt. Die immer knapper werdenden Rohstoffe verlangten vom Amtschef außerordentliche Spannkraft des Geistes und des Körpers. Unsere Arbeitszeit, d. h., die des Amtschefs und seines Vorzimmers, ging weit über das Maß des Festgesetzten hinaus. Bei der außerordentlichen Gewissenhaftigkeit und Korrektheit des Herrn Ludwig Wagner ist es kein Wunder, dass er wegen Überlastung im Jahre 1943 einen Nervenzusammenbruch erlitt, dessen Zeuge ich war. Von da an konnte er nur noch mit Aufbietung aller Kräfte und körperlichen Energie diesem Amte als Chef vorstehen. Sein Erinnerungsvermögen und sein Gedächtnis hatten in dieser Zeit sehr nachgelassen.

Herr Wagner, der als Idealist nur das Gute wollte, hatte zu seinen Kameraden wenig Fühlung und lebte sehr zurückgezogen nur seiner Familie. Er führte eine ideale und vorbildliche Ehe und verabscheute alles Hässliche und Gemeine. Der Untreue und allgemein üblichen Prahl- und Beförderungssucht, die gerade in diesen Jahren das Merkmal vieler SS-Angehöriger war, stand er verständnislos gegenüber. Sein Wesen drückte Bescheidenheit und Reinheit der Gesinnung aus.

Seine Haltung zu seinen Soldaten war stets rein kameradschaftlich. Er half, wo er konnte. Besonders den Sorgen in den Familien seiner Leute brachte er großes Verständnis entgegen. Den Zivilangestellten war er ein sehr einsichtsvoller Chef und Berater. Er wurde von allen seinen Untergebenen sehr verehrt.

Ganz besonders aber ist bei ihm hervorzuheben, dass er entgegen der allgemeinen Auffassung, nur Ariern anständig entgegenzutreten, auch den rassisch Verfolgten stets höflich und korrekt begegnete und für ihre Sorgen Verständnis hatte, obwohl er leider in dieser Hinsicht etwas zu ändern machtlos war.

Der Halbjude Dr. Eduard Fuchs, in der Firma Fuchs & Co., Hamburg, wird dies jederzeit gern bestätigen.

Obwohl ich selbst nicht Parteimitglied war und oft meine Meinung nicht mit der seinerzeit allgemein üblichen übereinstimmte, hatte er mir jedoch niemals Vorwürfe darüber gemacht, noch hat er mich veranlassen wollen, meine demokratische Gesinnung zu ändern. Trotz meiner oppositionellen Einstellung ist er mir stets taktvoll und freundlich entgegengekommen. Er war ein vorbildlicher Vorgesetzter in Bezug auf Haltung und Charakter.

Herr Wagner hat niemals an einer unmenschlichen Handlung teilgenommen, noch hat er solche ausführen lassen.

Sein Eintritt in die NSDAP ist wohl dem Umstand zuzuschreiben, dass er selbst durch die Notzeit des Ersten Weltkrieges und der darauffolgenden Arbeitslosigkeit gehen musste. Er glaubte an das Gute und an die weltverbessernden Versprechungen und Verlockungen, die diese Partei dem Volke machte. Ein Zurück war ihm nicht gegeben, weil er glaubte, gerade durch seine Haltung und seine Gesinnung den anderen ein gutes Vorbild sein zu können.

Susanne Kiefer

V. Eidesstattliche Versicherung

Ich, Hertha Brauer, geboren am 12.11.1905 zu Hamburg, wohnhaft in München-Solln, bin darauf aufmerksam gemacht worden, dass ich mich strafbar mache, wenn ich eine falsche eidesstattliche Erklärung abgebe. Ich erkläre hiermit an Eides statt, dass meine Aussage der Wahrheit entspricht und gemacht wurde, bei der Spruchkammer vorgelegt zu werden.

Ich gebe diese Erklärung anstelle meines Mannes, Werner Brauer, ab. Mein Mann wurde während des Krieges eingezogen und ist seit 1944 vermisst, sodass er dazu nicht in der Lage ist.

Mir ist Herr Ludwig Wagner durch meinen Mann seit 1936 bekannt. Mein Mann und Herr Wagner waren seit ihrem Bekanntsein sehr gute Freunde. Nachdem es sich herausstellte, dass der Großvater meines Mannes Jude war, verlor er seine in München innegehabte Stellung.

Entgegen den Grundsätzen der NSDAP hat Herr Wagner seine freundschaftlichen Beziehungen zu meinem Manne aufrechterhalten. Mein Mann und ich verkehrten nach wie vor bei der Familie Wagner und waren sehr oft zu Gast. Schließlich ist es Herrn Wagner gelungen, meinem Mann eine neue Stellung zu verschaffen. Wie ich schon eingangs erwähnte, gebe ich diese Erklärung an Stelle meines Mannes ab und versichere, dass mein Mann, würde er dazu in der Lage sein, diese Erklärung ohne zu zögern für Herrn Wagner abgeben würde.

München-Solln, den 15. März 1949
Hertha Brauer

Franz Finke
Heilpraktiker
Weilheim
Weilheim, den 20. September 1946
VI. Bestätigung.

Ich, Franz Finke, versichere hiermit an Eides statt:
Ich bin am 19. Oktober 1888 in Leipzig geboren und Inhaber des KZ-Ausweises des Landkreises Weilheim Nr. 37 und erkläre hiermit folgendes:
In den Jahren vor der Machtergreifung war ich hauptberuflich tätig als Prediger für Jehovas Zeugen (Internationale Bibelforscher-Vereinigung) und als Vertreter der Watch Tower Bible & Tract Society Brooklyn-Magdeburg und besaß eine Dienstwohnung in Magdeburg.

*Kurz nach der Machtergreifung war ich infolgedes-
sen schweren Verfolgungen ausgesetzt. Ich hielt mich
lange Zeit in Hamburg und Leipzig verborgen und
entkam dann nach der Schweiz. Dort habe ich, durch
Glaubensfreunde unterstützt, die Chiropraktik stu-
diert, um mir in Deutschland eine neue Existenz aufzubauen.*

*Es gelang mir dies nur in München durch die Unter-
stützung meines Schwagers, des Herrn Ludwig Wagner, der damals bei der Reichsleitung der SS hauptberuflich tätig war und Inhaber des Goldenen Parteiab-
zeichens war.*

*Im Jahre 1937 wurde ich wegen staatsfeindlicher
Tätigkeit verhaftet von der Gestapo. Meine Situation
war äußerst ungünstig, denn ich war bekannt als ein
Führer der Bibelforscher. Nach Untersuchungshaft
und wiederholter Verhandlung vor dem Sondergericht
kam ich mit nur drei Monaten Stadelheim davon. Dies
alles habe ich meinem Schwager zu verdanken, der
sich sofort nach meiner Verhaftung tatkräftig und
selbstlos für mich eingesetzt hat und selbst die maßgeb-
lichen Persönlichkeiten aufsuchte. Desgleichen trat er
als Zeuge in beiden Verhandlungen des Sondergerich-
tes zu meinen Gunsten ein.*

*Den wichtigsten Dienst hat er mir dadurch erwie-
sen, dass es ihm gelang, bei der Gestapo meinen bereits
angesetzten Abtransport nach Dachau zu verhindern.*

*Auch bei meiner Entlassung aus Stadelheim kam ich
nicht zur Gestapo und von dort automatisch in das KZ,
wie es sonst leider mit allen meinen Glaubensbrüdern
geschah.*

Franz Finke

Zu meinem größten Erstaunen fand ich unter den verblassten Dokumenten auch einen von meiner Mutter handschriftlich verfassten Brief. Er scheint der Entwurf zu dem Schreiben gewesen zu sein, das sie an die Behörde geschickt hat. Mit diesem versuchte sie nicht nur ihre eigene Haut zu retten, sondern sie setzte sich auch mächtig dafür ein, ihren Ehemann zu entlasten.

Ansbach, den 26.1.1948

(Nachdem sie in ihrem Schreiben zunächst ihre Personalien und ihre Familienverhältnisse dargelegt hatte, schrieb sie:)

Wir haben von 1935 bis 1939 in München und von 1939 bis zu unserer Evakuierung in Berlin gewohnt. Aus Angst vor Fliegerangriffen führte uns unsere Flucht an verschiedene Orte. 1945 kamen wir nach Ansbach, wo wir zunächst bei meiner Schwester, später bei den Damen Zimmermann in zwei Zimmern zur Untermiete wohnten.

Ich bin 1927 als Mitglied unter der Nr. 61 607 in die NSDAP eingetreten und war Ehrenzeichenträger. Die Gründe hierfür waren folgende: Mein damaliger Verlobter und späterer Ehemann war auf Grund der überaus schlechten Wirtschaftslage stellungslos, ebenso meine beiden Brüder. Das Geschäft meines Vaters ging aus demselben Grunde immer mehr zurück. Wir erhofften uns aus der Verwirklichung der nationalsozialistischen Idee eine allgemeine und persönliche Besserstellung der damaligen katastrophalen Lage und haben uns deshalb zum Nationalsozialismus bekannt.

Nach der sogenannten Machtübernahme 1933 erfolgte eine große Enttäuschung und Ernüchterung. Ich besuchte von diesem Zeitpunkt ab keine politische Versammlung mehr. Mein Eintritt in die NS-Frauenschaft hatte Dankbarkeit zur Ursache. Als 1937 meine Zwillinge zur Welt kamen, war ich körperlich sehr geschwächt und hatte keinerlei Hilfe. Die Frauenschaft schickte mir wochenlang täglich mehrere Stunden eine sogenannte Nachbarschaftshilfe, die sich in rührender Weise meines Haushalts annahm. Daraufhin wurde ich aufgefordert, in die NS-Frauenschaft einzutreten, was ich aus Dankbarkeit dann auch nicht ablehnen wollte. Eine Versammlung habe ich auch hier nie besucht. Ich habe mich weder ehrenamtlich noch hauptamtlich jemals irgendwie politisch betätigt.

Den Judenverfolgungen stand ich zu jeder Zeit ablehnend gegenüber. Ich habe einem Freund meines Mannes, dessen Großvater Jude war, und der deshalb seine Stellung verlor, in München zu einer neuen Stellung verholfen und ihm sehr oft Unterkunft und Mittagstisch in unserem Haushalt gewährt. Leider kann ich ihn nicht zur Zeugenschaft aufrufen, da er seit 1944 im Osten vermisst ist. Auch mein Mann hat seinen Freund in der Not nicht verlassen und ihm geholfen, wo er konnte.

Meine Schwester Resi Finke und deren Mann, Franz Finke, beide seit 1921 aktiv tätige »Zeugen Jehovas« (Vereinigung ernster Bibelforscher), wurden nach 1933 verfolgt. Wir gewährten ihnen sowie einem Herrn Peter Sattler, ebenfalls Bibelforscher, im Jahre 1935 fünf Wochen Unterschlupf in unserer Wohnung in München und verhalfen ihnen zu einer neuen

Existenz und Wohnung in München. Wir haben uns auch bei der Gestapo und beim Sondergericht für alle drei eingesetzt und konnten damit eine Einlieferung ins KZ Dachau verhindern.

Bei der Gestapo drohte man mir wegen meiner Stellungnahme mit Verhaftung. Durch die damit verbundene Aufregung und Angst zog ich mir eine langwierige und sehr schmerzhafte Nervenentzündung zu.

Von 1943 bis 1945 beschäftigte ich in meinem Haushalt eine Ostarbeiterin. Da das Mädchen buchstäblich in Lumpen ankam, kleidete ich sie vollkommen ein und schneiderte ihr selbst alles Mögliche an Kleidung und Wäsche. Trotz wiederholter Warnung von Seiten der Polizei verlangte ich nicht, dass das Mädchen das Ostarbeiterabzeichen sichtbar tragen sollte. Entgegen den bestehenden Vorschriften gewährte ich ihr angemessene Freizeit sowie Besuch von Gottesdienst und Kino. Sie hat auch, da sie sehr fleißig und anhänglich war, mit uns am Familientisch gegessen.

An eidesstattlichen Erklärungen liegen meinem Akt bei der Spruchkammer fünf oder sechs Schriftstücke bei.

Wir sind teilfliegergeschädigt. Der Rest unserer Habe wird in Berlin von den jetzigen Mietern unserer Wohnung benutzt. Mein persönliches Vermögen beläuft sich auf 700 Reichsmark laut Postsparbuch. Außerdem bekam ich 4000 Mark als Erbschaft meines 1940 verstorbenen Vaters. Dieser Betrag befindet sich in der Dresdener Bank in Berlin und ist bekanntlich gegenwärtig nicht erreichbar. Ich habe keinerlei festes Einkommen und verdiene den notdürftigen Unterhalt für mich und unsere drei Kinder mit

Näh- und Flickarbeit. Meine Verwandten schenken uns ab und zu einen kleinen Geldbetrag. Das schwere Leiden meines kranken Kindes verursacht überaus große finanzielle und seelische Belastungen.

Mein Mann war von 1927 bis 1935 Reichsangestellter am Finanzamt in Kulmbach. Er wurde, da er seit 1930 der Allgemeinen SS angehörte, im Frühjahr 1935 nach München berufen. Er bekam den Auftrag, bei der neugeschaffenen Waffen-SS eine SS-Kleiderkasse, ähnlich der Heereskleiderkasse, aufzubauen. Bei Verlegung des Verwaltungsamtes nach Berlin 1939 wurde er als Führer der Waffen-SS nach dort versetzt. Bis zu seiner Versetzung nach dem Osten, im Februar 1944, leitete er das Amt für Truppenbekleidung der Waffen-SS. Im Mai 1945 erfolgte seine Gefangennahme in Kärnten. Er war damals SS-Obersturmbannführer.

Zur Zeit befindet sich mein Mann im deutschen Internierungs- und Arbeitslager Dachau und wartet auf seinen Spruchkammerbescheid.

Während meiner langen Mitgliedschaft hatte ich niemals Vorteile irgendwelcher Art oder gar Geld oder andere Mittel erhalten. Ich habe immer nur bezahlt.

Ich bin im Dezember 1936 aus der evangelischen Kirche ausgetreten. Grund dafür war die Uneinigkeit der Kirche sowie der Widerspruch zwischen Bibel und Wissenschaft. Auf Grund verschiedener Erwägungen habe ich im Dezember 1947 meine Kinder zum Eintritt in die Kirche angemeldet.

Auf Grund der oben angeführten Gründe beantrage ich Entlastung.

Unser überaus glückliches Ehe- und Familienleben musste großen Belastungen standhalten, da mein Mann *durch seinen strengen Dienst fast ganz seiner Familie entzogen wurde. Seine Arbeitszeit betrug fast täglich vierzehn bis sechzehn Stunden.*

Meine tiefe Abneigung gegen den Krieg, der uns nur Angst, Schaden und Verlust brachte, wurde dadurch immer größer, ebenso gegen die Regierung. An einen Austritt aus der Partei war wegen der Stellung meines Mannes nicht zu denken, aber ich weigerte mich ab 1942 beziehungsweise ab 1943, noch Beitrag zu zahlen.

Gertraud Wagner, geb. Klein, Ansbach

Nach der Lektüre dieses Briefes, der mir meine Mutter in einem ganz neuen Licht zeigte, erkannte ich, wie schwer es für sie gewesen sein musste in der Zeit während und nach dem Kriege. Dieser unselige Krieg hatte – wie bei Abermillionen Menschen – ihre ganze Lebensplanung zunichte gemacht. Verwunderlich finde ich nach wie vor, da sie, wie ihrem Brief zu entnehmen ist, sich dafür eingesetzt hat, dass ihr Mann aus der Haft entlassen werde, nicht überglücklich war, als er endlich wieder vor ihr stand. Mir ist es unbegreiflich, dass sie ihn so unterkühlt empfing und ihm anschließend das Leben so schwer machte. Aber dessen ungeachtet war ich glücklich, endlich Beweise für die Unschuld meines Vaters in Händen zu haben. Mit diesen wollte ich ihn bei meinen Schwestern rehabilitieren. Siegesgewiss reiste ich bei der nächsten Gelegenheit mit sämtlichen Unterlagen zuerst nach Roth und dann nach München, um sie ihnen unter die Nase zu halten. Doch wie reagierten sie darauf? Sie hielten sie noch nicht mal eines Blickes für würdig, geschweige denn, dass sich eine von ihnen die Mühe gemacht hätte, auch nur eines von den Schreiben zu lesen.

»Ach, lass mich mit dem Quatsch in Ruhe«, reagierte die eine.

»Wozu soll ich das lesen?«, war die Reaktion der anderen, »damit änderst du meine Meinung ja doch nicht.«

Über so viel Ignoranz war ich noch nicht mal wütend, nur enttäuscht. Wenn sie die Wahrheit nicht wissen wollten, hatten sie nichts anderes verdient. Sorgfältig packte ich die Schriftstücke, die für mich so wertvoll waren, wieder in meine Mappe, fuhr nach Hause und deponierte sie in dem Schreibtisch, dem alten Familienerbstück, an dem mein Vater so oft gesessen hatte. Ich war mit mir und der Welt zufrieden, weil das Idealbild, das ich mir von meinem Vater gemacht hatte, bestätigt worden war.

Auch geschäftlich lief alles sehr gut, sodass ich meine Schulden, die mir aus meiner ersten Ehe geblieben waren, bald abgezahlt hatte.

Aber nichts ist beständig in diesem Leben und schon gar nicht das Glück. Es war die Gesundheit meines Mannes, die der Wermutstropfen im Kelch meiner Freude war. Sein offenes Bein musste dringend behandelt werden, denn dessen Zustand wurde immer besorgniserregender und die Schmerzen von Tag zu Tag unerträglicher. Dank der guten Beziehungen, die Hans-Jörgs Mutter hatte, gelang es uns, ihn wieder in die AOK hineinzukriegen. Also konnte er endlich wieder einen Arzt aufsuchen, ohne dass er die Sorge haben musste, das könne uns finanziell ruinieren.

Da mein Mann jedoch nicht von sich aus die Initiative ergriff, nahm ich die Sache in die Hand. In Wiesbaden suchte ich einen Spezialisten auf, dem es tatsächlich gelang, die Wunde erfolgreich zu behandeln und das offene Bein wieder zuzukriegen. Das allein genügte mir nicht. Ich wollte eine dauerhafte Heilung für das Beinleiden meines Mannes erreichen und fuhr ihn in die Uni-Klinik nach Mainz. Da könne man leider nichts machen, sagte man mir dort allerdings. Da fiel mir zufällig ein Artikel in die Hand über einen sehr erfolgreichen Arzt, der gerade aus Afrika gekommen war und der mit Schlangenserum beachtliche Erfolge bei Venenleiden erzielt hatte. Er praktizierte an der Uni-Klinik Frankfurt/Main. Als Kassenpatient würde man auf eine dermaßen lange Warteliste kommen, dass man kaum eine Chance hatte, noch zu Lebzeiten einen Termin zu kriegen. Also musste Hans-Jörg diesen Arzt als Privatpatient aufsuchen. Dazu hätte er nie die Initiative aufgebracht. Hier musste ich mal wieder eingreifen.

Und wie so oft im Leben, zeigte sich hier mal wieder, dass Frechheit siegt. Ich packte meinen Mann kurzerhand am Arm und zerrte ihn bis zur S-Bahnstation. In der Uniklinik Frankfurt saßen wir dann und warteten und warteten. Nachdem wir zwei Stunden geduldig dagesessen hatten, sah ich einen Mann im weißen Kittel von einem Raum zu einem anderen eilen. Ehe er in der nächsten Tür verschwinden konnte, stürzte ich auf ihn zu, stellte mich kurz vor und schilderte ihm hastig, um was es bei meinem Mann gehe.

»Ist gut, Frau Giebel, haben Sie noch etwas Geduld. Ich werde mir Ihren Mann auf jeden Fall ansehen.«

Nach einer weiteren halben Stunde wurden wir von der Sprechstundenhilfe ins Sprechzimmer gebeten. Der Mann im weißen Kittel schaute sich das Bein an und schüttelte den Kopf, begleitet von dem Kommentar: »Da ist nichts mehr zu machen. Dem Bein fehlt jede Durchblutung.«

»Aber Sie haben doch mit Ihrem Schlangenserum ...«, warf ich verzweifelt ein.

»Auch damit kann ich in diesem Fall nicht mehr helfen. Das Bein sollte so bald wie möglich amputiert werden.«

Wir zuckten beide zusammen. Doch trotz der niederschmetternden Diagnose fragte ich den Arzt nach seinem Honorar. Er winkte ab: »Frau Giebel, ich möchte von Ihnen nichts nehmen. Ich habe Ihrem Mann ja nicht helfen können. Mich macht das nicht ärmer, auf Sie aber wird noch einiges an Kosten zukommen. Und Sie wirken nicht gerade, als seien sie auf Rosen gebettet.«

Hochachtung vor diesem Mann!

Gegen eine Amputation wehrte sich mein Mann aber ganz entschieden. »Nein, Liesl, du hast einen besseren Mann verdient als einen Krüppel.« Obwohl ich begriff, dass er damit auf einer Zeitbombe saß, konnte ich ihn verstehen.

So nahmen die Dinge ihren Lauf. In der Folgezeit schleppte ich meinen Mann immer wieder zu meinem Hausarzt, mich an die winzige Hoffnung klammernd, dass er noch etwas retten könne. Der verschrieb ihm blutverdünnende Mittel und Herztabletten. »Etwas anderes kann ich nicht tun, glauben Sie mir, Frau Giebel.«

Da diese Medikamente aber nicht gegen die schrecklichen Schmerzen halfen, verschrieb er ihm schließlich auch noch Morphium. Hans-Jörg versuchte, sich nicht anmerken zu lassen, wie sehr er litt, und lehnte jede weitere Behandlung ab. Trotzdem waren wir sehr glücklich miteinander und machten das Beste aus der Situation.

So lief alles zufriedenstellend, bis wenig später etwas geschah, was niemand hatte vorhersehen können: Mein geliebter Mann, auf einer Pobacke auf einem Barhocker sitzend, um sein krankes Bein zu entlasten, polierte Sektgläser, als plötzlich der Stiel von einem Kelch abbrach. Dabei verletzte sich Hans-Jörg so schwer am Arm, dass er sofort ins Krankenhaus musste, denn wegen der blutverdünnenden Mittel drohte er zu verbluten. Das Medikament wurde sofort abgesetzt. Den Arm trug er sechs Wochen in Gips.

Vom Tag seines Unfalles an weigerte er sich dann aber, überhaupt noch Medizin zu nehmen, und selbst jeden Arztbesuch lehnte er ab. Der Arzt, der ihn bis dahin behandelt hatte, machte mir daraufhin unmissverständlich klar, dass Hans-Jörg so nicht mehr lange leben werde, und die Arbeit im Restaurant werde sein Ende noch beschleunigen.

Das war der Auslöser für meinen Entschluss, das Lokal zu verkaufen. Rückblickend gesehen, war es auch der ideale Zeitpunkt, das zu tun, denn es hatte den Höhepunkt des erzielbaren Umsatzes erreicht und ein Kaufinteressent mit dem nötigen Bargeld hatte schon bei mir angeklopft. Aber der Grund für den Verkauf war mein Mann, denn er war für mich wichtiger als das Lokal. Fast zeitgleich fanden wir eine tolle

Fünf-Zimmer-Wohnung, weit genug weg von unserer bisherigen Wirkungsstätte, um den Verlust nicht lange zu betrauern. Damit war im November 1974 für mich das Kapitel Gastronomie abgeschlossen

Es begann ein völlig neues, ungewohntes Leben, aber schön und glücklich. Jede Nacht schlief ich in den Armen meines Mannes ein und war rundherum mehr als zufrieden. Da aber keiner nur von Luft und Liebe satt wird, und da, falls wir so weiterlebten, der Erlös aus dem Verkauf des Restaurants bald aufgebraucht sein würde, machten wir uns Gedanken um unseren Lebensunterhalt, denn in seinem Zustand konnte mein Mann keine Stelle annehmen. Also musste ich mich nach etwas umsehen. Kurz nachdem wir das Restaurant aufgegeben hatten, entdeckte ich in der Zeitung ein interessantes Inserat. Eine große Möbelfirma suchte Werbedamen.

Mit etwa zwanzig anderen Frauen wurde ich in einem Kurzlehrgang in einem firmeneigenen Saal zur »Möbelberaterin« ausgebildet. »Ihre Aufgabe ist es nicht, zu verkaufen«, instruierte uns die Chef-Werbedame. »Sie sollen lediglich Hausbesuche machen und dabei Adressen sammeln von Leuten, die am Kauf neuer Möbel interessiert sind. Diese Leute kann ich dann später gezielt ansprechen und brauche meine Zeit nicht damit zu vertun, von Haus zu Haus zu gehen. Jede Adresse schreiben Sie auf ein eigenes Kärtchen und liefern es am Abend bei mir ab.«

Das schien mir keine schwere Aufgabe zu sein.

Ich bekam jeden Tag einen bestimmten Bezirk zugeteilt, wo ich in jeder Wohnung vorsprach. Das erwies sich nicht immer als erfreulich, denn vielfach wurde einem die Tür vor der Nase zugeknallt. Dennoch konnte ich jeden Abend eine stattliche Anzahl von kompletten Adressen potentieller Kunden abliefern.

Mein Mann blieb derweil zu Hause, überwachte die Hausaufgaben der Kinder und versah kleinere Tätigkeiten im Haushalt. Glücklich war er darüber nicht, denn er war der Meinung, dass der Mann die Familie ernähren sollte. Mit Engelszungen redete ich auf ihn ein und konnte ihn schließlich davon überzeugen, dass wir ja nur wegen seiner Krankheit die Rollen getauscht hatten. Mit dem Argument, dass er, wenn ich so krank wäre, doch auch alles für mich tun würde, hatte ich ihn endlich so weit, dass er sich sogar mit mir über meine geschäftlichen Erfolge freute.

Die müssen bei mir wohl überdurchschnittlich gewesen sein. Denn nach wenigen Wochen schon avancierte ich – nach einem weiteren Kurzlehrgang – zur Chef-Werbedame bzw. Möbelverkäuferin.

Nun war ich es, die Annoncen aufgab, um neue Werbedamen zu rekrutieren und diese auf ihren Einsatz vorzubereiten. Sie brachten mir abends ihre gesammelten Adressen, und ich besuchte gezielt die Interessenten. Diesen verkaufte ich nicht nur Möbel, sondern auch gleich die passenden Lampen und Teppiche dazu. Damit stieg natürlich auch mein Gehalt. Nach jedem neuen, höheren Scheck wuchsen der Spaß und die Begeisterung. Aber auch mein Mann kam nun wieder zum Zuge. Jeden Morgen brachte er meine Werbedamen und mich mit dem Wagen zu einer bestimmten Stelle in Wiesbaden oder in eines der umliegenden Dörfer. Von dort schwirrten wir zu unseren Einsatzorten aus. Am Abend holte er uns an derselben Stelle wieder ab und brachte uns nach Hause. Er machte sich aber auch noch auf andere Weise nützlich. Er fertigte für mich auch die Pläne an, speziell für Küchen, wodurch sein Selbstwertgefühl auch wieder stieg. Wir waren also ein gutes Team. Ein besonderes Erfolgserlebnis war es für uns beide, als ich mal – mit Hans-Jörgs Unterstützung – ein ganzes Bauernhaus komplett einrichten durfte.

Kurzum, ich war sehr erfolgreich in diesem Job. Das wäre mit Sicherheit so weitergegangen, wenn nicht das Schicksal schon den nächsten Schlag für uns bereitgehalten hätte.

Es lag schon ein paar Wochen zurück, da hatte mich Hans-Jörg mit der Frage überrascht: »Was hieltest du davon, wenn ich deine Kinder adoptiere?«

»Die Idee finde ich großartig. Aber warum willst du das tun?«

»Weißt du«, erklärte er mir, »ich bin für geordnete Verhältnisse. Ich will deinen Kindern nicht nur ein guter Vater sein, ich möchte auch vor dem Gesetz als ihr Vater gelten, zumal sich ihr leiblicher Vater ja nicht um sie kümmert. Wenn ich sie schon wie meine eigenen Kinder liebe und behandle, dann sollen sie auch die gleichen Rechte und Pflichten haben wie meine leiblichen Kinder.«

Um die Sache in die Wege zu leiten, suchten wir meinen langjährigen Rechtsbeistand auf, der mir inzwischen zu einem väterlichen Freund geworden war. Er erklärte uns, wie so ein Adoptionsverfahren ablaufe, und war bereit, alles Notwendige vorzubereiten.

»Das einzige Problem das ich bei der Geschichte sehe, ist Ihr Verflossener, der leibliche Vater der

Kinder. Ohne seine schriftliche Einwilligung geht nichts.«

»Das werde ich schon hinkriegen«, gab ich mich zuversichtlich. »Sie brauchen nur das entsprechende Schreiben vorzubereiten.«

Mit diesem Schrifstück bewaffnet setzte ich mich in mein Auto und kutschierte nach Garmisch. Durch Jochen, meinen Stiefsohn, hatte ich erfahren, wo Jimmy logierte. Der staunte nicht schlecht, als ich so unerwartet in Lebensgröße vor ihm stand. Aber er konnte nicht aus seiner Haut. Auf der Stelle versuchte er wieder, mich einzuwickeln.

»Oh, welch ein Glanz in meiner Hütte! Was verschafft mir die Ehre?« Theatralisch breitete er die Arme aus und kam auf mich zu.

Geschickt wich ich ihm aus. »Mein neuer Ehemann möchte unsere Kinder adoptieren. Damit das glatt über die Bühne geht, sollst du dieses Papier unterschreiben.«

»Ich denke gar nicht daran!«, brauste er auf. »Du kannst doch nicht von mir verlangen, dass ich mich von meinem eigenen Fleisch und Blut einfach so trenne, von meinen Kindern, die ich über alles liebe.«

»Während unserer Ehe habe ich nichts davon gemerkt«, sagte ich trocken. »Und danach auch nicht. Seit vier Jahren sind wir geschieden. In dieser Zeit hast du ihnen nicht eine Silbe geschrieben. Du hast auch nicht ein einziges Mal angerufen, geschweige denn versucht, sie zu sehen.«

»Ich war verhindert, ich hatte so viel Arbeit.«

»Aha, du hattest Arbeit! Wieso ist dann nie ein Pfennig an Alimenten bei uns angekommen? Ich war es doch, die die Kinder von Geburt an bis heute ernährt, gekleidet und betreut hat. Du hast nie einen Finger für sie gerührt.«

»Das ist mir egal. Ich unterschreibe nichts«, reagierte er trotzig und versuchte, mich aus der Stube zu schieben.

»Halt, mein Freund! Wir sind noch nicht miteinander fertig.«

Nun sah ich mich gezwungen, ihm die Pistole auf die Brust zu setzen. »Wie du willst. Wenn du nicht sofort unterschreibst, gehe ich zur Polizei. Dann kommst du in den Knast wegen unterlassener Alimente-Zahlung.«

Ich glaube, so schnell hat noch nie jemand seine Unterschrift unter eine Verzichtserklärung gesetzt.

Nach diesem Schachzug fuhr ich tiefbefriedigt in Richtung Heimat.

Der 25. Juni 1975, ein strahlender, warmer Sommertag, sollte nach unseren Plänen ein ganz besonderer Tag für uns werden. Hans-Jörg und ich brachten die Kinder ins Schwimmbad. Anschließend fuhren wir weiter zu unserem Termin, den wir mit unserem Rechtsbeistand ein paar Tage zuvor vereinbart hatten. Er machte große Augen, als er Jimmys schwungvolle Unterschrift auf dem Dokument vorfand. Die Verträge waren bereits fertig und brauchten von uns nur noch unterschreiben zu werden. Nachdem alles beglaubigt war, verabschiedete sich der Notar und Anwalt von uns. Zu meinem Mann gewandt sagte er: »Herr Giebel, bis die Adoption rechtskräftig ist, vergehen noch vier Tage. So lange dauert die Eintragung bei Gericht. Aber bis dahin – Sie sind ja noch ein junger Mann – wird schon nichts passieren.«

Wir bedankten uns, wir waren glücklich und lachten über diese Worte, die mir heute noch in den Ohren hallen. Es war ein rundum schöner Tag! Der 27. Juni 1975, nur zwei Tage danach, sollte aber – nach dem Tod meines Vaters vor neun Jahren – für mich der schwärzeste Tag meines Lebens werden.

Es war wieder ein sehr heißer Tag, an dem wir, vielleicht wegen der starken Hitze, schon sehr früh aufwachten. Die Kinder schliefen noch. Hans-Jörg hielt mich fest in seinen Armen, liebkoste und streichelte mich, als wüsste er, dass es das letzte Mal sein würde. Voller Zärtlichkeit begann er, mich am ganzen Körper mit seinen Küssen zu verwöhnen. Doch ich entzog mich ihm, weil ich mich nicht sauber genug fühlte. Das bereue ich heute noch!

Nach dem Frühstück hatten wir wichtige Dinge zu erledigen, die Zeit drängte. Mein Mann fuhr die Kinder ins Schwimmbad. Danach holte er die Werbedamen ab, um sie an ihren Einsatzort zu bringen. Anschließend sollte er mich, so gegen zehn Uhr, abholen. Fünf Minuten nach zehn kam er, und es ging ihm so sichtlich schlecht, dass ich sofort erkannte, dass höchste Gefahr bestand. Mit letzter Kraft hatte er sich die drei Stockwerke hochgeschleppt, zur Toilette und dann noch durch den zwölf Meter langen Korridor bis auf die Couch. Er war kaum fähig zu reden und total am Ende. Ich stürzte zum Telefon, doch Hans-Jörg bedeutete mir, dass ich den Arzt nicht anrufen solle. So schlich ich ins Zimmer meines Sohnes, um den Arzt heimlich zu verständigen. Er wohnte gleich um die Ecke und versprach, sofort zu kommen.

Die zehn Minuten, bis er da war, schienen mir wie eine Ewigkeit. Der Arzt wusste um Hans-Jörgs Gesundheitszustand und hatte diese Entwicklung wohl längst kommen sehen. Er jagte ihm zwei Spritzen direkt ins Herz. Danach zählte er den Puls und versuchte, meinem Mann so ruhig wie möglich klar zu machen, dass er sofort ins Krankenhaus müsse. Hans-Jörg lehnte das immer noch ab! Die Frau des Arztes, ebenfalls eine Ärztin, hatte aber sofort nach Eingang meines Anrufes einen Krankenwagen angefordert.

Schon kurz darauf ertönte das Martinshorn. Udo, Hans-Jörgs Sohn, mittlerweile siebzehn, der zufällig gerade zu Hause war, rannte die Treppen hinunter und wollte den Sanitätern den schnellsten Weg zeigen, damit nicht wertvolle Zeit durch Suchen verloren gehe. Doch anstatt lauter zu werden, wurde das Martinshorn wieder leiser, als er unten ankam, so als ob es sich wieder entferne.

Ein Anruf des Arztes in der Zentrale ergab, dass man den Straßennamen nicht richtig notiert hatte. Der Sanka war bei uns, der Karl-Glässing-Straße, vorbei- und versehentlich in die Lessingstraße gefahren. Ein zweiter Wagen wurde losgeschickt. Noch während der Arzt am Telefon stand – ich saß bei meinem Mann, um ihn zu beruhigen, denn er wollte dringend etwas sagen –, verschlechterte sich Hans-Jörgs Zustand rapide. Nur noch röchelnde Laute kamen aus seinem Mund. Ich schrie nach dem Arzt. Wir rissen Fenster und Türen auf und legten meinen Mann auf den Fußboden. Der Arzt begann mit Herzmassage.

Vom Krankenwagen noch immer keine Spur.

Von einer Sekunde zur anderen verfärbte Hans-Jörg sich dunkellila im Gesicht, und nun endlich erschienen auch die Sanitäter mit einer Trage. Behutsam legten sie den Patienten darauf. Als einer der Herren ihn festgurten wollte, sagte der andere – ohne Rücksicht darauf zu nehmen, dass ich dabeistand –: »Den brauchst du gar nicht mehr anzuschnallen.« Er hielt ihn wohl schon für tot. Sie schnallten ihn trotzdem fest und brachten ihn weg.

Im Krankenwagen vor der Haustür hat man wohl auch noch längere Zeit an ihm gearbeitet.

Da ich nicht mit ihm im Rettungswagen fahren durfte, kam ich zusammen mit meiner Schwiegermutter, die Uhr der Marktkirche schlug gerade zwölf, im Krankenhaus an. Bei diesem Glockenschlag hoffte ich so sehr, dass es ein gutes Omen sei und Hans-Jörg es schaffen werde. Aber er schaffte es nicht. Er war schon tot gewesen, bevor er das Krankenhaus erreicht hatte.

»Herzinfarkt mit Lungenembolie«, eröffnete mir der Oberarzt die Todesursache. Im gleichen Atemzug ersuchte er mich, meine Einwilligung zur Obduktion zu geben. Während ich mir noch Gedanken machte, was das zu bedeuten hätte, erklärte mir dieser Mensch, ohne mit der Wimper zu zucken, was er vorhatte: »Wir werden den Kopf vom Rumpf trennen, dann die Brust öffnen, und wenn alles erledigt ist, werden wir Ihren Mann fein säuberlich zusammengelegt in den Sarg packen.«

Das war kaum die richtige Art von Aufklärung, wenige Minuten, nachdem er mir den Tod meines

Mannes mitgeteilt hatte. Ich war so entsetzt, dass ich die Obduktion rundweg ablehnte.

Als ich meinen Mann ein letztes Mal angeschaut hatte, ordnete ich an, dass der Sarg, mit dem er gleich abgeholt werden sollte, nicht mehr geöffnet werde und dass man ihn versiegeln solle.

Zu Hause wieder angekommen, empfing uns Udo, mein Stiefsohn. Durch einen Anruf vom Krankenhaus wusste er bereits, dass sein Vater gestorben war. In unserer großen Verzweiflung und Seelenqual vergaßen wir ganz, die Kinder und die Werbedamen wieder abzuholen. Nachdem die Damen geraume Zeit vergeblich gewartet hatten, waren sie zur nächsten Bushaltestelle gegangen. Meine Kinder aber standen gegen 19 Uhr plötzlich verwirrt vor der Tür. Den ganzen Weg waren sie nach Hause getippelt. Sie konnten es ebenso wenig fassen wie ich, dass ihr geliebter Papa uns für immer verlassen hatte.

Die Trauerfeier für meinen zweiten Ehemann fand in der Marktkirche statt, derselben Kirche, in der ich zwölf Jahre zuvor meinem ersten Mann das Ja-Wort gegeben hatte und in der meine beiden Kinder getauft worden waren. Eine riesige Trauergemeinde hatte sich eingefunden. Ich war jedoch so in meiner Trauer gefangen, dass ich keine Gesichter wahrnahm, nur die unüberschaubare Menge von Menschen.

Am Arm eines Militärkameraden von Hans-Jörg folgte ich dem Sarg. Es war gut, dass ich mich an ihm festhalten konnte, denn mir wankten die Knie. Vor uns schritten meine beiden Kinder, und hinter uns ging meine geliebte Schwiegermutter mit den beiden Kindern von Hans-Jörg. Sie trug schwer am Verlust ihres einzigen Kindes, zumal sie auch seit kurzer Zeit allein war, denn wenige Wochen zuvor hatten wir ihren Mann zu Grabe getragen.

Dass Hans-Jörgs Exfrau auch zur Beisetzung erschienen war, bekam ich gar nicht mit. Erst später wurde mir das hinterbracht, dass sie im Hintergrund, in einem hellblauen Kostüm, an der Beerdigung teilgenommen hatte.

Die Friedhofshalle war natürlich für die große Zahl der Trauergäste viel zu klein. Die Soldatenverbände, die früher in unserem Lokal ihren festen Tag gehabt hatten, hielten bewegende Trauerreden. Auch seine Freunde fanden ergreifende Worte, wenngleich ich von alledem vor Schmerz wenig mitbekam. Eine Delegation von fünf Soldaten des Fallschirmjäger-Bataillon 251 Calw gaben ihm ebenfalls das letzte Geleit.

Die roten Rosen auf dem Sarg und das von einer Trompete gespielte Lied »Ich hatt' einen Kameraden« waren mein letzter Gruß, mit dem ich mich von Hans-Jörg und den zwei traumhaft schönen Ehejahren verabschiedete.

Zu allem Übel versagte dann noch der Mechanismus beim Herablassen des Sarges, sodass er auf halbem Weg schräg hängen blieb. Nachdem auch dies behoben war und ich unzählige Hände geschüttelt hatte, war ich ziemlich am Ende. Um Peter und Jasmin kümmerte sich eine Tante von Hans-Jörg. Oma sowie die zwei Großen von Hans-Jörg waren mit sich selbst beschäftigt.

Ich wurde zunächst in unser ehemaliges Restaurant gefahren, wo ich mich bei den Kameraden mit einer kurzen Tischrede sowie einem Mahl bedankte. Die

Verwandtschaft, nur die von Hans-Jörg – von der meinen war wieder mal niemand erschienen –, traf ich später in einer anderen Gaststätte, einer kleinen, die sich gegenüber unserer Wohnung befand. Nachdem ich jeden begrüßt hatte, wollte ich ihnen den Anblick meines totalen Zusammenbruchs ersparen. Deshalb zog ich mich für den Rest des Tages in mein Schlafzimmer zurück.

Die nächsten Tage und Wochen verbrachte ich wie in Trance. Tagsüber versuchte ich mich durch verstärkte Aktivität und Arbeit abzulenken. Bei Nacht allerdings wanderte ich von einem Raum zum anderen. Mit der einen Hand hielt ich mich an einer Zigarette fest und mit der anderen an einem Glas Fernet Branca, womit mich meine Schwiegermutter regelmäßig versorgte. Überhaupt, ich weiß nicht, wie ich diese Zeit ohne meine liebe Schwiegermutter überstanden hätte. Sie war eine Seele von Mensch und gab mir Trost und Halt in dieser schweren Zeit, letztlich machte sie alles wieder gut, was meine eigene Mutter an mir versäumt hatte. Dennoch, in meinen dunkelsten Stunden war ich allein. In dieser Zeit entfernte ich mich auch immer mehr von Gott. Ich haderte mit ihm. In meiner Verzweiflung fand ich es ungerecht, dass man mir diesen wunderbaren Mann weggenommen hatte, diesen vorbildlichen Vater, und dass ich nun mit meinen drei Kindern allein dastand. Denn Udo blieb vorerst bei uns, bis seine Oma ihm zwei Jahre später in ihrem Haus eine eigene Wohnung überließ. Gerade in dem Moment, wo wir eine richtige Familie geworden und wo wir so richtig glücklich gewesen waren, wurde mir Hans-Jörg entrissen. Das fand ich vom Herrgott so was von ungerecht! Ja, ich kam zu der Überzeugung, es gebe gar keinen Gott, denn gäbe es einen, dann hätte er dies nicht zulassen können.

In meiner Verzweiflung wäre ich am liebsten ganz aus dem Leben davongelaufen. Meine Kinder hatten zu dieser Zeit – was sie mir erst viel später gestanden haben – sehr große Angst um mich. Speziell meine Tochter hatte befürchtet, ich werde vom Balkon springen. Da unsere Wohnung im dritten Stock eines Altbaues lag, wäre die Höhe ausreichend gewesen. Zum Glück war mein Verantwortungsgefühl den Kindern gegenüber doch stärker als die Trauer über meinen großen Verlust. Ich wollte sie doch nicht als »Vollwaisen« zurücklassen.

Das Leben ist nun einmal kein Oktoberfest. Man kann nicht einfach aufstehen, ein paar Watschn austeilen und sich davonmachen.

Meine Zukunft schien mir aber ungeachtet dessen alles andere als lebenswert. Nicht allein, dass ich an dem Verlust meines Mannes fast zerbrach, es überrollten mich auch noch finanzielle Probleme. Die Reserven vom Verkauf des Lokals waren durch die Beerdigung aufgebraucht. Eine auf Hans-Jörg abgeschlossene Lebensversicherung lief noch zu Gunsten seiner Exfrau. Das Baugrundstück, das er erst wenige Wochen zuvor von seinem Vater geerbt hatte, erbten nun zur Hälfte seine Mutter und seine zwei leiblichen Kinder. Da ja an der Rechtskräftigkeit der Adoption zwei Tage fehlten, hatten meine Kinder nichts zu erwarten. Um ihnen wenigstens einen Teil der Rechte zu sichern, die ihnen aus der geglückten Adoption erwachsen wären, hatte ich unendliche Lauereien zu diversen Ämtern.

214

Schließlich wurde ihnen wenigstens eine bescheidene Waisenrente zugestanden. Das Jugendamt setzte sich außerdem dafür ein – nachdem ich pro Kind sechzig DM hingeblättert hatte – dass sie auf dem Standesamt in Giebel umbenannt und ihnen die deutsche Staatsangehörigkeit zugesprochen wurde. Durch ihren leiblichen Vater hatten sie ja die holländische Staatsbürgerschaft gehabt.

Ich selbst ging – außer, dass ich eine winzige Witwenrente bekam – leer aus. Bei meiner ersten Ehe hatte ich große finanzielle Verluste einstecken müssen, weil ich aus Unwissenheit versäumt hatte, auf Gütertrennung zu bestehen. Bei meiner zweiten Ehe aber hatte ich das finanzielle Nachsehen, weil ich auf Gütertrennung bestanden hatte. Es war nicht gegenseitiges Misstrauen gewesen, weswegen Hans-Jörg und ich noch vor dem Besuch auf dem Standesamt beim Notar einen Ehevertrag gemacht hatten. Wir hatten dafür drei sehr einleuchtende Gründe. Als gebranntes Kind wollte ich erstens verhindern, dass Hans-Jörg für Forderungen einstehen müsse, die möglicherweise noch von Jimmy oder von weiteren seiner Gläubiger kommen könnten. Zum anderen wollte ich mich zweitens vor eventuellen Forderungen schützen, die von Hans-Jörgs Exfrau auf uns zukommen könnten. Und zu guter Letzt war es eine Vorsichtsmaßnahme, damit mein Mann nicht zur Kasse gebeten werden konnte, falls es mit meinem Lokal bergab ginge. Auch später, als ich für die Möbelfirma arbeitete, konnte ihn die Gütertrennung vor etwaigen Regressansprüchen schützen.

Da wir das alles so weise überlegt und umgesetzt hatten, stand ich nun wieder einmal vor dem Nichts.

Diesen Fall hatten wir nämlich nicht eingeplant, dass ich so plötzlich Witwe werden könnte.

Aber es kam noch schlimmer.

Durch den Todesfall hatte ich viel von meiner Ausstrahlung und Überzeugungskraft, die mich zuvor für den Möbelverkauf geradezu prädestiniert hatte, verloren. Das merkte ich daran, dass ich ein ganzes Wochenende erfolglos herumgefahren war. Nicht einen einzigen Auftrag hatte ich an Land gezogen, ich hatte nur mein Benzin verbraucht. Die Negativkurve setzte sich nicht nur fort bis zum Nullpunkt, sondern sogar noch beträchtlich darunter. Denn einen erheblichen Teil des durch den Möbelverkauf verdienten Geldes musste ich wieder zurückzahlen. Da ich einige Wochen nicht in meinem Job hatte arbeiten können, hatte ich die Kontrolle und Kundenpflege sowie die Zahlungseingänge der Leute nicht mehr im Griff. Es gab viele Stornos, und somit war die Rückerstattung der Provision fällig.

Hinzu kam, dass ich in diesem Beruf immer bis spät in den Abend unterwegs war. Dadurch waren meine Kinder, sobald sie von der Schule kamen, sich selbst überlassen, was ich für unverantwortlich hielt. Es musste sich alleine schon deshalb etwas ändern.

Völlig frustriert schlug ich den »Wiesbadener Kurier« auf und studierte die Stellenangebote. Etwa ein Dutzend kreuzte ich an, die für mich eventuell in Frage kämen. Dann schrieb ich einige Bewerbungen. Ganz in der Nähe unserer Wohnung befand sich ein Büro, wo eine Stelle mit Aufstiegsmöglichkeiten geboten wurde. Das Gehalt war jedoch erschreckend niedrig. Es sollte sich allerdings, wie man mir beim Vorstellungsgespräch versicherte, nach der Probezeit bei entsprechender Leistung zunächst monatlich um fünfzig Mark erhöhen; weitere Erhöhungen wurden für später in Aussicht gestellt.

Weshalb diese Stelle für mich so verlockend war: Am Mittag gab es zwei Stunden Tischzeit. So konnte ich schnell zu Hause sein und meine Kinder, sobald sie von der Schule kamen, versorgen. Ich unterschrieb den Vertrag, und ein völlig neuer beruflicher Lebensabschnitt begann.

Finanziell und auch emotional war ich aber immer noch ganz unten, allein der Gedanke tröstete mich, dass auf dieses Tief unausweichlich ein Hoch folgen müsse. Aber obwohl ich das für unmöglich gehalten hatte: Es ging noch weiter bergab. Diesmal war es der Gesundheitszustand meiner Tochter, der mir Anlass zur Sorge gab. Nicht nur, dass sie alle möglichen Infekte aufschnappte, es schien auch, als sei etwas mit ihren Halswirbeln nicht in Ordnung. Da unser Hausarzt nicht mehr weiterwusste, schickte er mich zu einem Spezialisten. Dieser untersuchte Jasmin eingehend und stellte lapidar fest: »Sie muss operiert werden.«

»Das kommt gar nicht infrage«, blockte ich ab. »Unters Messer kommt sie mir auf keinen Fall. Danach sitzt sie möglicherweise im Rollstuhl und ist bis zu ihrem Lebensende ein Pflegefall. Da gibt es bestimmt eine andere Therapie.«

Der Spezialist zuckte die Schultern. Als nächstes besuchte ich mit meiner Tochter, sie war ja gerade erst zehn, eine Kinderärztin. Diese untersuchte das Kind nicht nur gründlich, sie stellte ihm auch viele Fragen und mir ebenfalls. Danach wagte sie die Diagnose:

»Die Krankheiten Ihrer Tochter scheinen mir mehr psychosomatischer Natur zu sein. Sie leidet unter Einsamkeit. Zum einen hat sie den plötzlichen Tod des Vaters noch nicht verkraftet, zum anderen leidet sie unter der häufigen Abwesenheit der Mutter.«

Schuldbewusst nickte ich. »Daran kann ich leider nichts ändern. Ich bin ja genötigt, für die Familie das tägliche Brot zu schaffen.«

»Dafür habe ich volles Verständnis. Dennoch können Sie etwas ändern. Das Kind braucht eine Beschäftigung, eine Aufgabe, eine Verantwortung. Außerdem muss Jasmin viel raus. Sie braucht frische Luft.«

Wir kamen überein, dass ein Hund der ideale Therapeut für meine Tochter sei. Gemeinsam mit Jasmin holte ich einen kleinen Pudel aus dem Tierheim. Das Tierchen hatte bei uns ein gutes Zuhause, und meine Tochter hatte viel Spaß. Ihre Einsamkeit war bald vergessen, aber ihr Halswirbel war noch immer nicht so, wie er sein sollte. Da kam uns ein glücklicher Zufall zu Hilfe. Mein Sohn hatte sich in der Zwischenzeit einem netten Freundeskreis angeschlossen, in dem es Pferde gab. Da hätte er reiten dürfen, so oft er wollte, ohne dass er dafür hätte etwas zahlen müssen. Peter aber hatte gar keinen Spaß an Pferden. Er hatte eher Angst vor diesen »unhandlichen Dingern«. Eines Tages lud er seine Schwester ein: »Guck dir das mal an, vielleicht hast du ja Lust am Reiten.«

Tatsächlich, sie entdeckte auf Anhieb ihre Begeisterung für das Reiten und ihre Liebe zu Pferden. Am Anfang nahm sie ihren Hund noch mit zum Reitstall, er war ja noch ein süßes Baby. Aber je größer er wurde, desto uninteressanter wurde er für sie. Ihre

Leidenschaft für die Reiterei war bald so groß, dass der Hund völlig nebensächlich wurde. Den musste ich dann täglich mit ins Büro nehmen, und sie zog jeden Tag zum Reitstall. Nach der Schule wurden die Hausaufgaben hingehauen, und dann ging es zu den Pferden. Das waren alles Tiere, die von ihren Besitzern in diesem Reitstall untergestellt waren, und der Stallbetreiber war froh, dass sich die jungen Mädchen um die Pferde kümmerten. Sie durften also reiten, weil sie im Gegenzug die Rösser rundum versorgten: Sie fütterten, tränkten, striegelten und putzten die edlen Tiere, sie misteten die Ställe aus und taten alles, was dazugehört. So hatte meine Tochter ein fantastisches Hobby, das mich keinen Pfennig kostete. Außerdem erwies es sich als die beste Förderung ihrer Gesundheit, die man sich vorstellen konnte. Sie blühte richtig auf, und bald waren die ständigen Infekte vergessen. Das Schönste dabei aber war, dass es auch ihrer Wirbelsäule so guttat, dass eine Operation bald nicht mehr zur Debatte stand.

Weil die Eigentümer der Pferde rasch mitbekamen, dass Jasmin Talent hatte, meldete man sie auch zu Turnieren an. So hat sie sich etliche Pokale geholt, was ihrem Selbstwertgefühl sehr zuträglich war. Die Pferde bekamen für ihren Sieg Schleifen und Zucker und die Besitzer Geld. So waren alle zufrieden.

Jasmin hat der Reiterei acht Jahre lang gefrönt, also bis sie achtzehn war.

Das dunkelste Kapitel meines Lebens

Offensichtlich waren wir doch nicht so von aller Welt verlassen, wie ich das zunächst empfunden hatte. Da war zum einen meine Schwiegermutter, die sich immer mehr als gute Fee entpuppte. Sie unterstützte uns mit Naturalien, sodass wir gerade so über die Runden kamen. Zum anderen waren es die Soldatenverbände, die in meinem früheren Lokal ihren Stammtag gehabt hatten. Auch sie ließen mich nicht im Stich. So nahm mich zum Beispiel der Verein der Fallschirmspringer aus Wiesbaden – Veteranen zwischen fünfzig und siebzig, die im Zweiten Weltkrieg in Aktion gewesen waren – mit zu den Kameraden aus Calw, wo sie zur Weihnachtsfeier eingeladen waren. In den beiden Jahren davor hatte ich die Feier gemeinsam mit Hans-Jörg besucht. Nun hatte man eigens einen Bus gechartert, der die Veteranen, ihre Ehefrauen und mich nach Calw zum Offizierscasino fuhr. Untergebracht wurden wir in der Kaserne. Oma Giebel nahm sich auch meiner Kinder an, die ja nicht ihre leiblichen Enkel waren, und so konnte ich mitfahren.

Am ersten Abend gab es eine unvergessliche Feier, der zwei weitere eindrucksvolle Tage folgten. Fünf junge Offiziere aus Calw, die gute Freunde meines Mannes gewesen waren und ihn auch zur letzten Ruhe begleitet hatten, erinnerten sich an die »hübsche, junge

Witwe, die mit vier Kindern am Grab gestanden hatte« und umlagerten mich förmlich.

Wenige Tage später, also kurz vor Weihnachten, erfolgte in Wiesbaden die Gegeneinladung für den Verein aus Calw. Um mich bei den Wiesbadener Kameraden dafür zu bedanken, dass man mich zu der Feier nach Calw mitgenommen hatte, stellte ich meine Wohnung als Quartier für einige Calwer zur Verfügung. Fünf Gäste wurden mir zugewiesen, und zwar just diese fünf jungen Offiziere. Drei Tage logierten sie bei uns. Einer unter ihnen war Walter, ein großer, blonder, sportlich durchtrainierter Bursche, der in seiner Uniform eine sehr gute Figur machte. Er sollte der vierte Mann werden, der nach Alfons, Jimmy und Hans-Jörg in meinem Leben eine bedeutende Rolle spielte. Dass er bei seinen Bemühungen um mich ein so leichtes Spiel hatte, lag sicher auch daran, dass ich von klein auf eine Schwäche für Uniformen gehabt hatte. Meinen Vater hatte ich ja eigentlich nur in Uniform gekannt, und damit verbanden sich für die kleine Liesl mit Uniformen Liebe und Geborgenheit. Bei der großen Liesl war das wohl immer noch so.

Als Berufssoldat war Walter in Calw in der Kaserne stationiert. Daneben besaß er noch eine kleine Privatwohnung in Stuttgart. Das nächste und übernächste Wochenende kam er per Bahn nach Wiesbaden, um mich zu besuchen. Kein Weg sei ihm zu weit, um mit mir und den Kindern zusammen zu sein, behauptete er, und mit kleinen Geschenken nahme er ihre Herzen schon bei seinem ersten Besuch ganz schnell für sich ein. Sogar meine Schwiegermutter eroberte er im Sturm durch seine zuvorkommende Art und den Blumenstrauß, den er ihr überreichte. Ja, auch für Hans-Jörg hatte er ein geschmackvolles Gebinde mitgebracht. Gemeinsam besuchten wir das Grab, wo er es eigenhändig niederlegte. Seine Worte, die er dabei mit umflorter Stimme sprach, taten ein Übriges: »Es ist für mich erschütternd, dass mein Freund Hans-Jörg erst sterben musste, damit wir uns finden.«

Tatsächlich gab mir dieser Mann nicht nur viel Trost, sondern auch neuen Lebensmut. In seinen Armen war mein Kummer für eine Weile vergessen.

Da unsere liebe und verständnisvolle Oma Giebel wieder einmal bereit war, außer ihrem Enkel Udo auch meine beiden Kinder zu betreuen, war es mir möglich, am folgenden Wochenende nach Stuttgart zu fahren. Walter und ich verlebten einen wunderschönen Tag, und am Abend führte er mich zum Essen aus. Die Nacht musste er, wie er sagte, in der Kaserne verbringen, weil er von dort aus am nächsten Tag eine dreiwöchige Dienstreise nach Moskau antreten sollte. Er bat mich, noch nicht nach Hause zu fahren. Wenn ich ihn am nächsten Morgen zum Flughafen bringen könnte, hätten wir noch die ganze Nacht für uns. Ich solle einfach mit ihm in die Kaserne mitkommen.

Natürlich konnte ich.

Damenbesuch nach 22 Uhr ist in der Kaserne allerdings nicht gestattet. Was tun? Mein Kavalier wusste Rat. Er verstaute mich im Kofferraum meines eigenen Wagens. Am Kontrollhäuschen präsentierte er seinen Ausweis, und schon waren wir auf dem Gelände. Die Nacht wurde freilich sehr eng, denn das Kasernenbett maß nur achtzig Zentimeter in der Breite. Für einen Soldaten mag das ausreichen, aber für ein Liebespaar ist das doch ein bisschen wenig. Am frühen Morgen gingen die Komplikationen weiter, denn mir blieb nichts anderes übrig, als die Soldatendusche zu benutzen, und Walter musste Schmiere stehen. Aber alles verlief ohne Zwischenfälle.

Beim Verlassen des Militärgeländes saß ich neben meinem Liebhaber auf dem Beifahrersitz. Komischerweise interessierte das den Wachhabenden im Schilderhäuschen nicht. Vom Flughafen Stuttgart fuhr ich direkt nach Wiesbaden zurück, das Herz voller Hoffnung, dass für mich auch wieder die Sonne scheinen werde.

Der Sonnenschein begann schon damit, dass aus Moskau täglich ein Anruf kam. Es folgten glühende Liebesbriefe und kleine Geschenke. Nach drei Wochen war Walter wieder zurück, natürlich mit einem Reisemitbringsel für jeden von uns, einschließlich Schwiegermutter. Ich schwelgte in Seligkeit. Alles war so klar, und die Zukunft lag rosig vor mir. Am Sonntagabend verabschiedete er sich von der Familie mit der Frage: »Darf ich am nächsten Wochenende wiederkommen?«

»Aber ja!«, riefen die Kinder im Chor, und meine Tochter, die ihn schon als zur Familie zugehörig betrachtete, fragte: »Wann heiratest du meine Mutti?«

Er lächelte verlegen und gab eine ausweichende Antwort. Am Wochenende darauf ließ er sich nicht bei uns blicken. Stattdessen entschuldigte er sich telefonisch, er müsse für drei Wochen ins Manöver ziehen. Ich wäre gar nicht auf den Gedanken gekommen, diese Behauptung anzuzweifeln, und so hatte ich keine Ahnung davon, dass es sich um eine Ausrede handelte.

Einige Tage nach diesem Anruf bemerkte ich an meinem Körper eine Veränderung, die mich bedenklich stimmte. Ich marschierte zu einer Apotheke, in der man mich nicht kannte, und ließ einen Schwangerschaftstest machen. Das Ergebnis war positiv.

Zunächst freute ich mich darüber, aber dann kamen mir die Worte meines Gynäkologen in den Sinn: »Sie sollten kein weiteres Kind mehr bekommen. Das könnte Ihr Tod sein.« ›Ach, was‹, tat ich diesen Gedanken erst einmal ab. Es musste ja nicht jede meiner Schwangerschaften so problematisch verlaufen. Aber ganz abschütteln konnte ich ihn doch nicht.

Dass ich aber auch so blöd gewesen war, nicht an Verhütung zu denken! Während der Ehe mit Hans-Jörg hatte ich selbstverständlich mit seinem Wissen die Pille genommen. Da ich erst sechsunddreißig war, hatte ich ihm gleich klargemacht, dass ich aus gesundheitlichen Gründen nicht mehr schwanger werden dürfe, und er hatte das ohne Weiteres akzeptiert. »Das ist ganz in meinem Sinne«, sagte er sogar. »Ich lege keinen Wert darauf, dass es nachher heißt: Meine Kinder und deine Kinder hauen unsere Kinder. Ich habe zwei, du hast zwei, das reicht.« Nachdem er gestorben war, hatte ich die Pille natürlich abgesetzt. Wozu denn die unnötige Hormonbelastung? Wozu unnötig Geld ausgeben, das bei uns eh knapp genug war? Die neue Beziehung ergab sich dann so spontan, da war es schon passiert, ehe ich überhaupt ans Verhüten dachte.

Umso dringender musste ich jetzt schnellstmöglich mit Walter sprechen. Aber nicht das geringste Lebenszeichen erreichte mich aus dem Manöver, kein Brief, kein Anruf und erst recht kein Geschenk. Wie anders hatte er sich doch verhalten, als er die drei Wochen in Moskau gewesen war! Durfte man sich vom Manöver aus vielleicht nicht melden?

Ich wagte es nicht, mich irgendjemandem anzuvertrauen. Sobald die drei Wochen um waren, rief ich in Stuttgart an. Es hob aber niemand ab. Auch in der Kaserne erreichte ich Walter nicht. Daher entschloss ich mich, auf gut Glück nach Stuttgart zu fahren. Leider vergeblich: In seiner Wohnung traf ich den Herrn nicht an. Ich nahm mir in Stuttgart ein Hotelzimmer, anschließend fuhr ich nach Calw zu seiner Dienststelle und hinterließ dort eine Nachricht.

Die ganze Nacht wartete ich vergebens auf ein Lebenszeichen. Am nächsten Morgen überreichte mir sein Adjutant einen kurzen, niederschmetternden Brief: Er, Walter, habe keine Zeit, mit mir zu reden.

Ich konnte mir das gar nicht erklären. Er wusste ja noch nicht mal, um was es ging. Was nun? Ich rief Walters Schwester an, die mich kannte und mochte, und sie versprach mir, mit ihrem Bruder zu sprechen. Zwei Tage später stand er in Zivil – für mich völlig ungewohnt – vor meinem Büro, um mich vom Dienst abzuholen. Unter die Augen meiner Kinder traute er sich wohl nicht mehr. So musste unsere Aussprache, in der ich ihm meine Situation schilderte, leider in einem Lokal stattfinden.

Was auch immer ich mir von dem Gespräch mit ihm noch erhofft hatte, es erfüllte sich nicht. Alles, was ihm zu meiner Schwangerschaft einfiel, war, mir Geld anzubieten, damit ich in den Niederlanden einen Schwangerschaftsabbruch vornehmen lassen könne.

Angewidert lehnte ich ab. So maßlos enttäuscht und verzweifelt ich auch war, dieses Gespräch öffnete mir wenigstens die Augen. Alles, was ich für ehrliche Zuneigung gehalten hatte, war nichts als scheinheiliges Getue gewesen. Die unschuldige Frage meiner Tochter hatte gereicht, um ihn in die Flucht zu schlagen, denn dieser Mensch hatte nie vorgehabt, mich zu heiraten. Nur mit Mühe meine Tränen der Wut und der Traurigkeit unterdrückend verließ ich ihn an diesem Abend. Wir sahen uns nie mehr wieder.

Für Selbstvorwürfe und Selbstmitleid blieb mir keine Zeit. Ich musste versuchen, das Problem, in das ich mich leichtsinnigerweise hineinmanövriert hatte, auf meine Weise zu lösen. Ein weiteres Kind? In meinem unverheirateten Zustand? Unmöglich. Gar nicht auszudenken in der damaligen Zeit. Allein schon, wie würde ich vor meiner Schwiegermutter dastehen? Ihr Sohn lag noch kein halbes Jahr unter der Erde, und ich war schon wieder schwanger!

Jetzt stürzten aber auch wieder die gesundheitlichen Bedenken voll auf mich ein. Ja, mit einem geliebten und fürsorglichen Ehemann an meiner Seite wäre ich das Risiko wahrscheinlich eingegangen und hätte darauf vertraut, dass es schon nicht so schlimm kommen werde, wie mir das der Arzt nach Jasmins Geburt prophezeit hatte. Aber so, völlig auf mich allein gestellt? Es ging ja außerdem nicht nur um mich. Panik ergriff mich, wenn ich mir vorstellte, dass meine Kinder zu Waisen werden könnten. Ich entschloss mich deshalb zu einem Schwangerschaftsabbruch, und zwar nicht in Holland, wie es Walter vorgeschlagen hatte. Ich wollte den Abbruch ganz legal durchführen und die ganze bürokratische Prozedur, die damit verbunden war, über mich ergehen lassen.

Was eine Frau in einer solchen Situation mitmacht – es soll manche bis zum Selbstmord getrieben haben –, kann ein Außenstehender überhaupt nicht ermessen. Für mich war es wie ein Spießrutenlauf, alleine schon, weil ich mich so schämte, allen möglichen Leuten davon erzählen zu müssen, wie es zu der Schwangerschaft gekommen war.

Zu meinem Gynäkologen konnte ich leider nicht mehr, weil der aus Altersgründen nicht mehr praktizierte. Aber auch zu meinem Hausarzt hatte ich volles Vertrauen, und so war er der erste Mensch, dem ich meine bedrückende Lage in allen Einzelheiten schilderte. Von ihm bekam ich die Überweisung zu einem Studienfreund, der erst seit Kurzem als Gynäkologe praktizierte, aber sehr tüchtig sein solle. Diesem sympathischen, sehr verständnisvollen Arzt, erzählte ich nun ein weiteres Mal haarklein meine Situation. Nach eingehender Untersuchung befürwortete er – und nur darauf kam es an – den schnellstmöglichen Eingriff. Natürlich konnte er diese Entscheidung aber nicht allein treffen. Deshalb überwies er mich an einen Kollegen. Der zweite Gynäkologe, wo ich meine Geschichte nun zum dritten Mal erzählte, befürwortete den Abbruch ebenfalls. Von ihm erhielt ich noch eine weitere Überweisung, diesmal zu einem Psychiater. Als ich dort das Sprechzimmer betrat, sank mir der Mut. Dieser Mediziner entpuppte sich nämlich als eine alte Psychiaterin. Die, befürchtete ich, würde wohl wenig Verständnis aufbringen für eine junge Frau mit solch komplizierten Familienverhältnissen. Dennoch hielt ich meinen Vortrag zum vierten Mal, und die Entscheidung über Leben und Tod lag nun einzig und allein in den Händen dieser alten Dame. Nach einer sehr langen Sitzung und unzähligen Fragen stellte sie schließlich fest, dass ich wohl stark selbstmordgefährdet sei und schickte mich mit sämtlichen Papieren an das Gesundheitsamt.

Der Amtsarzt hörte sich meine Tragödie auch noch einmal an, obwohl die Zeit doch drängte! Zwischen allen diesen Terminen war wertvolle Zeit verstrichen, was von Seiten der Gesetzgeber wohl auch beabsichtigt war. Denn straffrei konnte ein Schwangerschaftsabbruch von vornherein nur sein, wenn er innerhalb von zwölf Wochen nach der Empfängnis vorgenommen wurde, und wenn man so oft von Pontius zu Pilatus geschickt wird, ist diese Zeit ruckzuck vorbei.

Nachdem ich zum fünften Mal meine Beichte abgelegt hatte, bekam ich von Amts wegen – endlich! – die Erlaubnis zum offiziellen Schwangerschaftsabbruch auf Kosten der Krankenkasse. Bevor diese jedoch ihre Zusage gab, musste ich meinen Bericht ein sechstes Mal vortragen.

Jetzt galt es, so schnell wie möglich ein Krankenhaus zu finden, in dem für mich ein Bett zur Verfügung stand. In Wiesbaden gab es allerdings nur ein einziges Haus, das für diesen Eingriff infrage kam, ein Gebäude, das noch aus dem Dritten Reich bekannt war als damalige Stätte des Lebensborn. Es nahm keineswegs nur Abtreibungen vor, stand aber im Ruf eines sogenannten Abtreibungskrankenhauses. Kam ich dort nun auf die Warteliste, wäre alle Mühe und Erniedrigung umsonst gewesen, denn die Zwölf-Wochen-Frist war so gut wie abgelaufen.

Wie ein Albtraum tauchte vor meinem geistigen Auge ein ähnlich geartetes Erlebnis auf, das meine Zwillingsschwester einige Jahre zuvor gehabt hatte. Für sie, die schwer Zuckerkranke, wäre es vernünftiger gewesen, ganz auf leibliche Kinder zu verzichten, und bei den modernen Verhütungsmitteln, die zur Verfügung standen, wäre das sicher auch kein Problem gewesen. Nicht nur unsere Mutter hatte sie eindringlich vor einer Schwangerschaft gewarnt, auch unsere »große« Schwester und ich, sowie mehrere Verwandte und selbst ihr Arzt hatten ihr eindringlich davon abgeraten. Sie verzichtete jedoch auf jegliches Verhütungsmittel und wurde zwei Jahre nach ihrer Hochzeit schwanger. Und was war das dann für eine Schwangerschaft! Dauernd ging es auf Leben und Tod. Aber sie stand sie bis zum Ende durch und brachte einen Sohn zur Welt, der ihr ganzer Stolz war. Allerdings war er ein mickriges Kerlchen und verdankte es nur der Kunst der Ärzte, dass er am Leben blieb. Er hatte dann auch nicht nur sein ganzes Leben lang unter gesundheitlichen Problemen zu leiden, sondern war auch verhaltensauffällig. Letzteres mag allerdings zum Teil der Affenliebe meiner Schwester zuzuschreiben sein, die ihn vergötterte und verhätschelte und nach Strich und Faden verwöhnte.

Einige Jahre nach der Geburt ihres Sohnes ließ es Gretl noch einmal darauf ankommen und wurde erneut schwanger. Aber bereits im zweiten Monat stellten sich dadurch bei ihr so massive gesundheitliche Beeinträchtigungen ein – ihr Zucker schnellte in die Höhe, und ihre Nieren drohten zu versagen –, dass sie einsah, diese Schwangerschaft könne sowohl für sie als auch für das Ungeborene lebensgefährlich werden. Sie sprach darüber mit ihrem Frauenarzt, der einen Abbruch dringend befürwortete. Anschließend absolvierte sie denselben Hindernislauf den ich gerade selbst hinter mir hatte. Jeder unterschrieb ihr, dass man ihr das Austragen des Kindes nicht zumuten könne. Endlich hatte sie die Genehmigung zu einer legalen Abtreibung in Händen und benötigte nur noch einen Platz in einer entsprechenden Klinik. Bis sie diesen jedoch bekam, war sie bereits im vierten Monat, und damit war der Zug abgefahren. Gretl blieb also nichts anderes übrig, als dieses Kind auszutragen.

Was sie in diesen Monaten alles mitmachte, war die reinste Tortur. Die meiste Zeit davon verbrachte sie im Krankenhaus, stets zwischen Leben und Tod schwebend. Dann endlich nahte – wie eine Erlösung – der Tag der Entbindung. Auch diese wieder eine schier endlose Quälerei. Und was war das Ende vom Lied? Das kleine Mädchen starb kurz nach seiner Geburt. Für die Kleine war das bestimmt besser so, denn sie war mehrfach geschädigt zur Welt gekommen. Diese Erkenntnis war es, die meine Schwester letztlich über den Verlust hinwegtröstete, aber sie brauchte sehr lange, um sich von den Strapazen, die Schwangerschaft und Entbindung mit sich gebracht hatten, zu erholen.

Ich hatte mehr Glück als Gretl. Nachdem sich als Siebter und Letzter auch der Oberarzt dieses »berüchtigten« Krankenhauses meine Geschichte angehört hatte, bekam ich doch tatsächlich einen Operationstermin und – man glaubt es kaum – sogar ein Bett.

Kein Außenstehender kann ermessen, wie viel Überwindung und Kraft mich dieser Schritt gekostet hatte. Es ist sicherlich viel einfacher, nichts zu unternehmen, alles laufen zu lassen und abzuwarten, was draus wird. Meine Kinder sollten jedoch auf keinen Fall etwas von meiner Schwangerschaft erfahren, ebenso wenig wie meine Schwiegermutter, vor der ich mich schrecklich schämte. In der Firma durfte es auch keiner wissen. Man hätte mich sicherlich nicht verstanden, möglicherweise sogar verurteilt. Immer wieder dachte ich: Warum muss ich die ganze Verantwortung alleine tragen? Warum muss ich das alles allein auskämpfen? Dazu gehören doch eigentlich zwei. Unter solchen Seelenqualen und Zweifeln, und unter der Angst vor der Schande, falls doch jemand davon erfahren würde, war ich in dieser Lebenslage der einsamste Mensch, den man sich denken kann.

Noch hätte ich aus der Klinik weglaufen können. Aber wohin? Außerdem war das Flüchten vor Problemen für mich keine Lösung. Es hätte auch nicht zu meiner Erziehung und Grundeinstellung gepasst: Was man sich selber einbrockt, muss man auch selber auslöffeln, war mir von klein auf eingetrichtert worden. Das Leben ist nun einmal kein Oktoberfest, sagte ich mir also selbst immer wieder.

Damit ich nicht noch einmal in eine solche Situation geraten könne, hatte mir mein Hausarzt empfohlen, auch gleich eine Sterilisation vonehmen zu lassen, die noch vor dem Abbruch durchgeführt werden sollte. Dieser Eingriff war für sich genommen auch gar nicht schlimm, nur das, was davor und danach geschah. Das alte Krankenhaus wurde seinem schlechten Ruf nämlich voll und ganz gerecht. Frauen in meiner Situation wurden dort nicht nur schief angesehen, sondern auch entsprechend behandelt. Abenteuerlich war schon der Weg zum Operationssaal, denn der befand sich in einem anderen Gebäude: Nachdem man mich auf einer Trage festgeschnallt hatte, balancierte man mich vom dritten Stock über eine Wendeltreppe hinunter ins Erdgeschoss. Von dort ging es in Richtung des anderen Gebäudes, dabei wurde ich – es war Ende Februar – bei Schnee und eisiger Kälte über den nicht überdachten Hof getragen. Auf dieselbe Weise ging es nachher auch wieder zurück.

Weil man mir eine Vollnarkose verpasst hatte, bekam ich nichts davon mit, dass der Arzt eine Sonde durch den Nabel in den Bauchraum führte und diesen voll Luft pumpte. Nachher aber, als ich wieder auf meinem Zimmer lag und die Wirkung der Narkose nachließ, verursachte mir diese Luft wahnsinnige Schmerzen. Ich hatte das Gefühl, als hätte man mich die Treppe hinunterfallen lassen und mein ganzer Körper wäre mit blauen Flecken übersät. Das war schlimmer als der ganze Schwangerschaftsabbruch, der drei Tage später vorgenommen wurde, nachdem die Schmerzen, die von der Sterilisation herrührten, abgeklungen waren. Abermals schaffte man mich auf abenteuerliche Weise die Wendeltreppe hinunter. Wieder ging es über den eisigen Hof. Diesmal in einen anderen OP, wieder Vollnarkose, wieder zurück.

Über die Qualifikation des Ärzteteams kann ich nichts Negatives sagen; es gab jedenfalls keine Komplikationen. Allerdings ließ das Personal einen spüren, dass man zum Abschaum unserer menschlichen Gesellschaft abgestempelt war. Dank einer älteren Dame, die im selben Raum lag und mich immer wieder aufbaute, wenn meine Seelenqualen unerträglich wurden, überstand ich auch diesen Aufenthalt. Allerdings ist in diesen Tagen viel in mir zerbrochen. Das war zum einen der Glaube an Gott, der schon einen starken Riss bekommen hatte, nachdem er mir nach so kurzer Ehe den Mann gestohlen hatte. Zum anderen war es das Vertrauen zu sogenannten Freunden, siehe Walter! und dann aber auch die Achtung vor mir selbst. Nach diesem Eingriff fühlte ich mich wie der letzte Dreck: Ich war neben allem anderen jetzt nach der Sterilisation auch keine vollwertige Frau mehr, deren Erfüllung doch in der Empfängnis liegt.

Es gab absolut niemanden, mit dem ich darüber hätte reden können, also musste ich das alles ganz allein mit mir ausmachen. Als nach einigen Tagen wenigstens die körperlichen Kräfte wieder zurückkehrten, suchte ich nach einem neuen Lebenssinn und fand ihn darin, dass ich mich bemühte, meinen Kindern eine gute Mutter zu sein und in meinem Beruf mein Bestes zu geben.

Finanziell kamen wir dennoch kaum über die Runden. Ich ging oft hungrig zu Bett, damit die Kinder wenigstens satt wurden. Ich gebe zu, dass ich auch ab und zu beim Supermarkt Lebensmittel an der Kasse vorbeimanövrierte. Mein Gewissen beruhigte ich mit der Ausrede, das sei Mundraub, aber dass dies kein Dauerzustand sein konnte, war mir schon klar. Wie dankbar war ich daher, als mir alte Freunde einen zusätzlichen Job anboten. Da mir das Wasser Unterlippe Oberkante stand, griff ich mit beiden Händen zu. Es handelte sich dabei um einen Wochenendjob in einem großen Ausflugslokal mit riesigem Kinderpark.

Meine Kinder und ich wurden vom Chef des Unternehmens, einem Freund der Familie noch aus den goldenen Tagen, morgens abgeholt und am Abend wieder zurückgebracht. Bei einem Stundenlohn von fünf Mark, Essen und Trinken für uns alle drei gratis, habe ich doch immerhin jedes Wochenende einen Hundertmarkschein zusätzlich verdient.

Während der sechswöchigen Sommerferien wurde mein Jahresurlaub zum Full-Time-Job. Dieses Geld half uns über das Schlimmste hinweg. Allerdings ging ich mit dieser Nebenbeschäftigung ein großes Risiko ein. Meine Firma war darüber nicht informiert, denn eine zusätzliche Tätigkeit war in meinem Arbeitsvertrag untersagt. Meine Kinder, die sich in dem großen Freizeitpark sehr wohl fühlten und gut aufgehoben waren, mussten also die Augen offen halten, um mich sofort zu warnen, falls mein Arbeitgeber – schließlich hatte er ebenfalls Kinder – mal mit Familie auftauchen würde. Zum Glück kam er nie!

Von meiner übergroßen Arbeitsbelastung war ich allerdings bald völlig ausgelaugt. Da ich zusätzlich ja auch vom Leben, von der Gesellschaft und von mir selbst maßlos enttäuscht war, hatte ich auch kein besonderes Bedürfnis nach Gesellschaft. Wenn es nicht um der Kinder willen war, suchte ich deshalb in meiner wenigen Freizeit keine Geselligkeit, sondern zog ich mich lieber ganz zurück.

Der Witwentröster und andere Katastrophen

Der Faschingszug war so ein Fall, den ich wegen meiner Kinder nicht auslassen konnte. Das heißt: wegen Peter, denn meine Tochter war ja, wie immer im Reitstall. Ein wenig weckten die tollen Tage auch meine Lebensgeister. Die letzten Wagen des Zuges waren gerade um die Ecke verschwunden, als ich vorschlug, unser ehemaliges Lokal zu besuchen, in dem ich einmal stolze Wirtin gewesen war. Ich wollte es gerne einmal wiedersehen, weil es mich an die wunderschönen Zeiten mit Hans-Jörg erinnerte.

Aber ich kam nicht dazu, mich ausgerechnet an Fasching in melancholische Erinnerungen zu vergraben, denn wir waren noch nicht lange gesessen, als auf einmal ein Mann in Marineuniform zu uns an den Tisch trat und höflich fragte, ob er sich dazusetzen dürfe. Davor war er ganz allein an einem Tisch gesessen, hatte still an seinem Bier getrunken und ab und zu mit der Wirtin getanzt.

»Ihr Sohn – er ist doch wohl Ihr Sohn? – erinnert mich lebhaft an meinen eigenen Jungen«, eröffnete er das Gespräch. »Die beiden mögen etwa im gleichen Alter sein«, fuhr er fort. Dabei seufzte er abgrundtief. »Ich vermisse ihn sehr.«

Er lebe in Scheidung, erzählte er weiter, und seine Kinder – er hatte auch noch eine Tochter in Jasmins Alter – seien bei seiner Frau. Er selbst befinde sich gerade für vierzehn Tage in Wiesbaden zu einem Lehrgang. Ob wir uns nicht in den nächsten Tagen wiedersehen könnten? Dann solle ich auch meine Tochter mitbringen, denn seine Tochter vermisse er ebenfalls sehr.

So suchte und fand er bei uns Anschluss, und über die Kinder kamen wir uns näher. Jasmin allerdings folgte dem erbetenen Rendezvous nur widerwillig, musste sie deshalb doch auf einen Besuch im Pferdestall verzichten. Aber dann war sie doch von dem gutaussehenden, großen Mann in Uniform angetan. Auch mein eigener Hang zum Militär, das merkte ich deutlich, hatte sich noch immer nicht gelegt.

Holger Weis, wie sich der Mann vorgestellt hatte, kam aus dem Würzburger Raum und stand seit zwölf Jahren im Dienst der Marine. Dieses Seminar in Wiesbaden besuche er im Rahmen einer Berufsumschulung, da er bald wieder ins zivile Leben zurückkehren werde, erklärte er. Er war eine sportliche, angenehme Erscheinung und liebenswert. Und er entpuppte sich bald auch als idealer Liebhaber. Als sein Lehrgang beendet war, tauchte er dennoch regelmäßig alle paar Wochen bei uns auf, und wir verbrachten die schönsten Wochenenden miteinander. Die Kinder freuten sich fast genauso wie ich auf seine Besuche.

Eine genaue Adresse hatte er mir nicht gegeben, und aus irgendeinem Grund hatte ich auch nie danach gefragt. So traf es mich völlig unvorbereitet, als er eines Tages unerwartet, da unangemeldet, in meinem Büro stand und mir die Frage stellte: »Was hieltest du davon, wenn ich mich scheiden lasse, damit wir heiraten können?«

»Ich denke, du lebst schon in Scheidung?«, fragte ich, als ich mich von dem ersten Schreck wieder erholt hatte.

Er druckste ein wenig herum, dann ließ er die Katze aus dem Sack. »Ich lebe in Wirklichkeit gar nicht in Scheidung.«

»Ach, wirklich? Und wieso hast du da überhaupt mit mir angebandelt?«, fauchte ich ihn an.

»Nun ja, ich dachte, da du verwitwet bist, würde dir ein bisschen Trost gut tun.«

»Also, das ist das doch Letzte!« Ich war außer mir vor Empörung. »Dass damit ab heute mit deinen Besuchen bei uns Schluss sein muss, ist dir wohl klar?«

»Klar, wenn wir heiraten, leb ich ja ständig bei euch.«

Über so viel Unverfrorenheit musste ich trotz meines Zorns lachen. »Das kannst du dir aus dem Kopf schlagen! Ich heirate dich nicht. Ich nehme doch einer anderen Frau nicht den Mann weg.«

»Auch gut«, war sein Kommentar, »dann kann ja alles so weiterlaufen wie bisher. Ihr bleibt halt meine Zweitfamilie.«

Unwillig schüttelte ich den Kopf. »Nicht mit mir! Ich bin für klare Verhältnisse.«

»Den Eindruck hatte ich auch. Deshalb will ich mich ja scheiden lassen und dich heiraten, zumal meine Frau krank ist.«

Für einige Sekunden verschlug es mir die Sprache, aber dann brachen die Worte wie ein Wasserfall aus mir heraus. »Das wird ja immer schöner! Weil deine Frau krank ist, willst du sie einfach gegen eine andere austauschen? Hast du denn überhaupt kein Schamgefühl im Leib? Aber nicht mit mir! Geh du nur zu deiner Frau zurück! Wenn sie krank ist, braucht sie dich. Deine Kinder brauchen dich auch, und wenn ihre Mutter krank ist, sogar ganz besonders. Sie benötigen ja nicht nur deine Zuwendung, sie müssen auch von jemandem versorgt werden. Ich dagegen bin gesund. Ich habe eine Arbeit, die mich ernährt und werde mich mit meinen Kindern schon selbst durchbringen.«

An den letzten Sätzen merkt man, dass ich mich auch selbst ein bisschen überzeugen musste. Mich von Holger zu trennen, kostete mich nämlich enorm viel Überwindung. Aber mein gesunder Menschenverstand sagte mir, dass ich keine glückliche Ehe führen konnte, wenn sie auf dem Unglück einer anderen Frau aufgebaut war. Und war mit einem Mann, der so einfach bereit war, seine Frau und seine Kinder gegen eine neue Familie auszutauschen, denn überhaupt eine glückliche Ehe möglich? In ein paar Jahren konnten es wir sein, die er wegwarf wie einen alten Schuh, falls er dann eine Familie gefunden hatte, die ihm noch besser gefiel.

Ich war mit Holger glücklich gewesen, deshalb war es trotzdem nicht einfach, diesen Schlussstrich zu ziehen, und bei diesem Gespräch mit ihm, das finde ich bis heute, bin ich über mich selbst hinausgewachsen.

Nach diesem erneuten Negativ-Erlebnis hatte ich wieder mal für längere Zeit von den Männern die Nase voll, konzentrierte ich mich darauf, in meinem Beruf etwas zu leisten, und richtete mein Hauptaugenmerk vor allem auf meine Kinder. Mir war es wichtig, sie zu tüchtigen, selbstbewussten Menschen zu erziehen, ihnen das Gefühl der Geborgenheit zu geben und ihnen zu zeigen, dass ich sie liebte. In den Jahren 1978 und 1979 wurden sie in der Marktkirche in feierlichem Rahmen konfirmiert, und zu Hause richtete ich jedes Mal ein schönes Fest aus, zu dem ich die nächsten Verwandten einlud. Die Stiefoma Giebel kam, die Stiefgeschwister Udo und Anita, also die Kinder meines verstorbenen Ehemannes Giebel. Auch meine Freundin Hilde Sauer kam mit Ehemann und Tochter. Wer aber wieder mal mit Abwesenheit glänzte, waren meine beiden Schwestern mit Familie.

Immer wieder hatte ich mich dazu hinreißen lassen, sie einzuladen, wenn bei mir gefeiert wurde. Standen bei ihnen Feiern ins Haus, schickte ich zumindest Glückwunschbriefe, wenn ich schon nicht eingeladen war. Ich dachte, wenigstens bei Familienfeiern sollte man doch zusammen sein als Geschwister, gerade dann, wenn die Eltern nicht mehr lebten. Sie sahen das aber offensichtlich anders. Anscheinend hielten sie mich für das schwarze Schaf der Familie, mit dem man den Umgang tunlichst meiden sollte. Vielleicht hatten sie auch Angst, ich könne etwas von ihnen wollen. Denn dass es uns finanziell nicht gerade rosig ging, werden sie wohl mitbekommen haben.

Nach Jasmins Konfirmation dachte ich: Nun sind sie beide konfirmiert, nun haben sie sich genug Wissen über ihren Glauben angeeignet, nun sollen sie selbst entscheiden, was sie wollen und wie sich ihr Weg weiter gestalten soll. Nun muss ich nicht mehr Mitglied der Kirche sein. Wie bereits erwähnt, war mein Glaube an Gott schon längst in die Brüche gegangen. Wozu sollte ich also weiter Kirchensteuer zahlen für etwas, an das ich nicht mehr glaubte, und für eine Kirche, von der ich kleinen Gebrauch mehr machte? Das gesparte Geld konnte ich anderweitig besser verwenden.

Also trat ich aus der Kirche aus. Dieser Schritt fiel mir sehr leicht. Wahrscheinlich, weil ich nie einen richtigen, tiefen, unerschütterlichen Glauben gehabt hatte. Das mag seine Ursache darin haben, dass die Wurzeln dazu nicht in meiner frühen Kindheit gelegt worden sind. In meinen vier letzten Volksschuljahren hatte ich zwar eine Menge über Gott gelernt, was mich auch sehr interessiert hatte. Aber der Glaube war nicht in mir gewachsen, er war mir im Alter von zehn Jahren nur aufgepfropft worden. Ich hatte auch genau mitbekommen, dass wir nur aus äußerlichen Gründen Mitglieder der Kirche geworden waren. Meiner Mutter war es doch nur darum gegangen, dazuzugehören, um nicht scheel angesehen zu werden und um ihre Nähkundschaft nicht zu verlieren. In der Kleinstadt wären wir ohne eine Kirchenzugehörigkeit stets nur Außenseiter geblieben. Nun, in der Großstadt bestand diese Gefahr nicht, und damit bestand auch keine Notwendigkeit, Mitglied einer Kirche zu sein. Da wusste eh keiner etwas vom anderen. Da suchte man sich sowieso die Leute aus, die zu einem passten.

So groß meine erneute Enttäuschung, was Männer anbetraf, gewesen war, nach einiger Zeit schaute ich mich doch wieder mit offenen Augen um, denn mit meinen zweiundvierzig Jarhen fühlte ich mich zu jung, um bis ans Ende meiner Tage allein durchs Leben zu stolpern. Aber weit und breit war keiner zu erblicken, der auch nur in etwa für mich infrage gekommen wäre. So beschritt ich einen Weg, den schon viele vor mir mit Erfolg gegangen sind: Ich annoncierte im »Wiesbadener Kurier« unter Bekanntschaften. Die Antworten sagten mir aber alle nicht zu. Erst nach zwei Wochen erreichte mich noch ein verspäteter Brief, mit dem ich absolut nicht mehr gerechnet hatte, und der gefiel mir viel besser als die vorherigen.

Da eine Telefonnummer angegeben war, rief ich umgehend an. Es meldete sich ein Mann mit einer sympathischen, dunklen Stimme. Mit »Franz Koch« stellte er sich vor. Wir verabredeten noch für denselben Abend ein Rendezvous. Vermutlich erging es ihm genauso wie mir: Wir waren beide sehr neugierig und aufeinander gespannt, als er mich bat – weil er kein Auto besitze – ihn doch zu Hause abzuholen. Also fuhr ich ins Villenviertel, wo ich dann im Vorgarten eines schicken Hauses einem umwerfenden Mann gegenüberstand, der geradezu einem Hollywood-Film hätte entstiegen sein können: 1,92 Meter groß, braun gebrannt, schlank, dunkelhaarig und alles in allem eine tolle Erscheinung, mit bayerischem Dialekt und Dackel an der Leine.

Wie sich herausstellte, hatte er tatsächlich mit der Filmerei zu tun, aber nicht als Schauspieler, sondern als Kameramann. Als Enkel des nicht ganz unbekannten Kameramannes Koch, der nach dem Krieg in den Münchener Filmstudios Geiselgasteig dem Film zu neuem Aufstieg verholfen hatte, war er in dessen Fußstapfen getreten. Wenn man seinen Erzählungen glauben durfte, war er selbst ebenfalls auf diesem Gebiet begabt und erfolgreich gewesen. Ebenso wie ich war er in München geboren. Also hatten wir gleich eine gemeinsame Basis.

An diesem Mann stimmte einfach alles, jedenfalls dachte ich das damals. Von der angenehmsten Seite präsentiert sich ja jeder, der mit einer Frau anbandeln will, aber er machte das mit wirklichem schauspielerischen Talent. Seine dunkle Seite, die ich später noch kennenlernen sollte, traf mich deshalb ganz unvorbereitet. Es gelang ihm recht schnell, mich – beziehungsweise: uns alle – für sich zu gewinnen. Mit trauriger Miene erklärte er, leider habe er nie das Glück gehabt, eigene Kinder zu haben, und er zeigte sich begeistert von meinen zwei Kindern. Besonders Jasmin hatte es ihm angetan, denn sein größter Wunsch sei es immer gewesen, eine Tochter zu haben.

Zu meiner Ehrenrettung muss ich sagen, dass ich bei all meiner Begeisterung für diesen Mann gebranntes Kind genug war, um mir nicht ganz sicher zu sein, ob ich seinen Worten trauen konnte. Mir ging das alles viel zu schnell und zu glatt. So musste sogar Jasmins kleiner Hund als Testobjekt herhalten. Man sagt ja, dass Hunde einen besonderen Instinkt für den Charakter eines Menschen haben. Aber auch dieser Test fiel zu Gunsten des sympathischen Mannes aus.

Die Kinder fanden ihn nett, der Hund fand ihn nett, nun, und ich ebenfalls. Einer näheren Beziehung stand damit eigentlich nichts mehr im Wege. Dass er noch verheiratet war und seit einem Jahr getrennt von seiner zweiten Frau lebte, war für mich kein Hinderungsgrund, allerdings rief ich bei ihr an, um mich zu vergewissern, dass ich nicht schon wieder auf einen Witwentröster hereingefallen war. Verwunderlich war eigentlich nur, dass er im Alter von vierundvierzig Jahren nicht mehr im Berufsleben stand. Dafür hatte er jedoch eine plausible Erklärung: Schon vor einigen Jahren habe er einen schweren Betriebsunfall bei Dreharbeiten in Afrika gehabt. Es sei um einen Film über Heuschrecken gegangen. Da sei er rückwärts mitsamt der Kamera aus einem Kahn gestürzt. Die schwere Rückgratverletzung, die er sich dabei zugezogen habe, habe ihn zum Frührentner gemacht.

Franz hatte uns also im Sturm erobert und versah, nachdem er bei uns eingezogen war, den Haushalt, kümmerte sich um die Kinder sowie die Hunde und holte mich täglich vom Büro ab, um mich beim Einkaufen zu unterstützen. Eigentlich war alles harmonisch und wunderschön. Das Hoch, auf das ich wieder mal lange gewartet hatte, schien endlich eingetroffen zu sein. Wir machten sogar Urlaubspläne, wenn auch – in Anbetracht unseres Budgets – sehr bescheidene. Finanziell war ich aber niemals verwöhnt worden. So fand ich es ganz in Ordnung, dass er, als er bei uns einzog, nur seine Rente einbrachte. Ich erfuhr nicht einmal, wie hoch sie war, denn der Betrag, mit dem er sich an unseren Ausgaben beteiligte, war ausreichend, und dass jemand, der schon in seinem Alter Frührentner war, keine hohe Rente haben konnte, schien mir sonnenklar.

Überraschend erreichte mich in jener Zeit ein Anruf von meiner Zwillingsschwester, der erste seit dem Tode unserer Mutter. Ich wagte zunächst nicht, mehr als nur verhaltene Freude zu zeigen, da ich ja nicht

wusste, ob ich damit, so wie damals, in irgendein Fett-
näpfchen tappen würde. Sie aber wirkte ganz munter
und fragte mich gleich: »Wollt ihr nicht mit uns am
Gardasee Urlaub machen?« Ihr Mann und sie wollten
mit dem Wohnmobil dort auf den Campingplatz,
erzählte sie. Sie machten nämlich jedes Jahr drei
Wochen Urlaub mit ihrem Wohnmobil. Für uns könnten sie einen Bungalow auf dem Campinggelände mie-
ten.

Das war ja mal ein ganz neuer Ton! Begeistert sagte
ich zu, für Franz, für Jasmin und mich. Peter war
gerade mit den Pfadfindern auf großer Fahrt.

Franz brachte seinen Dackel zu seiner Ex-Frau, Jasmins Pudelchen nahmen wir aber mit nach München,
wo ich Franz meiner Zwillingsschwester vorstellte, die
mit ihren 1,53 Metern glaubte, einen Riesen vor sich
zu haben. Überraschenderweise waren sich die beiden
aber auf Anhieb sympathisch. Mein Schwager
Edmund, ebenfalls ein Urbayer, verstand sich auch
großartig mit Franz. Nach einer Übernachtung im
Haus meiner Schwester fuhren wir am nächsten Morgen gemeinsam los, wir mit unserem kleinen Polo vor-
neweg, mein Schwager zockelte mit Gretl und Sohn
Edi sowie dem Hund im Wohnmobil hinterher.

Mein Gott, was hatten wir uns auf diesen Urlaub
gefreut! Für meine Tochter waren es die ersten Ferien,
die sie außerhalb des Gartens von Oma verbringen
durfte. Als ich den »Bungalow« erblickte, traf mich
aber fast der Schlag. Das war ja nur eine bessere Hundehütte! Unser Pudel fühlte sich dort prompt auch
gleich pudelwohl, ganz im Gegensatz zu mir. Im
Schlafzimmer gab es ein Etagenbett, achtzig Zentimeter

breit, einen Nachttisch und einen Stuhl, aber keinen Schrank. Also mussten wir buchstäblich aus dem Koffer leben. Für Jasmin, mittlerweile dreizehn, gab es im sogenannten Wohnzimmer zum Schlafen eine Couch. Die Küche war ebenfalls äußerst spärlich ausgestattet. Der einzige Luxus war ein zweiflammiger Propangaskocher. Sanitäre Anlagen gab es in unserem Gebäude auch nicht. Wenn man sich waschen oder seine Notdurft verrichten wollte, musste man die öffentlichen Anlagen des Campingplatzes benutzen, die erstens ziemlich weit weg lagen und sich zweitens in keinem sehr hygienischen Zustand befanden.

Nachdem ich meinen ersten Schreck überwunden und alles besichtigt hatte, entschied ich mich, es mit Humor zu nehmen, und hielt mir den Bauch vor Lachen. Darüber hat sich Gretl mächtig geärgert, weil sie alles toll fand. Sicher, verglichen mit dem Wohnmobil lebten wir ja fast schon in einem Palast.

»Tut mir leid, Gretl«, entschuldigte ich mich. »Es ist nicht bös gemeint. Aber unter Bungalow hatte ich mir halt ein bisschen mehr Komfort vorgestellt.«

Nun ja, dachte ich, mit ein bisschen gutem Willen, man hielt sich ja den ganzen Tag am Strand auf, würde man das schon drei Wochen aushalten. Dann kam die Nacht. Vor Krach und Hitze und Staub, der durch die offenen Fenster hereinwehte, war an Schlafen kaum zu denken. Aber Franz schien die Ruhe in Person. Er machte zu allem eine gute Miene und meine Tochter auch, und das war mir wichtig. Sie genoss es auch, mit ihrem Cousin Edi, der zwei Jahre jünger war als sie, und den beiden Hunden am Strand herumzutollen. Da ich mich trotz allem so richtig erholen wollte, legte ich mich auf eine Luftmatratze unter einen Sonnenschirm und vertiefte mich in ein Buch.

Eine Fahrt nach Verona zu einer Aufführung von »La Traviata« entschädigte mich dann weitgehend für die Enttäuschung über den »Bungalow«, und so hätte ich es dort sicherlich drei Wochen aushalten können, wäre nicht nach einigen Tagen bei mir am ganzen Körper ein Ausschlag aufgetreten, der fürchterlich juckte. Mir blieb nichts anderes übrig, als einen Arzt aufzusuchen. Zum Glück sprach er so viel Deutsch, dass wir uns verständigen konnten. Eine Sonnen-Staub-Allergie sei das, war seine Diagnose. Dagegen verschrieb er mir ein Medikament und eine spezielle Seife. Ersteres musste ich einnehmen, mit Letzterem musste ich mich jeden Tag unter der Dusche abwaschen. Da aber trotz eifrigen Waschens und Schluckens nach drei Tagen keine Besserung eintrat, riet mir der Arzt zur sofortigen Abreise. Er meinte, meine Haut vertrage die Kombination von Sonne und Staub nicht, und schrieb mir anstandslos ein Attest – natürlich auf Italienisch – zur Vorlage beim Platzwart. Daraufhin wurde mir der Mietpreis für die beiden letzten Wochen zurückerstattet. Eilig packte ich unsere Siebensachen zusammen, und wir verließen fluchtartig den Gardasee.

Nonstop ging es zurück nach München, wo Franz uns seinen Eltern vorstellte. Der Empfang war aber alles andere als herzlich, mit eisig wäre er eher zu beschreiben. Schnell merkte ich, dass das nicht nur gegen mich und meine Tochter ging, sondern auch gegen ihren Sohn, ohne dass ich gleich eine Erklärng dafür hatte. Erst allmählich kam ich hinter das Geheimnis. Sie konnten es ihm nicht verzeihen, dass er seine erste Frau, eine bekannte Filmschauspielerin, die immer das Aushängeschild der Familie gewesen war, hatte laufen lassen. Noch immer zierten ihre Fotos die Wohnung der Familie Koch. Da ich es in dieser frostigen Atmosphäre nicht lange aushielt, drängte ich nach einer knappen Stunde schon auf die Abreise. Wir kamen jedoch nicht weit. Noch innerhalb Münchens hielt Franz plötzlich an und strebte mit uns zum nächsten Wirtshaus. Dass wir Urlaub hatten und die Freude über das Glück, dass wir uns gefunden hatten, waren für ihn Grund genug, eine Maß Bier zu heben – schließlich war man ja in München – und in einem Zug hinunterzukippen Daran wäre auch nichts auszusetzen gewesen, doch es blieb nicht bei der einen Maß, und auch nicht bei zweien oder dreien: Einmal auf den Geschmack gekommen, hörte mein lieber Franz gar nicht mehr auf zu trinken. Er veränderte sich dabei so sehr, dass mir angst und bange wurde und ungute Erinnerungen an Jimmy in mir erwachten. Aber anders als Jimmy wurde Franz richtig unangenehm im Umgang, und so drängte ich auf baldige Weiterfahrt.

Wir fuhren, genauer gesagt, ich fuhr die ganze Strecke zurück nach Wiesbaden, und mir war gar nicht mehr wohl bei der Sache. Zu Hause angekommen und einigermaßen ausgenüchtert, bemerkte Franz das auch, ohne dass ich ihm Vorhaltungen machte. Er zeigte sich zerknirscht über sein Verhalten in München und versuchte mich davon zu überzeugen, dass seine Krankheit ihm zu schaffen gemacht hatte und dies der Grund war, dass er ab und zu ein Gläschen über den Durst trank.

Jetzt war er wieder so wie vor dem Urlaub, und so ließ mein Misstrauen nach kurzer Zeit wieder nach. Ein Alkoholiker, das wusste ich ja aus meiner ersten Ehe, von der her ich die Symptome ja zur Genüge kannte, hätte das ja gar nicht fertiggebracht, die Finger vom Saufen zu lassen. Was ich jedoch nicht wusste, war, dass es zwei Arten von Alkoholkranken gibt, den notorischen und den Quartalstrinker. Franz ist es in seinen »Trockenphasen« immer wieder gelungen, mich glauben zu machen, dass er kein Trinker sei oder den Alkohol endlich überwunden hatte. Die Trockenphase nach unserem Urlaub dauerte immerhin ein halbes Jahr, ein Zeitraum, in dem er endlich auch seine Scheidung durchzog.

Es hätte mich stutzig machen sollen, dass seine Frau, die angeblich der Grund für die vorherige Verzögerung gewesen war, auf einmal so schnell in die Scheidung einwilligte. Erst später erfuhr ich, dass es in Wirklichkeit Franz gewesen war, der immer wieder die Scheidung verhindert hatte. Seine damalige Frau war von Haus aus sehr vermögend, und Franz hatte versucht, noch möglichst viel davon abzusahnen. Erst als ihm klar wurde, dass von ihrem Vermögen kein Pfennig mehr zu holen war, konnte ihm die Scheidung nicht mehr schnell genug gehen, denn jetzt war er daran interessiert, mich so schnell wie möglich aufs Standesamt zu schleppen, um sich dadurch neue Geldquellen zu erschließen.

Von alledem ahnte ich, wie bereits erwähnt, jedoch damals noch gar nichts. Als er sofort, nachdem das Scheidungsurteil ergangen war, aufs Standesamt eilte und das Aufgebot bestellte, freute ich mich, dass er es mit mir so ernst meinte. Auch alle anderen Formalitäten wickelte er selbstständig ab. Ich brauchte mich um nichts zu kümmern. Dann legte er mir ein Formular vor mit den Worten: »Hier musst du unterschreiben. Am 5. September wird geheiratet.« Ehe ich mich versah, waren auch mein Führerschein, mein Personalausweis und mein Reisepass auf den neuen Namen umgeschrieben.

Zum Standesamt marschierten wir genau drei Wochen, nachdem Franz rechtskräftig geschieden war. Bei dieser Hochzeit kamen wir pünktlich an, dafür sorgte schon der Bräutigam. Die Braut trug ein wunderschönes bodenlanges Kleid in strahlendem Weiß mit aufgedruckten Lilien, die vom Boden bis zu den Hüften wuchsen. Dazu trug sie einen schicken breitkrempigen weißen Hut. Mein Zukünftiger hatte mir die Garderobe eigenhändig ausgesucht, denn er legte Wert darauf, dass ich gut gekleidet war, auch in Zukunft. Der Brautstrauß, vom Bräutigam persönlich am frühen Morgen abgeholt, bestand aus roten und weißen Nelken. Solche Fürsorglichkeit imponierte mir mächtig.

Diesmal hatte ich meine Schwestern von vornherein nicht eingeladen, weil sie ja doch nicht kommen würden, zumal wir diese Hochzeit in sehr kleinem Rahmen feierten. Meine Freundin Hilde Sauer war wieder mal Trauzeugin, und ihr Ehemann bildete den zweiten Trauzeugen. Nach der Trauung gingen wir mit ihnen in ein gutes Restaurant zum Essen, während die Mutter meines zweiten Gemahls sich um meine Kinder kümmerte.

Während der Hochzeitsfeier überraschte mich mein neuer Gatte ein weiteres Mal, indem er mir zwei Tickets für eine dreiwöchige Hochzeitsreise nach Portugal präsentierte. Übrigens meine erste richtige Hochzeitsreise! Ich empfand es doch als sehr angenehm, mich so verwöhnen zu lassen und mich um nichts kümmern zu müssen. Einige Tage hatte ich noch ins Büro zu gehen, zwischendurch packte ich aber schon mal alles ein, was wir für den Urlaub brauchen würden.

Da ich tagsüber immer im Büro gewesen war, hatte ich nie wirklich gewusst, was Franz den ganzen Tag trieb, aber nun sollte es nicht mehr allzu lange dauern, bis mir klar wurde, warum er es mit der neuen Heirat so eilig gehabt hatte. Viel länger als dieses knappe halbe Jahr hätte er nämlich sicher nicht mehr durchgehalten, und ihm war wohl klar, dass sein nächster Rückfall ihn verraten würde. Als ich die ganzen Zusammenhänge endlich begriffen hatte, war es schon zu spät.

Es war einen Tag vor der Abreise an die Algarve, als er mir zum ersten Mal sein wahres Gesicht zeigte. Die Vorfreude auf die Reise war Anlass genug, in unserer Stammkneipe gegenüber unserer Wohnung mit einem Gläschen Sekt anzustoßen – und bei dem einen blieb es nicht. Der Zufall hatte es so gefügt, dass ich an diesem Abend voller Stolz meinem Mann einen langjährigen Bekannten der Familie vorstellte, der ebenfalls Kameramann war, jedoch noch aktiv. Anfangs waren sich die beiden Herren auch wohlgesonnen. Der Himmel mag wissen, was der Auslöser gewesen war, auf einmal gerieten sie in Streit, und als ich dazwischengehen wollte, bekam ich ich plötzlich von meinem Mann ein Glas Sekt ins Gesicht geschüttet.

Fluchtartig verließ ich das Lokal. Ich stürzte in unsere Wohnung, packte die Koffer wieder aus und entschied mich, die Hochzeitsreise an den Nagel zu hängen. Ja, ich dachte sogar fieberhaft nach einem Weg nach, wie ich wieder von Franz wegkommen konnte, der mich in aller Öffentlichkeit so erniedrigt hatte. Aber am Ende packte ich dann doch wieder alles ein. Mein Mann entschuldigte sich nämlich für seinen Ausraster, wie er das nannte, zerknirscht und unter tausend Beteuerungen, nie wieder werde so etwas vorkommen. Und am Ende glaube ich daran. Eigentlich hätte ich ja gewarnt sein müssen, dass Alkoholiker das Blaue vom Himmel herunterlügen, aber ein solches Verhalten hatte ich bei Jimmy nie erlebt, den Alkohol zwar betrunken, aber nicht aggressiv gemacht hatte.

Bis zum Flughafen ging alles gut, auch noch, als wir in die Maschine einstiegen, wo man uns als Hochzeitsreisende schon erwartete, und die reservierten Plätze einnahmen. Aber kaum hatte das Flugzeug abgehoben, begann ein dreieinhalbstündiger Albtraum. Ein Drink folgte dem anderen, und mein Mann wurde rasch ausfallend: Mir gegenüber, dem Begleitpersonal und auch den Mitreisenden gegenüber. Mit jedem Glas wurde sein Verhalten unberechenbarer, und ich war ihm, hoch über den Wolken, machtlos ausgeliefert. Ich schämte mich so maßlos für ihn, dass ich immer mehr in mich zusammenkroch. Mit Tränen in den Augen wagte ich gar nicht mehr, andere Leute anzusehen.

Genauso ging es dann den ganzen Urlaub lang weiter; es war vom ersten bis zum letzten Tag die reinste Katastrophe. Zum Frühstück war bei ihm statt Kaffee eine Flasche Wein angesagt. Am Strand gab's ja leider auch nicht nur Wasser zu trinken, daher fiel für ihn das Mittagessen aus. Der Abend war ohnehin dem Suff gewidmet. Und die ganze Zeit musste ich aufpassen, was ich sagte, denn wenn ich etwas Falsches sagte, rastete er vollends aus. Ich atmete richtig auf, als der Urlaub endlich vorbei war, obwohl ich panische Angst vor der Rückreise im Flugzeug hatte. Denn ab und zu hatte Franz während dieses Urlaubs auch seine lichten Momente gehabt. In denen hatte er mir versprochen, sich ärztlich behandeln zu lassen und eine Entziehungskur anzutreten.

Die Heimreise verlief genauso schrecklich, wie ich mir das vorgestellt hatte. Das fing schon beim Transfer mit dem Sammelbus vom Hotel zum Flughafen an: Franz brachte es fertig, den Busfahrer zum Halten zu zwingen, mit der Begründung, er müsse dringend zur Toilette. Als er nach einer Viertelstunde noch immer nicht zurück war, ging ich in die Kneipe. Dort lehnte mein lieber Gemahl an der Theke und ließ sich mit Cognac volllaufen, und ich brauchte meine ganze Kraft und Überredungskunst, um ihn da rauszuholen. Und genauso ging es dann weiter – der Rückflug vor allem war der reinste Albtraum –, bis wir wieder in Wiesbaden waren. Zu diesem Zeitpunkt war Franz bereits völlig am Ende und kaum noch imstande, mit meiner Hilfe auf seinen eigenen Beinen ins Haus zu gelangen, und am nächsten Tag ließ ich deshalb den Hausarzt kommen.

Ob mich nach diesem Erlebnis noch Liebe oder nur noch Mitleid mit ihm verband, kann ich nicht sagen. Mir war aber klar, dass er unbedingt Hilfe brauchte, und die wollte ich ihm verschaffen. Schließlich kannte ich ihn ja auch, wie er nüchtern war. Der Absturz meines Mannes war so schlimm gewesen, dass mir nichts anderes übrig blieb, als ihn zunächst mal gesundzupflegen. Das sah dann so aus, dass ich ihn acht Tage lang mit Haferflockensuppe und Grießbrei aufpäppeln musste. Danach schwor er mir: »Das war das aller-, aller-, allerletzte Mal.« Und ich glaubte ihm.

Ein halbes Jahr später war es wieder so weit: Er trank ein Glas Sekt, und danach ging es so rasch bergab, dass er so lange Tag und Nacht nur noch trank, bis er quasi wie tot umfiel. Ich päppelte ihn erneut auf, aber nun war ich desillusioniert genug, dass ich ihm nicht mehr glaubte, als der Schwur vom allerletzten Mal erneut kam. Stattdessen setzte ich mich selbst mit seiner Krankenkasse in Verbindung wegen einer Entziehungskur. Dort erfuhr ich, dass er bereits fünf Mal auf Kosten der Kasse einen Alkoholentzug gehabt habe und man nicht mehr bereit sei, eine weitere Kur zu zahlen. Es bedeutete für mich ein wirklich großes finanzielles Opfer, doch nun bot ich meinem Mann an, ihm eine Entziehungskur aus eigener Tasche zu bezahlen. Er war so einsichtig wie immer nach einer seiner Absturzphasen und willigte auch sofort ein.

Nach dieser Kur wirkte er wie ein ganz anderer Mensch, und wir verbrachten eine glückliche Zeit miteinander. Franz trank nun keinen Tropfen Alkohol mehr, und um sich sinnvoll zu beschäftigen, entwickelte er eine Menge Ideen. So fing er an, die Wohnung zu renovieren, und betätigte sich erfolgreich als Hausmann. Er betreute die Hunde, d. h., unseren Pudel und seinen Dackel, der ihm bei der Scheidung »zugesprochen« worden war, und kümmerte sich um meine Kinder. Er fand seine alte Form wieder, in der ich ihn kennengelernt hatte, als aufmerksamen Ehemann und guten Kamerad.

Ich war überzeugt davon, er werde es schaffen. Deshalb wollte ich noch mehr für ihn tun und ihm vielleicht auch zu einem beruflichen Wiedereinstieg verhelfen. Dass er Frührentner war wegen seines Alkoholismus und nicht etwa wegen ein chronischen Leidens aufgrund irgendeiner Verletzung, das hatte ich inzwischen verstanden. Wenn er nun nicht mehr trank, dann sprach eigentlich auch nichts dagegen, dass er sich wieder beruflich betätigte. Aufgrund meiner guten Beziehungen zum Filmstudio »Unter den Eichen« und zum damaligen Direktor organisierte ich für meinen Mann einen Termin für ein Vorstellungsgespräch. Wie der Zufall es wollte, kannte der Direktor seinen Großvater noch aus ihrer gemeinsamen Zeit nach dem Krieg in München. Das kam Franz zugute, sodass er die besten Chancen gehabt hätte. Was machte jedoch mein lieber Mann, der bis dahin ein halbes Jahr trocken gewesen war? Er trank sich vor dieser Begegnung Mut an! Natürlich blamierte er sich und mich dann bis auf die Knochen. Der Traum vom neuen Job war passé, und alle guten Vorsätze waren ebenfalls vergessen.

Nun fing der Zirkus aber erst so richtig an. Um zu retten, was noch zu retten war, hielt ich ihn finanziell so knapp wie möglich, doch er schaffte er es immer wieder, an Geld und somit an Alkohol zu kommen. Stand er erst einmal unter Alkohol, war er zu allem fähig. Zunächst versetzte er seinen kostbaren Ring – ein Geschenk von seiner reichen ersten Frau – im Pfandhaus für lumpige 200.– DM. Einen Ring, der damals so viel wert war wie ein neuer VW! Deshalb ging ich hin und löste ihn wieder aus. Nach einer Woche musste ich aber erneut den Weg zum Pfandleiher machen. Beim dritten Mal ging Franz dann gleich zum Juwelier. Dort erzielte er eine wesentlich höhere Summe und jagte sie sich vollständig durch die Kehle. Damit war der teure Schmuck endgültig weg.

Auch recht, dachte ich, nun hat er wenigstens nichts mehr zum Versetzen. Das war jedoch ein Trugschluss. Er kam immer wieder an Geld und damit an größere Mengen Alkohol. Erst wesentlich später sollte ich dahinterkommen, dass er die ganzen Orden und Ehrenzeichen meines Vaters, die ich im großväterlichen Schreibtisch sicher aufbewahrt glaubte, zu Geld gemacht hatte.

Wie nicht anders zu erwarten, folgte nun der nächste Absturz. Kaum hatte ich ihn danach wieder auf die Beine gebracht, kam er auf die glorreiche Idee, er müsse zum Zahnarzt. Durch sein schauspielerisches Talent verstand er es, sowohl dem Zahnarzt als auch dem Sachbearbeiter bei der Krankenkasse klarzumachen, dass er, wie es in Schauspielerkreisen notwendig ist, ein tadelloses Gebiss haben müsse. Dabei hätte, da er nicht vor der Kamera agierte, sondern dahinter – wenn er überhaupt einen Job gehabt hätte – die Optik seiner Zähne nicht die geringste Rolle gespielt. Die Krankenkasse bewilligte ihm aber die Erneuerung seines kompletten Gebisses – natürlich in Gold – für Tausende von Mark. Nachdem er das durchgesetzt hatte, musste er einige Tage beim Zahnarzt verbringen. Um seine Angst und die Schmerzen, die ihm offensichtlich bevorstanden, überwinden zu können, musste er sich aber jedes Mal vorher Mut antrinken.

Irgendwann am späten Abend, nachdem er schwer angetrunken vom Zahnarzt gekommen war, gerieten wir aneinander. Ein Wort ergab das andere, und nachdem er meine Mutter, die er ja nicht einmal kennengelernt hatte, massiv beleidigt hatte, rutschte mir die linke Hand aus und landete mit dem Handrücken voll in seinem Gesicht. Augenblicklich erstarrte er zur Salzsäule und sah mich ganz fassungslos an. Dann lief er zum Telefon und rief einen Krankenwagen herbei mit der Behauptung, ich hätte ihm die Zähne ausgeschlagen. Wirklich standen bald zwei Sanitäter bei uns auf der Matte, die ihn in die Klinik brachten. Der diensthabende Arzt erkannte jedoch gleich, dass der Patient einen Vollrausch hatte und die Blutung von den gezogenen Zähnen stammte. Nach einer Stunde setzten sie meinen Mann deshalb kommentarlos wieder zu Hause ab.

In der Folgezeit richtete Franz sich immer weiter zugrunde, und es schien kein Ende absehbar zu sein. Zu beleihen oder zu verkaufen hatte er nichts mehr, aber auf die monatlichen Zuschüsse aus seinem Rentenkonto, mit denen er bisher zu unserem Lebensunterhalt beigetragen hatte, musste ich nun verzichten. Er schien zu erwarten, dass er nun auf meine Kosten leben könne. Bei meiner Wiederverehelichung im Juni 1980 hatte ich eine sogenannte Rentenaussteuer von der Ehe mit Hans-Jörg Giebel – fünf Jahre Abfindung der Witwenrente im voraus – erhalten. Durch den aufwendigen Lebenswandel von Franz war dieser Betrag schon beängstigend zusammengeschrumpft.

Meine einstmals für Franz empfundenen Gefühle waren da längst dahin, und auch das Mitleid hielt nicht mehr lange an. Denn dieser Mann, mein Mann, Franz Koch, brachte es doch tatsächlich fertig, eines Abends mit leerer Geldbörse nach Hause zu kommen, zwei Polizisten herbeizurufen und zu behaupten, ich hätte ihn bestohlen! Die Ordnungshüter hörten sich geduldig den ganzen Schwachsinn an, den er verzapfte. Sie merkten sofort, mit was für einem Vogel sie es zu tun hatten, stellten ihm einige Fangfragen und zogen wieder von dannen. Mehr schlecht als recht ertrug ich solche Eskapaden noch bis Dezember 1981, dann war das Maß zum Überlaufen voll. Ein weiteres Mal suchte ich meinen Anwalt auf, und der reichte ohne lange Umschweife die Scheidung für mich ein. Danach suchte ich für Franz eine kleine Wohnung, schloss einen Mietvertrag für ihn ab und bezahlte die Miete gleich für ein Vierteljahr im Voraus. Nur auf diese Weise gelang es mir, meinen wieder einmal sehr zerknirschten, unter Tränen Schwüre von sich gebenden Ehemann dazu zu bewegen, seine Unterschrift ebenfalls unter den Mietvertrag zu setzen.

Etwa sechs Wochen später zog Franz aber aus dieser Wohnung bereits wieder aus. Hatte dieser Schlawiner doch tatsächlich schon während der Zeit, als er noch bei mir wohnte, eine Friseurin aus dem Raum Frankfurt kennengelernt, bei der er sich hin und wieder ausgeweint hatte. Eine neue schauspielerische Glanzleistung seinerseits, und ein weiterer Beweis für seinen großen Erfolg bei Frauen! Er brachte es fertig, sich in ein gemachtes Nest zu setzen: ein schnuckeliges Häuschen, das dieser jungen Frau gehörte, die daneben auch noch über eine ansehnliche Barschaft verfügte. Damit aber nicht genug. Er hatte mit ihr schon feierlich

Verlobung gefeiert, mit Ring und allem was dazugehört, während einer romantischen Dampferfahrt auf
dem Rhein, während ich treudoof im Büro schuftete,
um das Geld zu verdienen, das er mit beiden Händen
ausgab! Zu jener Zeit war er nämlich noch mit mir verheiratet und von Scheidung noch gar nicht die Rede
gewesen. Offenbar hatte er geahnt, dass es mit mir
nicht mehr lange gutgehen würde, und sich rechtzeitig
eine neue Versorgung gesichert.

Diesem neuen Glück war aber nur eine kurze Zeit
beschieden.

An einem Sonntagabend, gegen 22 Uhr, klingelte
bei mir das Telefon. »Peter Koch, München«, meldete sich eine mir unbekannte Stimme. Der Anrufer
stellte sich als der Bruder von Franz' Vater vor, und
mir dämmerte, dass dies der Lieblingsonkel meines
Noch-Ehemanns sein musste, von dem er oft erzählt
hatte. Begegnet war ich ihm allerdings nie, auch nicht
während unseres Besuchs in München. Am Telefon
erwies er sich als herzensguter alter Mann, der mir
schonend beizubringen versuchte, dass Franz gestorben war.

Obwohl ich den Scheidungstermin so herbeigesehnt
hatte, versetzte mir diese unerwartete Wendung einen
mächtigen Stich. Nein, den Tod hatte ich ihm wirklich
nicht gewünscht! Folgende Geschichte erfuhr ich von
Franz' Onkel: Die »Verlobte« hatte Franz nach Groß-
Gerau ins Krankenhaus bringen lassen in der Meinung, er hätte eine Gelbsucht. Es war aber nichts
anderes als eine der üblichen Folgen seiner Saufatta-
cken, wie man ihr im Krankenhaus wohl auch erklärt
hatte. Man behielt ihn dort, aber nach fünf Tagen

Krankenhausaufenthalt verblutete er an geplatzten Krampfadern im Hals.

Krampfhaft suchte man nun nach Angehörigen, denn es musste sich ja jemand um die Beerdigung kümmern und die Friseurin hatte ja keinerlei Befugnisse. Sie hatte daneben auch nicht die leiseste Ahnung, dass es mich überhaupt gab, und konnte nicht einmal sagen, ob die Eltern von Franz noch am Leben waren oder nicht. Sie wusste lediglich von einem Onkel in München. Diesen hatte sie angerufen, nachdem sie nach einigem Stöbern endlich seine Telefonnummer in Franz' Unterlagen gefunden hatte. Vermutlich fiel sie aus allen Wolken, als sie von dem Onkel erfuhr, dass noch eine rechtmäßige Ehefrau ihres Verlobten existierte. Nach ihrem Anruf hatte Onkel Peter zunächst die Eltern des Verstorbenen benachrichtigt, die es jedoch rundweg abgelehnt hatten, ihren Sohn nach München überführen zu lassen. Ebenso hatten sie sich geweigert, sich an der Suche nach mir zu beteiligen. Sie, die keine Adresse von mir hatten, vermochten dem Onkel lediglich die Auskunft geben, dass ich in Wiesbaden wohne. So konnte man mich erst zwei Tage nach Franz' Tod ausfindig machen.

Außer mir gab es niemanden, der willens war, sich um alles zu kümmern. Wenn es auch bereits auf 23 Uhr zuging, rief ich zunächst meinen Chef an. Seine Begeisterung hielt sich stark in Grenzen, denn er war gerade im Begriff, in Urlaub zu fahren. Dennoch tat ich ihm leid, und er machte mir netterweise folgendes Angebot: »Am besten, Sie setzen sich morgen in mein Büro und wickeln alles von meinem Schreibtisch aus ab. Wenn Sie die Türen schließen, stört Sie ja niemand. Also, machen Sie's gut.«

Am nächsten Morgen zog ich mich also in das Heiligtum meines Chefs zurück und tat, was in diesem Fall notwendig war. Zunächst setzte ich mich mit dem Arzt, der Franz zuletzt behandelt hatte, in Verbindung. Dann rief ich ein Beerdigungsinstitut an, denn der Tote musste ja von Groß-Gerau nach Wiesbaden überführt werden. Ich wollte nämlich beide Ehemänner auf demselben Friedhof beerdigt wissen. Das würde mir die Pflege der Gräber erleichtern.

Es war schon recht makaber, dass mein toter – im Zinksarg liegender – Ehemann zwei Stunden im Leichenwagen vor meinem Bürofenster stand. Der Fahrer des Bestattungsinstituts war ein praktisch denkender Mensch. Außer den sterblichen Überresten meines Mannes brachte er auch gleich dessen persönliche Sachen mit. So wickelten wir alle Formalitäten für Versicherung und Beisetzung von meinem Arbeitsplatz aus ab. Dann erst brachte er den Leichnam zum Südfriedhof.

Die Friseuse ließ sich bei der Beerdigung nicht blicken, was ihr angesichts der Umstände kaum zu verdenken war. Der Onkel aus München mit seiner Frau, Hilde Sauer, meine erprobte Trauzeugin, meine Kinder und ich waren aber dennoch nicht die einzigen Trauergäste. Man glaubt es kaum, da standen doch tatsächlich noch drei Saufkumpane von Franz mit einem riesigen Kranz in der Trauerhalle.

Auch diese Ehe hatte nur knapp zwei Jahre gedauert. Doch ich glaube an Schicksal und Bestimmung. Vielleicht wollte der Herrgott an mir ja wieder etwas gutmachen, indem er meinen dritten Ehemann zu sich gerufen hatte, bevor die Scheidung ausgesprochen war. Dadurch kam ich nämlich in den Genuss einer Witwenrente, die mir zusammen mit dem, was ich durch meine Berufstätigkeit verdiente, endlich dazu verhalf, mir mit meinen Kindern ein ordentliches Leben leisten zu können. Wäre ich bereits geschieden gewesen, hätte ich nicht nur die Rente nicht bekommen, sondern hätte womöglich, da ich voll berufstätig war, jahrelang für ihn Unterhalt zahlen müssen und außerdem die ganzen Scheidungskosten am Hals gehabt. Wie hätte ich da noch einmal auf einen grünen Zweig kommen sollen?

Im Grunde, sage ich mir heute, war dieser plötzliche Tod auch für ihn selbst eine Erlösung. Franz war ja keineswegs glücklich mit seiner Sucht, und von ihr wäre er bestimmt nie losgekommen. Alle Menschen, die ihn liebten und die ihm helfen wollten, stürzte er dabei unweigerlich mit ins Unglück und vergrößerte damit auch seine Schuldgefühle, die er dann wieder im Alkohol zu ertränken versuchte.

Als ich seine sogenannte Verlobte nach der Beisetzung aufsuchte, tat sie mir in der Seele leid. Sie war leicht gehbehindert, zu korpulent und genau das Gegenteil dessen, was mein Mann eigentlich anziehend fand. Aber das sagte ich ihr nicht, denn sie war ja schon verstört genug, erstens über seinen Tod und zweitens, weil danach alles, was sie bis dahin für wahr gehalten hatte, sich als Lügengewebe herausgestellt hatte. Ich überließ ihr alle persönlichen Dinge von Franz, die für mich ohnehin wertlos waren. Sonst hatte sie ja nichts von ihm, weder trug sie seinen Namen, noch hatte sie ihn zur letzten Ruhe begleiten können. Warum hätte ich ihr die Seele damit belasten sollen, dass er sie nur ausgenutzt hatte? Letztlich war es aber auch für sie ein Glück gewesen, dass er gestorben war, bevor er sie in den Ruin treiben konnte.

Hätte ich zu jenem Zeitpunkt eine Zwischenbilanz meines Lebens ziehen müssen, wäre sie wohl niederschmetternd ausgefallen. Trotzdem habe ich diese Jahre nicht bereut. Sie waren abwechslungsreich, nie langweilig und äußerst lehrreich. Unbeirrt lebte außerdem die Hoffnung in mir, dass meine schönsten Jahre noch vor mir lagen. Meine ganzen Erfahrungen konnten doch nicht für die Katz gewesen sein! Das Negativ-Erlebnis mit meinem letzten Ehemann, sagte ich mir, hatte wohl sein müssen, damit ich ich mich wieder auf das Wesentliche besann: auf die Verantwortung für meine Kinder.

Das Leben ging also weiter, Gott sei Dank in geordneten Bahnen. Die Witwenrente trug, wie bereits erwähnt, das Ihrige dazu bei. Franz Koch hatte, wie sich herausstellte, als Kameramann für damalige Zeiten wahnsinnig viel verdient, und so fiel auch seine Rente ganz ansehnlich aus, obwohl er schon so früh in den Ruhestand getreten war. Zu seinen Lebzeiten hatte er – was ich erst nach seiner Beerdigung erfuhr – 1500 DM Rente gehabt. Davon bekam ich nun zwei Drittel. Das war schon eine große finanzielle Erleichterung für mich.

Hilde, meine treue Begleiterin an jedem Traualtar und an jedem Sarg, lud mich und meine Kinder, einige Zeit nachdem bei uns wieder Normalität eingekehrt war, zur Konfirmation ihrer Tochter ein. Das freute mich, denn ich dachte, sie wolle mir ein bisschen Abwechslung verschaffen. Dass die gute Hilde einen Hintergedanken dabei gehabt hatte, erfuhr ich bei der ersten Gelegenheit, als wir einen Moment allein waren.

»Du, Liesl«, fing sie da an. »Ich kenne da einen gutaussehenden Herrn, der schon lange nach einer tüchtigen, zuverlässigen, attraktiven Frau sucht.« Als ich misstrauisch nachfragte: »Und warum erzählst du mir das?«, gestand sie: »Weil du genau die Frau bist, die all seinen Vorstellungen entspricht. Du willst doch nicht bis an das Ende deiner Tage als Einsiedlerin leben?«

»Das nicht«, gab ich zu. »Aber im Moment steht mir der Sinn wirklich noch nicht nach einer neuen Bindung.«

»Du musst dich ja nicht gleich binden«, warb Hilde für ihren Kandidaten. »Du sollst dir den Herrn doch nur mal ansehen.«

Ich seufzte auf. Vielleicht hatte sie ja recht. »Wie alt ist denn dieser Herr?«, wollte ich wissen.

»Derselbe Jahrgang wie du.«

»Was ist er von Beruf?«

»Vertreter für Herrenoberbekleidung.«

»Und woher kennst du ihn?«

»Jedes Vierteljahr taucht er in dem Modehaus auf, in dem ich aushilfsweise arbeite.«

»Und woher weißt du, dass er unbeweibt ist?«

»Er hat sich quasi bei mir ausgeweint. Es sei so deprimierend, wenn er abends in seine leere Wohnung komme, meinte er. Ob ich nicht eine passende Frau für ihn wüsste. Als ich hörte, dass du wieder frei bist, dachte ich gleich an dich.«

Dass ich wieder frei war! So konnte man es natürlich auch ausdrücken, dass mein Mann gestorben war. Aber Hilde sah das ganz anders. »Du bist doch keine trauernde Witwe im eigentlichen Sinn«, wandte sie ein. »Seelisch hattest du dich doch schon vor langer Zeit von ihm entfernt. Und du hattest ja schon lange vor seinem Tod die Scheidung eingereicht und warst auch körperlich von ihm getrennt. Ich finde, du solltest dem Junggesellen eine Chance geben.«

Vor so viel Hartnäckigkeit wurde ich jetzt doch wankend. »Anschauen könnte ich mir den Knaben ja mal«, lenkte ich ein. »Aber heiraten werde ich nicht mehr. Dreimal war mehr als genug.«

Aber Hilde war längst wieder obenauf und winkte nur ab. »Ach, wer weiß, vielleicht gefällt er dir nachher so gut, dass du doch noch anderen Sinnes wirst«, prophezeite sie. »Er sieht nämlich nicht nur blendend aus und hat eine äußerst sportliche Figur, er ist auch immer tadellos gekleidet. Muss er ja in seinemBeruf. Bei ihm kommt jeder Anzug so gut zur Geltung, dass jeder Geschäftsinhaber glaubt, genau diesen Anzug müsse er unbedingt in seiner Kollektion haben. Und nicht zu vergessen, da er ein so guter Vertreter ist, verdient er auch nicht schlecht.«

Das machte mich aber eher wieder misstrauisch. Wieso lief ein Mann mit so vielen Vorzügen dann eigentlich noch frei herum? Hilde wurde durch diese Frage aber nicht in Verlegenheit gebracht. »Das ist einfach zu erklären: Da er sehr ehrgeizig ist und sich beruflich voll einsetzt, hat er gar keine Zeit, eine Frau kennenzulernen.«

266

»Also gut, meinetwegen«, gab ich mich geschlagen. »Und wo finde ich dieses Musterexemplar?«

»Wenn er das nächste Mal zu uns ins Geschäft kommt, werde ich ihm deine Telefonnummer geben. Vielleicht lädt er dich zum Essen ein.«

Warum eigentlich nicht?, dachte ich mir. Einen Mann an der Seite zu haben, mit dem man mal ausgehen könnte, wäre mir eigentlich schon angenehm gewesen, denn als Frau konnte man ja nirgendwo allein hingehen, ohne schief angesehen zu werden. Auch wieder mal in den Arm genommen zu werden, täte mir sicher gut – falls ich von diesem Mann in den Arm genommen werden wollte, heißt das natürlich. Aber in den folgenden Wochen bekam ich keinen entsprechenden Anruf, und so hatte ich die Geschichte längst wieder vergessen, als sich im Herbst ein Fremder bei mir telefonisch im Büro meldete. Er entschuldigte sein langes Schweigen mit beruflicher Überlastung, stellte sich als Heinrich Waldmann vor, und lud mich zum Essen ein.

Ein großer, sportlicher, recht charmanter fünfundvierzigjähriger Kavalier mit dicker Limousine holte mich ab. Auf den ersten Blick machte das Gesamtbild einen überwältigenden Eindruck, und ich war freudig überrascht. Nach dem zweiten Blick war ich sehr verwundert und konnte es mir trotz der Erklärung von Hilde nicht vorstellen, dass so ein Mann keine Gelegenheit gehabt haben sollte, eine Frau zu finden. Wo also war der Haken?

Um diesen Haken herauszufinden, benötigte ich volle sieben Jahre. Fünf davon waren recht angenehm – mit ein paar Abstrichen. Obwohl in diesen fünf Jahren jeder für sich lebte und wir uns nur am Wochenende sahen, entging mir nämlich nicht, dass seine Freundlichkeit zu meinen Kindern nur gespielt war und dass es auch noch andere Damen in seinem Leben gab. Deshalb zog ich die Konsequenzen und trennte mich von ihm.

Aber vorher, im Spätsommer 1984, war noch etwas anderes geschehen. Es war für mich mal wieder an der Zeit gewesen, einen Frauenarzt aufzusuchen, und der hatte mich gleich ins Rote-Kreuz-Krankenhaus zu einer Myomentfernung geschickt. Kaum war ich wieder daheim, stellten sich erneut Beschwerden ein. Acht Tage war ich zu Hause, dann landete ich abermals im selben Krankenhaus. Diesmal wurde die ganze Gebärmutter entfernt. Alles in allem verbrachte ich fünf Wochen stationär im Krankenhaus und war anschließend noch weitere vier Wochen krankgeschrieben. In diesen neun Wochen gelang es mir, mir das Rauchen abzugewöhnen. Einige Versuche vorher waren kläglich gescheitert. Unmittelbar nach meiner Operation war es mir aber so schlecht ergangen, dass ich Rauch noch nicht mal riechen konnte. Nach einigen Tagen ging es mir dann wieder besser, und ich stattete dem Raucherzimmer einen Besuch ab. Aber als ich in den blauen Dunst eintauchte, widerte mich das auf einmal so an, dass mir die Lust verging, mir eine Zigarette anzuzünden. Als ich mich dann näher umsah, erblickte ich Menschen, die in der einen Hand eine Flasche Bier und in der anderen eine Zigarette hielten. Manch einer von ihnen trug eine auffällige Tätowierung, andere trugen einen Nasenring oder Piercings an verschiedenen Gesichtsstellen. Das alles stieß mich dermaßen ab, dass ich mir sagte: Nein, zu dieser Sorte Menschen gehörst du nicht. Ich drehte mich um und betrat diesen Raum nie wieder.

Bei meiner Heimkehr entdeckte ich dann auf meinem Wohnzimmertisch eine Packung Zigaretten und stellte mir die Frage: Wer ist stärker, die Zigaretten oder ich? Diese Packung habe ich heute – nach über dreißig Jahren – immer noch. Eine Zeitlang fand ich es, nachdem ich mit dem Rauchen aufgehört hatte, sehr unangenehm, wenn ich in einen Raum geriet, in dem Tabakrauch war. Heute kann ich es aber ertragen, ohne dass es mich anekelt, und auch ohne rückfällig zu werden.

Noch ehe ich mich von der Operation richtig erholt hatte, erreichte mich im Spätsommer 1984 aus München die Nachricht, dass Jimmy, mein erster Mann, gestorben war. Freunde, bei denen er eine Weile gelebt hatte, bevor er nach Murnau gezogen war, riefen bei mir an, denn wieder einmal war niemand zuständig für die Beerdigung. Da er nun mal mein Exmann und der Vater meiner Kinder war – er hatte wohl nach mir keine feste Beziehung mehr gehabt –, blieb die traurige Aufgabe an mir hängen, auch den dritten Ehemann, obwohl schon lange geschieden, in allen Ehren beisetzen zu lassen. Der Ordnung halber, damit alle drei Verflossenen auf demselben Friedhof liegen, hätte ich ihn am liebsten überführen lassen. Aber die Überführung von Murnau nach Wiesbaden war mir zu teuer, zumal auch alle anderen Beerdigungskosten an mir hängen bleiben würden. Also fuhr ich mit Peter und Jasmin am nächsten Tag nach Murnau, um alles Nötige zu veranlassen. Am Ort, sprich im Krankenhaus, angelangt, wo man uns sehr freundlich empfing, war nicht zu übersehen, wie erleichtert die Betroffenen waren, dass ich ihnen die Sorge um die Bestattung abnahm.

In der kurzen Zeit, die uns für alles blieb, war doch sehr viel zu erledigen. Dank der Freunde, die mich angerufen hatten, war zum Glück das Beerdigungsinstitut, und ebenso der Bankdirektor, so gut informiert, dass ich nur noch die Unterlagen zu unterzeichnen brauchte. Selbst die Kirche und der Pfarrer waren bestens unterrichtet. Am selben Tag lösten wir auch noch seine kleine Einzimmer-Wohnung auf, was eigentlich am schlimmsten war. Natürlich nahmen wir nur ein paar persönliche Dinge mit, die Sohn und Tochter zur Erinnerung haben wollten. Der Rest wurde entsorgt. Nach einer schlaflosen Nacht, denn wir hausten zu dritt in diesem Zimmer, um die Kosten für ein Hotel zu sparen, erschienen wir pünktlich um 10 Uhr etwas angeschlagen auf dem Friedhof. Die Trauerhalle war mit seinen Freunden, Bekannten und vielen alten Leuten bis auf den letzten Platz besetzt. Jeder wusste, dass Jimmy Holländer war, deshalb hatte jeder eine bis mehrere Tulpen in der Hand. Ein Zeichen für mich, wie sehr man in Murnau den Verstorbenen doch gemocht hatte. Sein Bruder dagegen, der in München lebte, sowie seine jüngere Schwester gaben ihm kein Geleit.

Auf eine so große Trauergemeinde war ich nicht vorbereitet gewesen. Die Geste mit den Tulpen fand ich sehr rührend. Für uns war es allerdings peinlich, denn wir standen mit leeren Händen da. Die Sekretärin seines Freundes Siggi – Siegfried Rauch –, stand neben mir und half uns aus der Verlegenheit, indem sie ihre Tulpen mit uns teilte. Doch der Peinlichkeit noch nicht genug. In dieser Kleinstadt war es wohl Sitte, dass nach der Trauerfeier in der Kirche der Sarg vor der Trauerhalle aufgebahrt wird. Hier dürfen nur die engsten Angehörigen um den Sarg stehen, um der Segnung beizuwohnen, und das waren nur Peter und Jasmin. So verloren und mutterseelenallein standen sie neben dem Sarg, es war richtig deprimierend. Das Gleiche muss auch die Familie eines der Freunde von Jimmy empfunden haben. Die Frau flüsterte mir zu, ich solle mich ruhig neben die Kinder stellen, denn schließlich sei ich ja mal seine Frau gewesen, und ich sei immer noch die Mutter seiner Kinder. So ermuntert trat ich einige Schritte vor. Dann zeigte sich diese Familie solidarisch und stellte sich auch neben mich, und gemeinsam begleiteten wir den Toten zur Beisetzung ins Armengrab. Nach ein paar freundlichen Worten und einem Abschiedstrunk mit seinen Freunden verabschiedeten wir uns und fuhren zurück nach Wiesbaden. Es war ein Wunder, dass unser alter, schon ziemlich durchgerosteter VW Golf die Fahrt nach Murnau und zurück so gut überstand.

Nachdem ich mich von meiner Operation weitgehend erholt hatte, wollte ich mehr zu meiner körperlichen Ertüchtigung tun. Also trat ich einem Sportverein bei, wo ich mich jede Woche in Laufen, Weitsprung, Hochsprung, Kugelstoßen und Schwimmen übte. Und wie es der Zufall wollte, war Heinrich Waldmann Mitglied in genau demselben Verein. So liefen wir uns eines Tages doch wieder über den Weg. Zunächst blieb unsere Beziehung rein sportlicher Natur. Hin und wieder joggten wir gemeinsam rund um den Sportplatz. Schon bald animierte er mich, das Goldene Sportabzeichen anzustreben. Dafür musste ich dann wirklich ernstlich trainieren. Es machte mir aber riesigen Spaß, und meine körperliche Fitness wuchs zusehends. Voller Stolz errang ich das begehrte Abzeichen im Jahre 1987 zum ersten Mal, im »hohen« Alter von fünfzig Jahren. Die Urkunde hängte ich stolz in meinem Wohnzimmer auf. Mein Ehrgeiz war geweckt, und da Heinrich zu denen gehörte, die alljährlich das Sportabzeichen noch einmal machten, tat ich das auch. So kamen wir uns wieder näher. Wir fuhren sogar gemeinsam in Urlaub, nach Österreich.

Bei den Wanderungen in der wunderschönen Bergwelt stellte Heinrich auf einmal eine Idee in den Raum, mit der er bei mir einen empfänglichen Punkt berührte: ein eigenes Haus! Ein Haus zu besitzen war schon ein Traum von mir gewesen, solange ich zurückdenken kann. Noch nie hatte ich in einem eigenen Haus gelebt. Schon mit meinen Eltern hatte ich immer nur zur Miete gewohnt. Stets waren wir darauf angewiesen, selbst Rücksicht zu üben, gleichzeitig aber hatten wir die Rücksichtslosigkeiten der anderen Mietparteien zu ertragen gehabt. Später in meinem Erwachsenendasein war es nicht anders gewesen. Mit keinem meiner Ehemänner hatte ich es zu eigenen vier Wänden gebracht. Meine beiden Schwestern dagegen hatten sich gleich einen Mann mit eigenem Haus geangelt und sich ins gemachte Nest setzen können. Heiraten wollte ich Heinrich zwar nicht, weil mich meine Erfahrungen auf diesem Gebiet gelehrt hatten, vorsichtig zu sein. Ein gemeinsames Haus mit ihm als Mittelpunkt unseres Lebens und festen Bestandteil unserer Zukunft, das konnte ich mir allerdings schon vorstellen.

Aber Heinrich wollte in Wirklichkeit überhaupt kein Haus kaufen, und schon gar nicht mit mir zusammen. Er hatte etwas ganz anderes im Sinn. Mittlerweile kannte er mich gut genug, um zu wissen, dass ich für ein eigenes Zuhause die Ärmel hochkrempeln würde, sowohl buchstäblich als auch in finanzieller Hinsicht.

Aus dem Urlaub zurückgekehrt, besichtigten wir mehrere Objekte. Es war nichts dabei, das unseren Vorstellungen entsprochen hätte, aber dadurch ließen wir uns keineswegs entmutigen und suchten weiter, wenn auch nicht systematisch. »Du, Liesl, ich habe ein kleines Haus entdeckt, das liegt zwischen Frankfurt und Wiesbaden, in Flörsheim, direkt an der S-Bahn-Linie«, sagte Heinrich dann eines Tages. Je mehr er von diesem Haus erzählte, desto verlockender schien die Sache: Es war nicht allzu teuer – es werde schon länger angeboten, behauptete Heinrich, ohne dass jemand es haben wollte –, es war nicht vermietet, und eine Maklerprovision sollte auch nicht anfallen. Wo war dann aber der Haken? Es war klar, um den versteckten Mangel zu finden, mit dem ich fest rechnete, musste ich das Gebäude anschauen, und zwar genauestens, von innen und außen.

Wir fuhren also hinaus nach Flörsheim zu dem besagten Haus. Den Haken entdeckte ich schon, ehe ich es betreten hatte. Er war jedoch nicht so, dass er mich wirklich störte. Im Gegenteil, er beruhigte mich sogar. Denn nun konnte ich davon ausgehen, dass nichts Schlimmeres folgen würde. Auf einem

Prachtgrundstück von etwa 1500 Quadratmetern standen zwei Gebäude. Fünfhundert Quadratmeter davon gehörten zu dem Vorderhaus, welches bewohnt war. Zu dem Hinterhaus aber, welches zum Verkauf stand, gehörten die restlichen tausend Quadratmeter. Der Nachteil bei dieser Konstellation war lediglich, dass man keine eigene Zufahrt hatte. Um zu dem hinteren Gebäude zu gelangen, musste man über das vordere Grundstück gehen bzw. fahren. Heinrich versicherte mir jedoch, dass bei einem Kauf das Fahrt- und Gehrecht grundbuchmäßig verankert würde.

Nun war ich beruhigt, denn ich war vom ersten Augenblick an von diesem süßen, altertümlichen Häuschen entzückt. Auch von innen hielt es, was es von außen versprach, auch wenn natürlich einiges daran zu tun sein würde. Nachdem Waldmann merkte, dass ich Feuer gefangen hatte, eröffnete er mir, dass es Verwandten von ihm gehöre, die es abreißen lassen wollten. Damit hatte er mich endgültig am Haken, denn dass dieses Hexenhäuschen, an das ich längst mein Herz verloren hatte, abgerissen wurde, wollte ich keinesfalls zulassen.

Heinrich aber gab sich umso zögerlicher, je aufgeregter ich ihm alle Vorteile eines Kaufs aufzählte. Auch wenn das Häuschen billig zu haben war, wandte er ein, wir würden uns doch bis über beide Ohren verschulden müssen. Aber die Miete, die wir jetzt beide zahlten, würde dann doch wegfallen, erinnerte ich ihn. Aber ob wir überhaupt einen Kredit bekämen? Es kämen ja auch noch die Kosten der Sanierung des Häuschens auf uns zu. Darin sah ich auch kein Problem. Vieles war ja auch in Eigenleistung zu bewältigen.

»Es muss ja nicht alles auf einmal fertig sein«, schwärmte ich ihm vor. »Wir können doch in Eigeninitiative einen Raum nach dem anderen sanieren. Das traue ich mir schon zu. Dann brauchen wir nicht so viel Geld aufzunehmen.«

Blindlings war ich in die Falle getappt, und Heinrich hatte mich nun genau da, wo er mich haben wollte. Wenige Tage später kreuzte mein Lebensgefährte bei mir in Wiesbaden auf und hatte eine Flasche Wein unter dem Arm. Ich holte zwei Gläser herbei, und wir ließen uns auf der Couch nieder. Er schenkte ein und erhob sein Glas: »Dann lass uns mal auf unser neues Zuhause anstoßen!«

»Nicht so voreilig, mein Lieber!«

Wir waren ja noch nicht beim Notar gewesen, und solange das nicht geschehen war, gestattete ich mir noch keine überschwengliche Begeisterung. Als er dann sagte: »Keine Sorge, mein Schatz, beim Notar ist alles geregelt«, fiel ich aus allen Wolken.

»Wie? Was? Warst du etwa allein beim Notar?«

Er nickte.

»Ich dachte wir kaufen das Haus gemeinsam.« Vor Enttäuschung und verhaltener Wut vibrierte meine Stimme.

»So war es doch viel einfacher«, erklärte er leichthin. Er zählte auf, was alles gegen unseren ursprünglichen Plan gesprochen hatte: Die Kreditaufnahme wäre wesentlich komplizierter geworden bei zwei Kreditnehmern, zumal ich im Gegensatz zu ihm kein Eigenkapital vorzuweisen hatte – von meiner chaotischen Vorgeschichte, in der immer wieder hohe Schulden abzustottern gewesen waren, ganz zu schweigen, die auf diese Kreditaufnahme sicherlich einen ungünstigen Einfluss gehabt hätte. Ich hätte endlose Rennereien gehabt und mir deshalb jedes Mal freinehmen müssen. Und so weiter. Das alles leuchtete mir irgendwie schon ein, aber es gefiel mir trotzdem nicht.

»Und wie stellst du dir nun die Sache mit uns beiden vor?«, fragte ich, denn bei aller Enttäuschung konnte ich mich nicht dazu durchringen, meinen Traum, in dem ich so geschwelgt hatte, so plötzlich wieder aufzugeben.

Auch das hatte er sich, wie sich zeigte, schon in allen Einzelheiten überlegt. Er werde sein Eigenkapital einbringen, und ich solle die Kosten für seinen Kredit übernehmen: Tausend Mark monatlich. Das sei ja sicherlich kein Problem, denn ich werde ja jede Menge an Miete einsparen.

Während ich nur an meinem Glas nippte, stürzte er das seine in einem Zug hinunter und schenkte sich nach. »Da du ja keinerlei Eigenkapital einbringst, wir aber Partner sind und du demnächst mit deinen Kindern in meinem Hause wohnen wirst, ist es nicht mehr als recht und billig, dass du die Renovierung übernimmst.«

»Ja, selbstverständlich, davon bin ich ja die ganze Zeit ausgegangen«, presste ich mit belegter Stimme hervor. Wie er dieses »in meinem Hause« betont hatte, das gefiel mir nämlich gar nicht. »Aber da gibt es noch ein Problem.«

»Was für ein Problem?«, fragte er so liebenswürdig, dass ich den Mut hatte, weiterzureden.

»Nun, du stehst als alleiniger Eigentümer im Grundbuch. Welche Rechte auf das Haus bekomme ich denn dafür, dass ich meine Zeit und Arbeitskraft ins Sanieren gesteckt und mit meinem Geld die Hypothek abgezahlt habe? Dir braucht ja nur – was Gott verhüten möge – etwas zu passieren, dann stehe ich da, und deine lieben Verwandten werden mich eiskalt mit zwei Koffern auf die Straße setzen.«

»Das ist eine sehr vernünftige Überlegung«, lobte er mich. »Aber wenn das deine einzige Sorge ist, kann ich dich beruhigen.« Er rückte ganz nah an mich heran, legte einen Arm um meine Schultern und prostete mir mit der freien Hand zu. Ich erhob mein Glas ebenfalls und stieß mit ihm an. Ein heller – optimistischer? – Klang durchzog den Raum. »Für diesen Fall habe ich aber bereits Vorsorge getroffen.«

Er griff in seine Jackettasche und zog ein Kuvert heraus. »Da, lies selbst.«

Ich entnahm dem Umschlag ein Blatt, faltete es auseinander und glaubte, meinen Augen nicht trauen zu können. Es war ein Testament, eigenhändig von ihm geschrieben, mit Datum, Ortsangabe und seiner Unterschrift versehen. Es wies mich als Alleinerbin seines gesamten Vermögens aus! Diese Regelung fand ich nicht nur okay, ich fand sie geradezu atemberaubend.

Also gingen wir die Sache an, meine Kinder, mittlerweile einundzwanzig und dreiundzwanzig Jahre alt und ich. Jede freie Minute verbrachten wir in dem zu renovierenden Altbau. Was mich dabei erfreute und beflügelte, war die Tatsache, dass Waldmann mir in allem freie Hand ließ und meinem Geschmack blindlings vertraute. Ich durfte die Raumaufteilung übernehmen, die Materialauswahl, die farbliche Gestaltung. Im Erdgeschoss rissen wir alle Böden raus, weil sie völlig morsch waren. Im Obergeschoss genügte es, sie abzuschleifen und zu versiegeln. Wir entfernten die Fenster im ganzen Haus mitsamt den Zargen. Sogar eine Wand klopften wir heraus, weil ich aus zwei kleinen Zimmern ein großes machen wollte. Das war eine Mordsarbeit. Im Hof stand ein Container, in den Peter den ganzen Bauschutt mit Schwung hineinwarf. Die Kinder schafften auch Fliesen, Holz und anderes Baumaterial herbei. Der ach so liebe Heinrich Waldmann hingegen rührte bei den Renovierungsarbeiten keinen Finger. Er tauchte nur hin und wieder auf und inspizierte den Fortgang der Arbeiten.

Meine Kinder und ich konnten natürlich nicht alles selbst bewerkstelligen. Durch meinen Arbeitgeber – immerhin hatte ich es bereits auf zwölf Jahre in dem Betrieb gebracht – gelang es mir, die gesamten Heizungs- und Sanitäranlagen einbauen zu lassen. Mein Chef zeigte sich äußerst großzügig, gab mir günstige Rabatte und so gute Sonderpreise, dass wir mindestens die Hälfte des Normalpreises einsparten. Zum Einsetzen der neuen Türen und Fenster und zum Verlegen des Parkettbodens im Parterre benötigten wir einen Schreiner. Für das Mauern des Torbogens zwischen Küche und Wohnzimmer benötigten wir einen Maurer und zum Verlegen der neuen Leitungen einen Elektriker. Daher nahm ich mir ein paar Tage Urlaub und schlief nachts auf der Baustelle in einem Feldbett, damit ich die Handwerker in aller Frühe ins Haus lassen konnte. Heinrich konnte ja keinen Tag seiner Arbeitszeit opfern!

Schon während der Ausbauarbeiten bekam ich ab und zu doch ein ungutes Gefühl im Magen. So zeigte sich Waldmann im Umgang mit seinem Freund Paul, der auch ab und zu half, viel großzügiger als im Umgang mit meinem Sohn. Paul bekam hin und wieder aus Heinrichs Kollektion ein Kleidungsstück geschenkt, obwohl er für seine Mithilfe auch regulären Stundenlohn erhielt. Für Peter dagegen, der wesentlich mehr und völlig umsonst arbeitete, sprang noch nicht mal ein Pullover heraus. Als er mal einen haben wollte, musste er ihn voll bezahlen.

Dank unseres unermüdlichen Fleißes gingen die Renovierungsarbeiten zügig voran, sodass unser »Bauherr« als Einzugstermin den 1. Juli 1988 festlegte. Wir freuten uns schon alle darauf. Doch den ersten ernsten Missklang gab es schon Wochen vor dem Einzug. Mein Sohn, den Heinrich mit großen Versprechungen geködert hatte, damit er sich beim Ausbau voll einsetzte, hatte bemerkt, dass für ihn in diesem Hause ja gar kein Zimmer vorgesehen war, und er sprach Waldmann darauf an. »Das ist doch kein Problem«, entgegnete der wortgewandt, »ein junger Mann, wie du, der gerade seine vier Jahre Bundeswehr hinter sich hat, will bestimmt nicht mehr im Dunstkreis seiner Mutter wohnen. Deshalb habe ich mir gedacht, du richtest dich im Nebengebäude ein. Das ist doch ein ideales Logement für einen unabhängigen jungen Mann.«

In der Tat stand in geringer Entfernung zum Wohnhaus noch ein Gartenhäuschen, und die Idee, dort zu wohnen, gefiel Peter tatsächlich. In dem Moment, in dem mein Sohn aber auch noch einigen »Komfort« ins Gartenhäuschen eingebaut haben wollte, wie fließendes Wasser, nebst Waschbecken, Dusche und Toilette, streikte unser »Hausherr«. »Wo denkst du hin? Solch ein Luxus im Gartenhaus? Das wird mir zu teuer. Du wirst doch noch die paar Schritte zum Haupthaus gehen können, um dich zu waschen oder wenn du mal auf die Toilette willst.« Um trockenen Fußes zur Gästetoilette zu gelangen, hätte Peter durch die Garage gehen können. Aber das erlaubte Waldmann dann wieder nicht!

So kam es, dass mein Sohn kurzerhand auf den Einzug verzichtete und sich stattdessen eine Junggesellenbude in Wiesbaden suchte. Und das nach all der Arbeit, die er in die Renovierung gesteckt hatte! Aber immerhin: Auf diese Weise wurde er schnell selbstständig, sowohl persönlich als auch beruflich, und im Endeffekt hat ihm das sicher genützt. Meine Tochter fühlte sich bei dem Gedanken, bei uns einzuziehen, aber offenbar auch unbehaglich. Sie stellte nur ihre Möbel bei uns ab und kroch bei ihrem Freund unter, den sie immerhin schon einige Jahre kannte. So hatten wir das überhaupt nicht geplant.

Bei der Einweihungsparty begann ich dann zu ahnen, dass ich mich niemals auf das von Heinrich vorgeschlagene Arrangement hätte einlassen dürfen. Ich hatte nicht nur zusammen mit meinen Kindern, die gar nichts davon gehabt hatten, die ganze Renovierung organisiert, sondern auch die fehlenden Möbel und was sonst noch erforderlich war, angeschafft und bezahlt. Mit aller Selbstverständlichkeit hatte ich auch für hundertfünfzig geladene Gäste zur Einweihungsparty nicht nur die Lebensmittel gekauft, sondern das Essen auch noch selbst zubereitet, wobei der liebe Heinrich nicht eine einzige Kartoffel schälte. Wie kam es dann also, dass ich bei der Fest- und Dankesrede mit keiner Silbe erwähnt wurde? Auch für meine Kinder hatte Heinrich kein Dankeschön übrig. Nicht einmal, als man ihn mit Komplimenten überschüttete, was für ein einmalig schönes und vor allem geschmackvoll eingerichtetes Haus er doch besitze, wies er darauf hin, wer das alles bewerkstelligt hatte.

Es war »sein« Haus. Das ließ er mich von nun an bei jeder Gelegenheit spüren. »Raus aus meinem Haus!« verlangte er schon nach ein paar Monaten nach einem Streit von mir. Ich war so verdattert, dass ich diese Nacht im Gartenhäuschen verbrachte. Es sollte nicht die letzte Nacht gewesen sein, die ich dorthin ins Exil zog. Dennoch dauerte es anderthalb Jahre, bis ich nicht mehr einsehen konnte, Heinrich jeden Monat das Geld für die monatliche Kreditrate zu überweisen, und ernsthaft erwog, ganz auszuziehen. Das Testament hatte mich bis dahin zögern lassen. Nach all der Mühe und dem Geld, die ich in das Haus inverstiert hatte, wollte ich auf das mögliche Erbe nicht verzichten.Bei einem Auszug würde er mit Sicherheit,das von mir sorgfältig aufbewahrte Testament zurückfordern

Wieder einmal suchte ich meinen langjährigen Haus- und Hofanwalt auf, der seit dreißig Jahren Freund der Familie war. Der las sich das Testament aufmerksam durch und schüttelte den Kopf. »Frau Koch, was wollen Sie mit diesem Schwachsinn? Das ist keinen Pfifferling wert. Herr Waldmann kann doch jeden Tag ein neues Testament verfassen, wodurch alle vorhergehenden ungültig werden.«

Das war für mich wie ein Schlag vor den Kopf.

»Das einzig Vernünftige, was Sie tun können«, empfahl er mir dann, »gehen Sie mit Ihrem Lebensgefährten zu einem Notar, etwa zu mir, damit die Vermögensverhältnisse zu Ihren Gunsten geklärt werden.«

Aber mit diesem Vorschlag kam ich bei Heinrich schlecht an. Wutentbrannt brüllte er mich an: »Ich gehe mit dir zu keinem Notar! Ich bin mein eigener Anwalt, Notar und Gott! Was ich sage und mache, ist ein Rechtsurteil! Wenn dir das nicht passt, raus aus meinem Haus!«

Ich zitterte wie Espenlaub, war aber nicht gewillt, meine Position kampflos aufzugeben. Doch eine Einigung in beiderseitigem Interesse erwies sich als unmöglich. Als ich mich weigerte, ihm unter diesen Umständen weiter Haus und Lebensunterhalt zu finanzieren, sperrte er mich aus, sodass ich nur mithilfe der Polizei wieder ins Haus gelangte.

Ein Glücksfall brachte mich für einige Zeit aus der Schusslinie: mein Stiefsohn Jochen, der zusammen mit seiner Frau Heike und inzwischen zwei Kindern schon seit einiger Zeit in Brasilien lebte, wohin er von der Hotelkette Hilton versetzt worden war, überraschte mich nämlich mit einer Traumreise nach Brasilien. Ein Flug in der Business Class! Im Hotel konnte ich mich bis in den 32. Stock frei bewegen und alle Annehmlichkeiten in Anspruch nehmen. Man trug mich förmlich auf Händen, versuchte, mir jeden Wunsch von den Augen abzulesen. All meine Sorgen waren so weit weg, ich blühte förmlich wieder auf. Und siehe da, als ich wieder in Frankfurt ankam und Heinrich mich sogar am Flughafen abholte, schien alles wieder in bester Ordnung. Er war nämlich wie ausgewechselt und die Liebenswürdigkeit in Person. Wahrscheinlich hatte er erst durch meine Abwesenheit gemerkt, was er an mir hatte.

Doch die Wetterbesserung hielt nicht lange an. Immer häufiger kam es zu Ausrastern, etwa als er meine Kinder mit Anhang am Muttertag zum Kaffee einlud und sie im nächsten Augenblick wegen eines nichtigen Anlasses wieder hinauswarf. Bis Weihnachten plätscherte dennoch alles so recht und schlecht vor sich hin, aber als dann bei einem familiären Weihnachtsessen, bei dem die Kinder ebenfalls eingeladen waren, noch einmal genau dasselbe geschah, dämmerte mir endlich, dass ich dieses Haus baldmöglichst endgültig verlassen musste.

Den letzten Anstoß dazu lieferte mir, ohne es zu wissen, Heinrichs Bruder Klaus, der im Vorderhaus wohnte. Er erzählte ganz beiläufig, offenbar ahnungslos, dass ich davon gar nichts gewusst hatte, dass Heinrich dieses Haus von seiner Mutter geerbt hatte – und zwar ziemlich genau ein Jahr, bevor er mir es gezeigt hatte. Jetzt erst begriff ich, dass er in mir nur eine Dumme gesucht – und gefunden! – hatte, die ihm die Sanierung abnahm und ihm nebenbei noch eine fürstliche Miete bezahlte, da es ja offensichtlich das Darlehen, das ich bezahlte, gar nicht gab.

Zornig stellte ich ihn noch am selben Abend zur Rede. Da wurde er handgreiflich und rastete derart aus, dass ich mich, von seinen Fußtritten traktiert, auf dem Küchenboden wiederfand. Vor Schmerzen zusammengekrümmt, hoffte ich nur noch, hier wieder lebend rauszukommen. Als er endlich von mir abließ, irrte ich durch das nächtliche Flörsheim auf der Suche nach einem Arzt, der meine Verletzungen nicht nur bestätigen, sondern auch behandeln sollte. Doch vergebens. Wo ich auch läutete, es wurde mir nicht geöffnet.

So fuhr ich am nächsten Morgen wie gewohnt – unter großen Schmerzen – ins Büro. Von dort aus versuchte ich, alles zu regeln. Zunächst nahm ich mir eine halbe Stunde frei, um mir in der Apotheke ein Schmerzmittel zu holen. Danach warf ich einen Blick in den Immobilienteil der Zeitung. Und siehe da, sofort fiel mein Blick auf eine Anzeige, die mir schon mehrmals aufgefallen war, weil der Makler ein Kunde unserer Firma war und weil darin ein Haus zu einem erstaunlich günstigen Preis angeboten wurde. War dieses Haus vielleicht etwas für mich? Ich rief dort an, und eine Stunde später hatte ich die Unterlagen, Bilder und die Adresse des Objekts in Händen. In diesem Augenblick wusste ich endgültig, dass ich Heinrich verlassen würde, auch wenn ich damit alles verlieren würde, was ich in das Gebäude hineingesteckt hatte. Doch im Vergleich zu dem, was ich wiedergewinnen würde, nämlich meine Würde, war jeder andere Verlust unbedeutend. Jetzt galt es, Nägel mit Köpfen zu machen.

Das eigene Haus

Ja, so wurde ich, ohne einen Pfennig Eigenkapital am 1. September 1989 im Alter von zweiundfünfzig Jahren stolze Eigentümerin eines ansehnlichen Dreifamilienhauses, das vorerst voll und ganz der Bank gehörte. Aber ich war es, die im Grundbuch stand! Mein neues Haus war keine Hundehütte, wie ich anfangs befürchtet hatte, sondern recht ansehnlich. Meine Hausbank war, anders als Waldmann es mir hatte weismachen wollen, auch sofort zur Finanzierung bereit. Jetzt ging's zurück zum Makler. Nach nur wenigen Tagen lag bereits der Vertrag beim Notar zur Unterschrift bereit.

Alle Korrespondenz wurde über meine Büroadresse abgewickelt, weil ich befürchtete, dass Heinrich mir andernfalls einen Strich durch die Rechnung machen würde. Vorerst fuhr ich ja, wie immer nach der Arbeit, zurück in Waldmanns Haus. Freilich ließ ich mir nichts anmerken, versuchte jeden Kontakt mit ihm zu vermeiden und schwieg beharrlich, bis der Tag X, der Tag des Umzugs also, an dem ich das ungastliche Haus in Flörsheim endgültig verlassen konnte, kommen sollte.

So schnell, wie ich geglaubt hatte, kam ich aber doch nicht in mein Haus. In meiner Unerfahrenheit hatte ich es beim Kaufvertrag versäumt, eine Klausel aufnehmen zu lassen, die mir zu einem bestimmten Termin eine freie Wohnung zusicherte.

Blauäugig, wie ich war, hatte ich mich zum einen darauf verlassen, dass der Mieter vom ersten Stock bald ausziehe, wie mir der Verkäufer versichert hatte. Zum anderen war ich der Meinung, ich brauche – sollte er sich damit doch nicht so bald Geschick machen - nur auf Eigenbedarf zu pochen. Was ich nämlich nicht wissen konnte, war die bedauerliche Tatsache, dass der Vorbesitzer dieses Hauses, mit den Mietern verwandt bzw. befreundet war. Da er im Laufe der Zeit mit seinen Lieben Probleme bekommen hatte, jedoch nicht gegen die eigenen Leute vor Gericht ziehen wollte, hatte er sich entschlossen zu verkaufen. Ich war nun die Dumme, die ihm auf den Leim gegangen war. Jetzt wurde mir endlich klar, warum ich so schnell und relativ preisgünstig zu diesem Anwesen gekommen war. In meinem Eigentum war leider keine Wohnung für mich frei. Was tun?

Nun musste ich wieder meinen langgedienten Anwalt in Anspruch nehmen. Der eröffnete mir gleich, ich solle mich auf eine lange Wartezeit gefasst machen. Aufzuzählen, was er alles unternahm, um mir zu meinem Recht zu verhelfen, erspare ich mir. Nur so viel sei gesagt: Ich verlor drei Prozesse, und es dauerte drei Jahre, bis ich endlich in mein Haus ziehen konnte.

So lange konnte und wollte ich aber nicht mehr im Hause Waldmann bleiben. Mir blieb nur die Möglichkeit, nach einer Übergangswohnung zu suchen. Diese fand ich sehr bald in einer Gemeinde im Rheingau. In einem zwölfstöckigen Haus bezog ich nach meinem Blitzauszug eine Zwei-Zimmer-Wohnung im elften

Stock. Es war am 1. Juli 1991, genau zwei Tage nach der Hochzeit meines Sohnes, da stand pünktlich um 8 Uhr der Möbelwagen bei Waldmann vor der Tür. Innerhalb von zwei Stunden war meine ganze Habe verladen, argwöhnisch von Herrn Waldmann überwacht. Er hatte wohl Angst, ich könnte ein Stück mitnehmen, das ihm gehört. Seine Angst war völlig unbegründet. Ich nahm weniger mit, als ich in das Haus eingebracht hatte. Mir genügten meine Kleidung, meine Wäsche, mein Geschirr und meine Antiquitäten.

Stumm wie eine Salzsäule hatte er an den Stufen der Außentreppe gestanden und nicht einen Handschlag getan. Ein Wort des Abschieds oder gar des Bedauerns von seiner Seite gab es auch nicht. Als er seinen Mund endlich öffnete, kurz bevor ich seinen Blicken entschwand, äußerte er im Befehlston: »Aber du kommst noch mal und machst das ganze Haus sauber!« In etwas verbindlicherem Ton fügte er dann hinzu: »Dafür lade ich dich dann zu einer Pizza ein.«

Am nächsten Tag fuhr ich tatsächlich wieder hin und putzte das ganze Haus vom Dachboden bis zum Keller, obwohl ich in meiner neuen Wohnung wirklich Wichtigeres zu tun gehabt hätte. Ständig hielt sich mein ehemaliger Lebensgefährte in meiner Nähe auf und guckte mir genau auf die Finger. Nach vollbrachter Arbeit ließ ich mich erschöpft auf der Terrasse nieder, um ein wenig zu verschnaufen, bevor wir zum Pizzaessen fahren wollten. Aber dazu kam es dann nicht mehr, denn wir gerieten in Streit. Auslöser dafür war die Hochzeit meines Sohnes, die, wie erwähnt, zwei Tage vor meinem spektakulären Abgang stattgefunden hatte. Ich konnte es mir nämlich nicht verkneifen, ihn darauf hinzuweisen, dass sogar sein Bruder Klaus, der Peter nun wirklich gar nichts schuldete, zu dessen Hochzeit gekommen war, aber er selbst ferngeblieben sei, obwohl Peter so viel in diesem Haus getan hatte. Heinrich explodierte auf der Stelle: »Ich bin froh, wenn ich mit deiner ganzen Sippe nichts mehr zu tun habe! Und glaube ja nicht, dass ich dir auch nur eine Träne nachweine! Vor meiner Tür warten schon zehn andere Damen, um deinen Platz einzunehmen.«

Wütend sprang ich auf. »Weißt du was? Du kannst deine Pizza allein essen.«

Abrupt drehte ich mich um und verschwand. Wir wechselten nie wieder ein Wort miteinander, aber es kamen noch jahrelang von ihm Briefe bei mir an. Was er mir schrieb, weiß ich aber nicht, denn ich habe sie alle ungeöffnet zurückgehen lassen. Die zehn Damen aus seinem Wunschtraum ließen aber offenbar auf sich warten, wie ich später erfuhr. Nachbarn erzählten mir, es sei lange Zeit kein weibliches Wesen mehr bei ihm gesichtet worden, und mein Namensschild habe noch zwei Jahre nach meinem Auszug seine Haustür geziert. Vermutlich konnte er vor Nachbarn und Freunden nicht eingestehen, dass er so Knall auf Fall sitzengelassen worden war.

Um die frauenlose Zeit bei ihm zu beenden, wollte ich ihm nach zwei Jahren einen letzten »Freundschaftsdienst« erweisen. Ich scheute nicht die Kosten, in unserer Tageszeitung unter der Rubrik »Bekanntschaften« eine Anzeige aufzugeben: »Hallo Singles!

Junggeselle, 52 Jahre, 1,83 m, gutaussehend, schlank, sportlich, Nichtraucher, in gesicherter Position, mit Landhaus und nicht ganz mittellos, erträumt sich nette, junge Dame kennenzulernen: Alter bis 30 Jahre, sehr gute Erscheinung, sportlich-elegant, perfekt in Haus und Garten, sowie im kaufmännischen Bereich, sexuell leicht nuttiös, mit Führerschein und PKW. Witwe mit guter Rente nicht unangenehm, jedoch nicht Bedingung. Unbedingt erforderlich sind Eigenkapital von 100 000 DM in bar und antike Möbel sowie monatlicher Unkostenbeitrag. Anhang unerwünscht, da Springen, Hopsen, Spielen und Lachen nicht gerne gesehen werden. Spätere Heirat, ab 70 Jahre, bei sehr guter Führung, nicht ganz ausgeschlossen!!!«

Damit er diese Anzeige auf jeden Fall zu Gesicht bekommen würde, steckte ich ihm eine Kopie davon in den Briefkasten. Er sollte ruhig wissen, was ich von ihm halte. Ob und wie viele Damen sich darauf gemeldet haben, habe ich leider nie erfahren. Ich erfuhr lediglich, dass nach dieser Annonce ein ständiges Kommen und Gehen weiblicher Personen beobachtet wurde.

Nach der Episode Waldmann war ich wieder mal ganz unten, sowohl psychisch als auch finanziell. Meiner Erfahrung nach konnte es also jetzt nur noch aufwärts gehen. Obwohl ich mich mit diesem Gedanken zu trösten versuchte, war meine Enttäuschung riesengroß, ich fühlte mich ausgenutzt und missbraucht. Von allem wollte und musste ich erst mal Abstand gewinnen. Dazu war es gerade recht, dass ich mich voll und ganz auf mein neues Haus konzentrieren musste. Gleichzeitig beseelte mich nur noch ein Gedanke: Nie wieder einen Mann! Nie wieder sollte mich ein

männliches Wesen betören und schon gar nicht berüh-
ren. Meine Zukunft hieß ab sofort nur noch Arbeit.
Das ist ja bekanntlich die beste Medizin, um alles zu
vergessen. Geld für sinnvolle Wochenendgestaltung
oder sogar Urlaub war ja sowieso nicht mehr drin.
Immerhin musste ich doppelt soviel Miete für mein
Ausweichquartier bezahlen, wie ich für die Wohnung,
welche ich im eigenen Haus beziehen wollte, erhielt,
und auch wenn ich für drei Wohnungen Miete bekam,
reichte die Differenz nur für einen Bruchteil des
Betrags, den ich für das Haus jeden Monat an die Bank
zu bezahlen hatte.

Not macht bekanntlich erfinderisch – ich holte mir
eine zweite Lohnsteuerkarte. Mit einer lukrativen
Nebenbeschäftigung wollte ich meine einsamen
Wochenenden sinnvoll gestalten. Auf der Suche nach
einem Zweitjob hatte ich Glück: Zwischen meinem
Büro und meiner Übergangswohnung wurde zu dieser
Zeit gerade ein Nobelhotel am Rhein fertiggestellt.
Aufs Geratewohl meldete ich mich im Personalbüro
an. Und siehe da, mit einem Arbeitsvertrag als zweite
Hausdame verließ ich es wieder! Hier kam mir wieder
meine Zweitausbildung im Hotelfach zugute. Dieser
Beschäftigung konnte ich natürlich nur nach Büro-
schluss sowie an Sonn- und Feiertagen und während
meines Urlaubs nachgehen.

Was ich vorher nicht ahnen konnte und schon gar
nicht wollte, war die Tatsache, dass diese Schufterei
drei Jahre lang wöchentlich sechs Tage à sechzehn
Stunden Arbeit bedeuten sollte. Diesmal ging zwar
alles offiziell und war von meinem Chef auch abgeseg-
net, nur krank werden durfte ich nicht.

Mein Zweitgehalt ersparte mir immerhin einen zusätzlichen Kredit. Es kamen nämlich ungeahnte Kosten auf mich zu: die Treppenhaussanierung, Briefkasten und Sprechanlage sowie Außenbeleuchtung mussten installiert werden. Und zu allem Übel gab es noch einen sehr kostspieligen Wasserschaden. Der Mieter der ersten Etage, man sollte ihn besser als Hausmafia bezeichnen, ließ nichts unversucht, mir mein Leben so schwer wie möglich zu machen. Mir kam es so vor, als wollte er mich in die Knie zwingen. Es dauerte eine Weile, bis ich den Grund für seine Schikanen herausfand. Dieser Mieter war der Schwager des Vorbesitzers und hatte einiges in das Gebäude investiert, wohl mit dem Hintergedanken, es ihm bald abluchsen zu können. Er meinte wohl, wenn er mich nun recht schikanierte, würde ich eines Tages aufgeben und er könne es billig über den Schnabel nehmen.

Gewiss, es war nur eine Frage der Zeit, bis er trotz allem das Feld räumen musste, die Frage war nur, ob ich das nervlich durchhalte. Mindestens ein Dutzend Mal kamen mir Zweifel, ob ich einen ausreichend langen Atem haben würde. Denn kaum war eine Schwierigkeit abgehakt, stand die nächste, noch größere, vor der Tür. Öfter als einmal kam mir dann, wenn mir wieder einmal der Boden förmlich unter den Füßen weggezogen wurde, der Gedanke, diesem ganzen hoffnungslosen Wahnsinn ein Ende zu bereiten. Meine Kinder waren ja gut versorgt, auf mich wartete niemand, warum also sollte ich mich weiter abstrampeln? Wem wollte ich denn etwas beweisen? Meine Mutter lebte ja nicht mehr, und meine Schwestern konnte ich mit einem eigenen Haus nicht beeindrucken, sie wohnten ja seit Jahren in eigenen Häusern. So manches Mal stand ich auf meinem Balkon in diesem entsetzlichen Hochhaus, das mich stark an eine Legebatterie erinnerte, und starrte in die Tiefe. Wenn du jetzt hier vom elften Stock hinunterspringst, ist in wenigen Sekunden alles beendet, dachte ich. Aber jedes Mal hielt mich eine innere Stimme doch zurück. ›Du selbst bist es, der du was beweisen musst!‹, sagte sie mir. ›Du musst dir selbst beweisen, dass du auch mit dieser Schwierigkeit, wie mit den vielen vorhergehenden, fertig wirst. Das Leben ist nun mal kein Oktoberfest; du kannst es nicht einfach verlassen, wenn es dir nicht mehr gefällt. Du wirst auch wieder schöne Tage haben!‹

Mit gesundem Trotz ging ich also wieder zur Tagesordnung über. Die viele Arbeit sowie die finanziellen Sorgen, die an mir fraßen, forderten aber allmählich ihren Tribut. So landete ich beim Arzt und bekam ziemlich kurzfristig eine vierwöchige Kur am Bodensee bewilligt, übrigens die einzige während meiner ganzen neunundvierzigjährigen beruflichen Laufbahn. Diese Kur tat mir sehr gut, sie ersetzte mir Jahre fehlenden Urlaubs. Mit neuer Energie und Elan begann ich im Januar 1993 wieder an mich und meinen Erfolg zu glauben. Und siehe da, zum 1. April desselben Jahres war die Räumungsfrist gegen meinen ach so liebenswerten Mieter abgelaufen. Die Räumungsklage wurde also rechtskräftig.

Damit hatte ich einen Titel in der Hand und konnte bei nicht fristgerechtem Auszug eine Zwangsräumung durchführen lassen. Nun galt es abzuwarten, ob er das Feld auch tatsächlich räumte. Seine Hartnäckigkeit, die mir ja bekannt war, veranlasste mich zu entsprechenden Vorkehrungen: Gerichtsvollzieher und Möbelwagen standen mit Packern in den Startlöchern. Meine Notwohnung war ebenfalls fristgerecht gekündigt und ausgeräumt. Ich hätte also auf der Straße gestanden, falls meine Aktion fehlschlug. Für diesen Fall hatte ich mich bereits mit der Bildzeitung in Verbindung gesetzt. Ich hatte sie darüber informiert, dass mir zwei Kellerräume neben der Heizungsanlage zur Verfügung standen. Der Einzug in den Keller hätte sicher einen interessanten Bericht gegeben. Ich sah schon die Schlagzeilen vor mir: »Hausbesitzerin nächtigt in zwei Kellerräumen ihres eigenen Hauses, weil sie den Mieter nach dreijährigem Prozess trotz gewonnener Klage auf Eigenbedarf nicht aus der Wohnung kriegt.«

Zum Glück wollte sich der Mieter diese Blamage wohl doch ersparen und zog am 31. März 1993 nachts um 24 Uhr »freiwillig« aus. Dieses wurde mir anderntags von den Anwohnern brühwarm berichtet, denn das war nicht ohne Geräusche vor sich gegangen

Wie zu erwarten gewesen war, befand sich die Wohnung in völlig verwohntem Zustand. Das machte mir aber nichts aus, ich war glücklich, endlich im eigenen Haus zu sein. Obwohl die Renovierungsarbeiten Monate in Anspruch nehmen würden, ließ ich mich durch nichts und niemanden entmutigen. Die Bücherkisten, die Kisten mit dem Geschirr und alles, was normalerweise in Schränke gehörte, stapelten wir zunächst in der Mitte des fünfundvierzig Quadratmeter großen Wohnzimmers bis an die Decke. Im selben Raum schlug ich mein Notbett auf. In der Küche diente mir mein alter Propangaskocher zum Kaffeekochen und zur Zubereitung kleinerer Gerichte. Dieser Kocher hatte schon einiges erlebt. Ich hatte ihn mir damals in München gekauft, als ich meine ersten Gehversuche im Selbstständigwerden machte. Und später, immer dann, wenn Waldmann mich wieder aus »seinem« Haus rausgeworfen hatte, tat mir der Kocher in seinem Gartenhäuschen gute Dienste.

Der einzige Raum, in dem man sich menschenwürdig bewegen konnte, war das Badezimmer.

Nach dem Motto »Es gibt viel zu tun, packen wir's an!«, standen mir meine Kinder voll zur Seite. Meine Tochter tapezierte meisterhaft. Ich legte die Rauputzwände neu an. Mein Sohn kümmerte sich profimäßig um sämtliche Elektroarbeiten und verlegte auch im Schlafzimmer den Teppichboden. So gelang es mir, nach sechs Wochen das Schlafzimmer – jedoch ohne Schrank – zu beziehen. Verglichen mit dem, was ich in Flörsheim aufgegeben hatte, lebte ich jetzt recht bescheiden. Aber dafür glücklicher, endlich ohne Ärger und sehr stolz auf alles, was ich bis zu dem Zeitpunkt erreicht hatte. Da ich keine Gäste erwartete und aufgrund der vielen Arbeit nur zum Schlafen heim kam, störte mich die leere Wohnung wenig. Es verging allerdings noch mehr als ein Jahr, bis ich mir so nach und nach die Einbauküche, das Wohnzimmer und zum Schluss – im Sommer 1994 – auch die Gardinen leisten konnte.

Mit meinen Mietern im Parterre und denen in der zweiten Etage gab es keinerlei Probleme, obwohl oft gebohrt, gesägt und gehämmert wurde. Ja, sie gingen mir in manchem sogar zur Hand. Und auch von den

Mitbewohnern aus der Nachbarschaft erfuhr ich enorme Hilfe.

Deshalb beschloss ich, mich bei allen mit einem Gartenfest für die Unterstützung und Güte zu bedanken.

An dieser Stelle sei erwähnt, dass mein Haus eines der ältesten (erbaut 1865!) und bekanntesten im Ort ist. Es handelt sich um die ehemalige Schule, in der fast alle älteren Einwohner noch die Schulbank gedrückt hatten. Damals sind die Schüler noch von der ersten bis zur achten Klasse Volksschule in meinem heutigen Wohnzimmer gemeinsam von einem Lehrer unterrichtet worden. Deshalb also waren das Interesse und auch die Hilfsbereitschaft so groß gewesen, und daher kam auch das Motto, unter dem ich zum Gartenfest einlud: »Alte Schule unter neuer Direktion«.

Freunde, Bekannte, Chef und Kollegen, die Nachbarn sowie die Handwerker, nicht zu vergessen meine Kinder mit Anhang, also alle, die mir irgendwie zur Seite gestanden hatten, wollte ich dabei haben. Es gelang mir sogar, einen Hammondorgelspieler – sehr preiswert – für meine Party zu gewinnen. Mir kam auch zugute, dass in dem Hotel, in dem ich als zweite Hausdame arbeitete, zu der Zeit Spitzenweine zum Personalpreis, also supergünstig, verkauft wurden.

Mit der Planung und den Vorbereitungen war ich voll in meinem Element. Die Gästeliste wies circa achtzig Namen auf. Die Nachbarn, sofern es sich um jüngere Männer handelte, halfen mir beim Aufbau, wo es nur ging. Und natürlich die Feuerwehr. Mein Grundstück grenzte nämlich an das der Feuerwehr, und ich war schon kurz nach meinem Einzug passives

Mitglied geworden, was neben den Beiträgen, die ich bezahlte, auch bedeutete, dass ich bei Dorffesten und ähnlichen Aktivitäten mithelfen würde. Nun aber waren erst einmal viele Feuerwehrmitglieder bei meinem Fest zur Stelle. Einer baute die Biertheke nebst Getränkebar auf. Ein anderer, er war von Beruf Metzger, übernahm den Grill sowie die Betreuung des Büfets. Zwei weitere Kameraden kümmerten sich um das Zelt und die Bestuhlung. Die Hilfsbereitschaft kam so spontan und mit einer solchen Selbstverständlichkeit, dass ich darüber total glücklich, wenn auch etwas verlegen war.

Als sich nach einem rauschenden Fest die letzten Nachtschwärmer bei Tagesanbruch von mir verabschiedeten, war ich fest davon überzeugt, in diesem liebenswerten kleinen Luftkurort endlich mein lang ersehntes Zuhause gefunden zu haben.

Gerne hätte ich mit den Feuerwehrkameraden und deren Frauen nähere Bekanntschaft geschlossen. Dass die Damen im Ort in mir, einer erfolgreichen, alleinstehenden Witwe, eine Gefahr witterten, ahnte ich damals nicht und war deshalb ein wenig befremdet darüber, dass meine Hilfe bei Dorffesten zwar erwünscht war, man mir ansonsten aber nur höflich und die Ehefrauen geradezu distanziert begegneten. Es dauerte geraume Zeit, bis ich die Zusammenhänge begriff.

Ab da versuchte ich mein Glück lieber im Nachbarort. Kurzerhand schloss ich mich dem dortigen Wanderverein an. Einmal im Monat, immer am ersten Sonntag, war große Tageswanderung angesagt. Rasch spürte ich aber: Dies war nicht das Richtige für mich.

Unter den vielen Mitstreitern, die fast alle wesentlich älter waren als ich, fühlte ich mich nicht nur von ihren Gesprächsthemen her zu jung, ich fühlte mich auch zu wenig ausgelastet. Sie wanderten mir zu langsam, und durch ihr Tagespensum von sieben bis acht Kilometern fühlte ich mich unterfordert. Das Bestreben der meisten war es, immer bald ein Café anzulaufen und dort stundenlang zu sitzen. Daher gab ich dieses Unterfangen bald wieder auf.

Ein glücklicher Umstand verhalf mir zu einem Theaterabonnement mit acht Vorstellungen jährlich, immer am Sonntagnachmittag. Dies entsprach schon eher meinen Ansprüchen. Trotz meiner zwei Jobs und des Abonnements blieben mir aber noch freie Samstage und etliche freie Sonntagnachmittage übrig. Mein Bestreben war es aber, keine Zeit zum Denken zu haben und rund um die Uhr ausgelastet zu sein. Deshalb beschloss ich, mich nützlich zu machen, zumal ich dachte: Mir geht es jetzt so gut, da kannst du auch mal etwas Soziales tun.

Dabei kam mir ein Zufall zu Hilfe.

In die Firma, in der ich arbeitete, kam hin und wieder ein älterer, gehbehinderter Mann, um Heizöl zu bestellen. Das hätte er sicherlich ebenso gut telefonisch machen können, wie das die meisten Kunden taten. Aber er war wohl sehr einsam und suchte persönlichen Kontakt. Aus diesem Grund kam er vermutlich auch immer ein zweites Mal, um seine Rechnungen bar zu bezahlen, statt sie von seiner Bank aus zu überweisen.

Eines Tages nun fragte er mich: »Haben Sie nicht mal Lust, mit mir einen Kaffee zu trinken?«

»Warum nicht?«, erwiderte ich. »Am Samstagnachmittag hätte ich frei.«

Beim nächsten Mal fragte er mich, ob ich nicht mal ein Glas Wein mit ihm trinken wolle. Auch das war mir recht. So vergingen immer ein paar Stunden wie im Fluge, denn Opa Adolf, dreiundachtzig Jahre alt, wusste immer lebhaft zu erzählen. Im Krieg war er Jagdflieger gewesen. Aber nicht nur darüber ließ er sich aus, sondern er war auf vielen Gebieten beschlagen. So führten wir wirklich interessante Gespräche, bei denen ich so manches dazulernte. Es tat mir aber auch gut, meine Probleme mit diesem erfahrenen, neutralen Menschen zu erörtern.

Bald blieb es nicht mehr bei den gelegentlichen Einladungen, sondern er bat mich, ihn regelmäßig zu besuchen, da er sehr einsam sei. Und weil er nicht mehr selbst Auto fahren konnte, durfte ich ihn an Sonn- und Feiertagen mit seiner schicken Limousine herumkutschieren. Im Gegenzug lud er mich jedes Mal zum Essen ein, immer in sehr feine Restaurants. So entwickelte sich im Laufe der Monate eine recht ehrliche, väterliche Freundschaft, so jedenfalls sah ich die Sache. Doch der alte Knabe hatte sich in Wirklichkeit Hals über Kopf in mich verliebt. Zunächst wollte ich das gar nicht wahrhaben. Wenn er mir die Wange streichelte, sah ich darin eine väterliche Zärtlichkeit. Seine ersten schüchternen Umarmungen deutete ich als zunehmende freundschaftliche Vertrautheit. Doch als er mir eines Tages ein goldenes Fußkettchen überreichte, wies ich das empört zurück: »Nein, Herr Schmelzer, das nehme ich nicht an! Für was halten Sie mich? So etwas tragen doch nur

Nutten. Das hätte ich nicht erwartet, dass Sie mich so einstufen.«

Sichtlich erschrocken und peinlich berührt erwiderte er: »Aber so dürfen Sie das nicht auffassen, Frau Koch. So habe ich das nicht gemeint. Ich hatte ja keine Ahnung, dass man das so auslegen könnte. Das Kettchen soll doch nur ein Ausdruck meiner tiefen Zuneigung zu Ihnen sein. Denn ich habe den Eindruck gewonnen, dass auch ich Ihnen nicht gleichgültig bin.«

Nie war es meine Absicht gewesen, bei dem alten Burschen einen solchen Eindruck zu erwecken! Ein Werk der Barmherzigkeit und der Nächstenliebe hatte ich tun wollen, und nun sah ich mich einem ganz aufrichtig gemeinten Liebeswerben des alten Herrn gegenüber. Und es sollte noch schlimmer kommen: »Sie müssen nicht meinen, dass ich ein armer Mann bin«, warb er. »Außer meinen drei Häusern besitze ich noch ein großes Barvermögen.«

Auch das noch! Ich kam mir vor wie eine Heiratsschwindlerin wider Willen. Nun musste ich sehen, wie ich aus dieser Nummer wieder heraus kam. »Herr Schmelzer, wir passen doch einfach altersmäßig nicht zusammen«, versuchte ich ihm zu verdeutlichen. Zu der Zeit war er fünfundachtzig, während ich erst vierundfünfzig Lenze zählte. »Außerdem habe ich mir geschworen, nie wieder einen Mann an mich heranzulassen.« Mit dem letzten Satz hatte ich endlich den richtigen Ton getroffen, denn meine Geschichte kannte er ja. Er blickte sehr traurig drein, widersprach mir aber nicht mehr.

Dass ich unfreiwillig solchen Liebeskummer verursacht hatte, tat mir von Herzen leid, aber es verunsicherte mich auch, und meine Besuche bei ihm stellte ich zwar nicht vollständig ein, aber sie wurden deutlich weniger. Dankbar nahm er meine selteneren Besuche und Sonntagsausflüge an und verlor kein Wort mehr zu diesem Thema, und erst als er ein Jahr später einige Wochen in der Klinik verbringen musste und einsah, dass er in seinen vier Wänden nicht mehr zu-rechtkommen würde, bat er mich um Hilfe: Ich solle ihm bei der Suche nach einem Altersheim helfen, das seinen Ansprüchen gerecht werde.

Alles, was ich bisher für ihn und mit ihm unternommen hatte, hatte ich völlig unentgeltlich erledigt, obwohl ich wusste, dass er kein armer Mann war. Nachdem ich aber auch noch seinen kompletten Umzug ins Heim bewerkstelligt, seine Wohnung aufgelöst und alle Behördengänge erledigt hatte, hatte ich keine Bedenken, als er sich mir erkenntlich zeigen wollte und mir den Schmuck seiner verstorbenen Frau schenkte, der einen Wert von etwa 2000 DM haben mochte. Ich freute mich sehr darüber, und ich hörte auch nicht auf, Opa Adolf die Freude zu machen, ihn im Altersheim weiterhin zu besuchen. Leider baute er aber nun geistig rapide ab, und bald waren keine so intensiven und bereichernden Gespräche mehr möglich wie zuvor. Mir begann die geistige Anregung zu fehlen. Ich besuchte ihn zwar weiterhin, bis er im Alter von zweiundneunzig Jahren sanft entschlief. Aber bereits vorher hatte ich damit begonnen, nach einer neuen Herausforderung zu suchen.

Neben dieser Suche und neben Opa Adolf bildete auch mein Haus eine Herausforderung. Dort lief nämlich längst nicht alles so glatt, wie ich das gehofft hatte.

Die Gartenarbeit war sehr zeitaufwendig, ständig waren kleine Ausbesserungen nötig, und ich hatte immer mehr das Gefühl, mich übernommen zu haben. Um etwas mehr Luft zu bekommen, brach ich meine Hoteltätigkeit ab. Das bedeute aber auch weniger Geld, und so kam ich vom Regen der Überlastung in die Traufe, dass mir das Geld noch knapper wurde. Doch in dem Arbeitstempo wie bisher konnte es einfach nicht weiter gehen, das bewiesen mir meine Beine. Zu einer größeren Operation an beiden Beinen musste ich in eine Klinik in der Nähe von Salzburg und war drei Wochen arbeitsunfähig.

Aber ein Unglück kommt ja bekanntlich selten allein. Hatte ich zunächst so darum kämpfen müssen, um für mich in meinem eigenen Haus eine Wohnung frei zu bekommen, wurde zwei Jahre später die Parterrewohnung ganz von selbst frei. Da diese Mieteinnahmen fest eingeplant waren, mussten ganz schnell neue Mieter her. Das führte wohl dazu, dass ich bei der Auswahl nicht die notwendige Sorgfalt walten ließ. Meine neuen Mieter kamen angeblich aus Norddeutschland und machten zunächst einen ganz soliden und ordentlichen Eindruck auf mich. Der Mann habe überraschenderweise in Wiesbaden eine Arbeit gefunden, daher brauchten sie dringend eine Bleibe in der Nähe. Angeblich hatten sie auch ein krankes Kind, deshalb konnten sie die geforderte Kaution nicht hinlegen. Mitleidig, wie ich war, nahm ich sie auf, zumal mein Sohn für sie noch ein gutes Wort eingelegt hatte.

Diese neuen Mieter bescherten mir dann beträchtliche finanzielle Verluste, von den damit verbundenen Scherereien und viel Arbeit ganz zu schweigen. Ich habe nie einen Pfennig Miete von ihnen gesehen bis zu dem Tag, an dem sie bei Nacht und Nebel mein Haus verließen, und zu allem Überfluss nahmen sie dabei auch noch sämtliche Schlüssel mit. Neben der fehlenden Miete für die Monate ihres Wohnens bei mir blieb ich auch auf Umlagenzahlungen in beträchtlicher Höhe sitzen. Ihr Briefkasten, von dem ich ebenfalls keinen Schlüssel hatte, quoll bald über von unbezahlten Rechnungen und Mahnungen.

Also führte mich mein Weg schnurstracks zur Polizei. Von einer Anzeige riet man mir dringend ab, stattdessen bekam ich die kostenlose Belehrung: »Man kennt diese Fälle. Sie häufen sich bei uns. Diese sogenannten Mietnomaden sind sehr geschickt darin, sich abzusetzen, und eine Suche nach ihnen verläuft meist im Sande. Sie können froh sein, dass Sie die so schnell losgeworden sind. Andere Vermieter müssen jahrelang klagen, bis sie die endlich aus dem Haus kriegen.«

Entmutigt ging ich nach Hause und ließ die Wohnung nach der abgelaufenen Frist aufbrechen. Was mich da erwartete, bedeutete für mich mindestens vier Wochen Sanierungsarbeit. Die Hälfte ihrer Einrichtung, die völlig unbrauchbar war, hatten sie mir großzügigerweise zurückgelassen, sodass ich diese auch noch entsorgen musste. Da half alles nichts, es hieß wieder, die Ärmel hochkrempeln und ran an das Chaos.

Noch schlimmer konnte es eigentlich nicht mehr kommen, und so suchte ich, noch ehe ich mit den Renovierungsarbeiten begonnen hatte, nach einem neuen Mieter. Diesmal nahm ich die Herrschaften natürlich etwas genauer unter die Lupe. Zumindest, dachte ich, sollte ein Mann dabei sein, der auch handwerklich begabt war. Binnen kurzer Zeit fand ich dieses Musterexemplar! Nicht nur er, sondern seine ganze Verwandtschaft entpuppte sich als fleißige Handwerker. So machten wir folgenden Deal: Ich besorgte und bezahlte sämtliches Material, und die Familie übernahm die Renovierung der Wohnung. Innerhalb von sechs Wochen war die Wohnung ein Schmuckkästchen, in die das Ehepaar mit Töchterchen einzog.

Da ich mir noch immer keinen Urlaub leisten konnte – dafür hatte ja meine »Hausmafia« gesorgt –, blieb leider für ein seelisches Auftanken keine Chance. Mir fehlte also etwas, die geistige Anregung. Außer Arbeit und Schulden abbauen musste es doch noch etwas anderes geben. Zu Hause sitzen und in der wenigen Freizeit darauf warten, dass ein Wunder geschieht, war ja auch nicht das Wahre. Also suchte ich, wie bereits erwähnt, nach einem seelischen Ausgleich, der aber weder teuer noch zeitraubend sein durfte. Als ich eines Tages von der Leiterin eines Altenheimes angesprochen wurde, ob ich nicht zu Weihnachten selbstgebackene Plätzchen spendieren wolle, war ich gleich mit Feuereifer dabei. Im Jahr darauf nahm ich von mir aus an der Backaktion für Weihnachtsplätzchen teil. Auf die Dauer reichte es mir aber nicht aus, fürs Altersheim Plätzchen zu backen und zu spendieren. Es musste doch eine Aufgabe geben, die mich mehr forderte und mehr meinen Neigungen entsprach.

So schloss ich mich erneut einem Wanderverein an, aber diesmal in einem anderen Nachbarort. Hier passten die Leute altersmäßig nämlich eher zu mir. Oder lag es daran, dass ich inzwischen auch einige Jährchen zugelegt hatte? Dieser Verein wanderte an jedem Samstag seine zwölf bis vierzehn Kilometer, das entsprach schon eher meinem Leistungsniveau. Jeweils auf halbem Weg kehrten wir in ein gutbürgerliches Gasthaus ein, blieben dort aber nicht eine Ewigkeit hocken. Als leidenschaftliche Wasserratte ging ich meistens nach der Wanderung noch zwei Stunden zum Schwimmen.

Im Laufe der Zeit wurden mir diese Ausflüge eine angenehme Gewohnheit. Schon allein die Erwartung, wer wohl am nächsten Samstag neu dazukommen würde, spornte mich immer wieder an. Aus den Wanderern, die jede Woche dabei waren, hatte sich bereits ein fester Stamm aus sechs bis acht Leuten gebildet, die gelegentlich auch etwas in Eigeninitiative zusammen unternahmen: mal einen Kaffeeklatsch, mal ein Abendessen. Die eine oder andere Wanderfreundin begleitete mich auch mal ins Theater. So wurde im Laufe der Zeit aus dieser Wandergruppe viel mehr. Wir organisierten sogar Ausflüge nach Frankreich, eine Wanderwoche ins Elsass und eine achttägige Reise nach Berlin.

Wieder war Samstag, ein wunderschöner Wandertag, und anfangs fiel mir der neue Teilnehmer, obwohl er groß und schlank war, gar nicht auf. Die Gruppe hatte etwa sechs Kilometer hinter sich gebracht, als er auf einmal neben mir ging und ich auf ihn aufmerksam wurde. Was für eine sympathische Stimme und gepflegte Sprache! Im Gasthaus angekommen, ließ uns der Zufall an denselben Tisch geraten, und erneut war ich völlig fasziniert. Beim Heimweg blieb ich an seiner Seite, und ich hatte den Eindruck, dass er sich gerne mit mir unterhielt. Von diesem Tag an kreisten meine Gedanken Tag und Nacht um diesen Mann. Ob er nächsten Samstag wiederkommen würde?

Es hatte mich wirklich schwer erwischt. Die ganze Woche konnte ich nicht aufhören, an ihn zu denken.

Und er kam am Samstag wieder! Wieder wanderten wir einträchtig nebeneinander her, wieder saßen wir im Lokal nebeneinander. Friedhelm Meinhardt hieß er, wie ich inzwischen wusste. Zufällig hatte es in dieser Woche ein technisches Problem in meinem Haus gegeben. Davon erzählte ich, und es stellte sich heraus, dass er Fachmann genau auf diesem Gebiet war. Während wir auf dem Rückweg rüstig ausschritten, hörte ich immer noch völlig fasziniert – von der Stimme nämlich – seinen Ratschlägen zu. Sie wären bestimmt nützlich gewesen, nur leider bekam ich kaum etwas von ihnen mit.

Ich wäre völlig zufrieden gewesen, ihm einfach nur den ganzen Rückweg lang weiter zuzuhören und alle anderen in der Gruppe zu ignorieren. Aber das ging natürlich nicht. Außerdem war da ja der »harte Kern« unserer Wandergruppe. Wir hatten schon vor einiger Zeit vereinbart, dass bei mir ein Martinsgansessen stattfinden sollte, und allmählich wurde es höchste Zeit, die Einzelheiten zu besprechen. Schweren Herzens riss ich mich von dem wundervollen Friedhelm los, entschuldigte mich bei ihm und suchte meine Schäflein zusammen.

Mit einem Ohr hatte Meinhardt wohl mitbekommen, worum es ging. Er sagte kein Wort dazu bis zum Abschied. Dann erkundigte er sich nämlich: »Gilt die Einladung denn auch für mich?«

»Warum nicht?«, fragte ich keck. Aber wir tauschten weder Adressen noch Telefonnummern aus. So war ich freudig überrascht, als am Martinstag in der Frühe ein Telefonanruf bei mir ankam. »Gilt die Einladung noch?«, wollte die längst schon so vertraute, sympathische Stimme wissen.

»Ja, woher kennen Sie denn meine Telefonnummer?«, fragte ich irritiert.

»Wozu hat man Internet?« Er ließ ein jungenhaftes Lachen hören.

Meiner Freundin Hilde, die wenig später eintraf, weil sie mir helfen sollte, erzählte ich ganz aufgeregt, wer heute kommen würde und warum mich das so elektrisierte. Kopfschüttelnd und ein bisschen amüsiert hörte sie zu.

»Und was ist mit deinem Vorsatz: Nie wieder einen Mann!?«, wollte sie wissen.

»Habe ich das wirklich mal gesagt?«, scherzte ich. »Das habe ich doch längst widerrufen.«

Friedhelm erschien überpünktlich. Er war der erste Gast. Ohne dass ihn jemand dazu aufgefordert hätte, übernahm er das Tranchieren der Gans und machte sich auch sonst nützlich, wo es ging. Meine anderen Gäste nahm ich kaum noch wahr. Ich hatte nur Augen und Ohren für diesen Traummann. Der Funke war bei ihm offenbar auch übergesprungen, das merkte ich daran, wie er mich ansah.

Dieser Mann war mein Schicksal, das spürte ich sofort. Und das in meinem fortgeschrittenen Alter von sechzig Jahren! Bisher hatte ich mir nicht vorstellen können, dass man sich in diesem Alter überhaupt noch verlieben kann. Nun war mir, als sei ich in meinem ganzen Leben noch nie richtig verliebt gewesen.

Es wurde spät an diesem Abend, bis alle auseinandergingen. Am folgenden Tag bedankte sich Friedhelm telefonisch für den schönen Abend. So fand ich Gelegenheit, ihm mein Heizungsproblem zu schildern.

»Reparaturen jeglicher Art sind mein Hobby«, erklärte er und fügte im selben Atemzug hinzu: »Wenn es Ihnen recht ist, komme ich am Wochenende vorbei und schaue mir Ihr Sorgenkind mal an.«

Vergessen waren nun meine anderen Wanderfreunde für das kommende Wochenende. Doch aus der Heizungsreparatur wurde zunächst nichts. Wir beide zogen es vor, erst mal schwimmen zu gehen. Ein ausgedehnter Spaziergang schloss sich an. Danach lud Friedhelm mich zum Essen ein.

»Wollten wir nicht die Heizung reparieren?«, warf ich halbherzig ein. Die Heizung war mir aber eigentlich wurscht, für mich war die Hauptsache, mit Friedhelm zusammen zu sein. Nach dem Essen ging es aber dann wirklich zielstrebig zu mir nach Hause. Und siehe da: Einige Handgriffe, und die Heizung war wieder in Ordnung.

Danach wurde es ein märchenhafter Abend. Nach so langer Enthaltsamkeit dürstete ich nach Liebe und Zärtlichkeit, und auch er wirkte, als bekäme er von mir etwas, das er lange entbehrt hatte. Auf keinen Fall wirkte er wie einer, der nur auf ein Abenteuer aus ist. An diesem Abend redeten wir auch viel, nur über sich selbst sprach er wenig. Oh, ich merkte es genau! Irgendwie umgab ihn aber ein Geheimnis, und ich wagte einfach nicht, daran zu rühren, aus

Angst, er könne sich wie ein Traumgebilde in Luft auflösen.

Es folgten traumhafte Tage, Wochen, Monate, die ich mir von niemandem nehmen lassen wollte, und ich schwebte wie auf Wolken. Seine Anteilnahme an all meinen Belangen tat mir – nachdem ich so lange alles allein hatte durchkämpfen müssen – unendlich gut. Über alles konnte ich mit ihm reden, über meine beruflichen Erfolge und Misserfolge, über familiäre Probleme, über Freud und Leid. Er selbst schien frei von jeglichen Problemen zu sein, denn nie kam ein entsprechendes Wort über seine Lippen. Nur manchmal, wenn er sich unbeobachtet glaubte, bemerkte ich eine Art Anspannung auf seinen Zügen.

Hätte ich ihn darauf ansprechen sollen? Vermutlich schon. Aber ich hatte unsinnige Angst, etwas zu erfahren, das ich in Wirklichkeit nicht wissen wollte, oder ihn vielleicht zu verschrecken. Also verbiss ich mir jede Frage. Und dann kam der Tag, an dem er von alleine den Zauber zerstörte, den ich mir so sehr hatte erhalten wollen. Einen unpassenderen Moment dafür hätte er nicht finden können. Wir saßen auf meiner Couch, ein Gläschen Wein vor uns und leise Mozartmusik im Hintergrund. Auf einmal sagte er: »Demnächst werde ich nicht mehr so oft kommen können. Meine Frau fährt für acht Wochen zur Kur.«

»Deine – was?«

Ich hatte das Gefühl, mir weiche sämtliche Farbe aus dem Gesicht. Wie ein Karpfen schnappte ich nach Luft.

»Meine Frau«, antwortete er mit einer Gelassenheit, die mich noch mehr erschütterte. »Hatte ich nicht erwähnt, dass ich verheiratet bin?«

Ich schluckte trocken. »Mit keiner Silbe«, brachte ich mühsam heraus.

Immer noch lächelte er, als hätte er mir nicht gerade den Boden unter den Füßen weggezogen. »Wahrscheinlich habe ich es nicht für notwendig gehalten«, sagte er leichthin. »Du musst wissen, unsere Ehe ist schon lange zerrüttet und existiert praktisch nur noch auf dem Papier. Unserem Sohn zuliebe leben wir noch in der gemeinsamen Wohnung – aber in getrennten Zimmern.«

»Von einem Sohn hast du auch noch nie ein Sterbenswörtchen erwähnt!«

Er ging wortlos über meinen Einwurf hinweg. »Wir hängen beide sehr an dem Kind«, fuhr er fort. »Er ist ein Spätgeborener, erst elf Jahre alt. Es bräche uns beiden das Herz, ihm sein Elternhaus zu zerstören.«

Inzwischen hatte ich mich wieder so weit in der Gewalt, dass ich klare Gedanken fassen konnte. »Irgendwie scheint mir das alles nicht ganz logisch«, warf ich ein. »Wieso hast du denn *weniger* Zeit für mich, wenn deine Frau in Kur ist?«

Er lachte leise. »Verstehst du nicht? Wenn meine Frau weg ist, liegt die Verantwortung für Fabian allein bei mir. Sonst teilen wir uns diese Aufgabe.«

Das leuchtete mir ein.

Er seufzte. »Fairerweise muss ich noch etwas gestehen. In dieser Kur sehe ich eine letzte Chance, unsere Ehe zu retten. Im Interesse unseres Sohnes!«

Was für ein Tiefschlag für mich. Dennoch versuchte ich, gute Miene zum bösen Spiel zu machen.

»Gut«, sagte ich, »ab sofort werde ich mich aus deinem Leben heraushalten, um den Erfolg der Kur nicht zu gefährden.«

Irgendwie taten mir die beiden Männer, Vater und Sohn, aber doch leid, die nun in jeder Hinsicht acht Wochen allein zurechtkommen mussten. Deshalb stellte ich mich, in den nächsten Tagen nach Dienstschluss in meine Küche und kochte wie ein Weltmeister. Ich koche nämlich für mein Leben gern, und es lenkte mich auch von meinem seelischen Schmerz ab. Schließlich standen, als er mich das nächste Mal besuchte, zwölf Gerichte, fix und fertig, immer für zwei Personen abgepackt, zum Mitnehmen bereit, teils sogar schon tiefgefroren. Das alles brauchte Friedhelm zu Hause nur in seine Tiefkühltruhe zu packen, um es bei Bedarf wieder aufzutauen.

Statt mir dafür dankbar zu sein, schien Friedhelm allerdings eher verärgert. Er knallte mir zweihundert Mark auf den Tisch mit den Worten: »Ich will keine Geschenke von dir.«

»Wieso?«, fragte ich konsterniert. »Du hast bei mir die Heizung repariert, dafür habe ich ja auch nichts gezahlt.«

»Das ist etwas anderes«, schnaubte er, packte sich den Karton mit den fertigen Gerichten und verschwand. Das alte Sprichwort »Liebe geht durch den Magen« traf auf ihn anscheinend nicht zu.

Hatte ich ihn zu sehr überrumpelt? Dieser Gedanke ließ mir die ganze Nacht keine Ruhe. Deshalb rief ich am nächsten Morgen bei Friedhelm an und entschuldigte mich bei ihm. Er brummte irgendetwas ins Telefon, das man für eine Annahme, ebenso gut aber auch für eine Ablehnung der Entschuldigung halten konnte.

Von da an hielt ich mich sehr zurück. Ich rief nicht mehr bei ihm an. Wenn er Sehnsucht nach mir haben sollte, dachte ich, würde er sich schon melden.. Und wirklich, ab und zu kam ein Anruf von ihm, und das munterte mich ein wenig auf. Diese Kur würde ja auch einmal zu Ende gehen! Und dann, das wussten wir beide, stand eine Entscheidung ins Haus.

Um bis dahin dem Wechselbad der Gefühle zwischen Hoffnung und Enttäuschung zu entrinnen, stürzte ich mich in allerlei Aktivitäten. Mein Abschied von der Firma stand auch bevor, was mich nicht gerade fröhlich stimmte. Achtundvierzig Jahre lang war ich im Berufsleben gestanden. Nun für immer aus ihm auszuscheiden, das schien mir schon wie ein kleiner Tod. Nicht zuletzt war Arbeit für mich immer eine hervorragende Therapie gewesen und hatte mir über vieles hinweggeholfen. Um mich ein wenig von meiner Tristesse abzulenken, betrieb ich mit viel Aufwand die Vorbereitungen zu meiner Abschiedsfeier. Weil mich das noch längst nicht genug auslastete, belegte ich kurzerhand bei der Volkshochschule einen Englischkurs, um mit meinen zweiundsechzig Jahren mein Englisch aus den frühen Kindertagen aufzufrischen.

Zeit für Auslandsreisen wirst du ja bald haben, und vielleicht geschieht auch ein Wunder, dass du dann das nötige Geld dazu hast, redete ich mir ein.

Im Unterricht war ich aber nicht so recht bei der Sache. Immer wieder schweiften meine Gedanken ab, und immer wieder tauchte das traurige Gesicht von Friedhelm vor meinem geistigen Auge auf. Je näher es auf das Ende der acht Wochen zuging, desto nervöser wurde ich. Innerlich war ich hin- und hergerissen. Ja, ich liebte Friedhelm ernstlich. Also musste ich ihm doch wünschen, dass es ihm gelingen möge, seine Ehe zu retten. Aber weil ich ihn liebte und weil es ein so schrecklicher Gedanke war, auf ihn zu verzichten, hoffte ich auch auf ein Scheitern dieser letzten Chance, die er sich und seiner Frau verordnet hatte. Manchmal geriet ich fast in Panik. Demnächst kam für mich doch auch das berufliche Aus! Ich konnte doch nicht den Rest meines Lebens mit Ersatzbefriedigungen wie Englischlernen, Wandern und Schwimmen totschlagen!

Am 26. November war es dann so weit: der endgültige Ausstieg aus der Firma, der ich so viele Jahre gedient hatte. Zu meiner Überraschung war es ein Tag wie fast jeder andere. Eine nette Abschiedsrede vom Chef, ein paar neidische Worte von den Kollegen: »Du hast es gut, du kannst in Zukunft ausschlafen«, ein paar Häppchen, ein dicker Blumenstrauß, ein Gläschen Sekt, und schon war alles vorbei. Zu Hause empfing mich meine starre, stille Wohnung, der Anrufbeantworter blinkte nicht, wie ich heimlich gehofft hatte, und das Telefon machte über Stunden keine Anstalten zu klingeln. Verzweifelt setzte ich mich in eine Ecke und ließ meinen Tränen freien Lauf. Wie dringend hätte ich zum Beginn dieses neuen Lebensabschnitts eine herzliche Umarmung oder ein persönliches, aufmunterndes Wort gebraucht! Friedhelm wusste doch genau, dass heute mein letzter Arbeitstag war. Aber sein Anruf kam erst einen Tag später, und er war sehr kurz: Er nannte den Namen eines Restaurant und die Uhrzeit, um die wir uns treffen sollten.

Auf neutralem Boden, aha. Das verhieß ja nichts Gutes.

Vor Anspannung schaffte ich es anderntags kaum, abzuwarten, bis wir bestellt hatten. »Ist deine Frau von ihrer Kur zurück?«, platzte ich heraus, kaum dass der Kellner außer Hörweite war. Er nickte und machte sich angelegentlich mit seinem Besteck zu schaffen. Dabei lag es schon so korrekt, dass es korrekter nicht mehr ging.

»Und?«, hakte ich ungeduldig nach, »lass dir doch nicht jedes Wort aus der Nase ziehen.«

»Ich bin fix und fertig und kann es selbst noch nicht fassen«, war seine Antwort.

Die Suppe kam, und ich saß da mit meiner Verwirrung. Was hatte das wieder zu bedeuten? Konnte ich hoffen? Oder würde gleich mein Weltbild zusammenbrechen?

Er löffelte die Suppe geradezu gierig in sich hinein, während ich vor nervöser Anspannung kaum einen Löffel davon hinunterbrachte.

»Stell dir vor, meine Frau will sich scheiden lassen, und zwar so schnell wie möglich«, brach es dann aber mit einem Mal aus ihm heraus. Und seine Miene drückte nichts anderes aus, als dass dies für ihn das Schlimmste war, was er sich vorstellen könnte. Es erschien mir also nicht angebracht, darüber in lauten Jubel auszubrechen. Tröstend legte ich meine Hand auf die seine und stellte die banale Frage: »Das trifft dich wohl ziemlich hart?«

»Ich verstehe die Welt nicht mehr!«, rief er aus. »Ich habe für uns Wohlstand und Sicherheit geschaffen. Jeden Wunsch habe ich ihr von den Augen abgelesen. Ich habe sie vergöttert, und was macht sie? Mit dem ersten besten Kerl, der ihren Weg kreuzt, verlässt die mich! Sie ist sogar schon ausgezogen. Fabian hat sie bei mir gelassen.« In echter Verzweiflung schlug er die Hände vors Gesicht.

›Jetzt darfst du nichts sagen!‹, gebot ich mir. Meine Gedanken aber ließen sich nicht so einfach abstellen. Mein Gott, dachte ich, wie kann diese Frau nur so dumm sein, einen Mann wie Friedhelm so vor den Kopf zu stoßen! Damit hätte auch ich nicht gerechnet. Wie konnte sie einen Mann sitzen lassen, der ihr finanzielle Sicherheit bot, der sich bei jedem technischen Problem zu helfen wusste, der selbst im Haushalt zupacken konnte? Dass sie ihren Sohn verließ, den sie bisher so vergöttert hatte, war mir vollends unbegreiflich. Friedhelm, einen Mann, wie man sich ihn nur wünschen konnte, intelligent, gebildet, geschickt, fürsorglich, ein zärtlicher Liebhaber, stets höflich, beherrscht und guter Dinge, selbst wenn es ihm noch so miserabel ging, einfach wegzuwerfen wie einen kaputten Handschuh, das überstieg mein Begriffsvermögen. Selbst Laster wie Alkohol oder Zigaretten waren ihm fremd. Einen solchen Mann hätte ich auf Händen getragen. Aber wie das Sprichwort schon sagt: Wenn es dem Esel zu wohl ist, geht er aufs Eis.

Wäre sie hinter Friedhelms Affäre mit mir gekommen, ja, dann hätte ich diese Frau verstehen können – jedenfalls dann, wenn sie ihr Kind nicht zurückgelassen hätte. Doch von meiner Existenz hatte sie, das hatte Friedhelm beteuert, bis heute keine Ahnung.

Was nun? Das frohlockende Stimmchen in meinem Inneren, das mich nun zur Nutznießerin dieser Fehlentscheidung seiner Frau erklärte, versuchte ich krampfhaft, zum Schweigen zu bringen. ›Versteig dich bloß in nichts!‹, ermahnte ich mich. Es konnte ja noch so vieles dazwischenkommen. Ein Trennungsjahr ist lang. In dieser Zeit konnte sich die Dame ihren Fehler noch hundertmal überlegen und reumütig zu ihrem Ehemann zurückkehren, und so verzweifelt, wie er mir gegenübersaß, würde er sie auch mit offenen Armen wieder aufnehmen. Er liebte sie noch immer, das erkannte ich plötzlich. Dies war nicht nur gekränkte Eitelkeit eines Sitzengelassenen.

Das tat weh. Aber anders als damals bei dem »Witwentröster« kam ich keine Sekunde auf den Gedanken, ihm nun selbst den Laufpass zu geben. Viel zu stark war bei mir das Gefühl, genau er, Friedhelm, sei der Mann meines Lebens, der mir nun endlich, nach so vielen Missgriffen, begegnet war und den ich nicht wieder loslassen wollte. Mir blieb nun also nur, abzuwarten, wie sich die Dinge entwickelten. War die Scheidung einmal ausgesprochen, redete ich mir ein, würde bestimmt alles wieder so wie vor der Kur seiner Frau werden.

In den kommenden Wochen vergrub sich Friedhelm ganz in seine Arbeit, um mit seiner Situation fertig zu werden, und seine Freizeit widmete er voll und ganz seinem Sohn. Von mir zog er sich vollkommen zurück; er wolle nicht, sagte er mir, dass der Junge etwas davon mitbekäme, dass zwischen uns etwas war. Das akzeptierte ich, ließ ihn völlig in Ruhe und bemühte mich, auf meine Weise mit der Warteposition fertig zu werden. Mein Verstand kam damit klar, aber mein Körper rebellierte. Ich verbrachte fast mehr Zeit beim Arzt als in meiner Wohnung. Aber alle Pillen, Spritzen, Massagen und Salben nützten nichts gegen den geheimen Grund für mein Leiden, welcher Friedhelm hieß.

Die Schatten der Vergangenheit

Ein Monat nach dem anderen verging. Seinen Geburtstag feierte Friedhelm ohne mich. Ostern, Pfingsten und eine vierzehntägige Urlaubsreise nach Kreta verbrachte er ohne mich. Meine Sehnsucht nach ihm wurde von Tag zu Tag größer, und die seelische Belastung machte mir mehr zu schaffen, als ich mir selbst eingestand. Und so landete ich mal wieder im Krankenhaus. Wucherungen an meinen Narben im Unterleib mussten entfernt werden. In der Klinik hatte ich noch mehr Zeit zum Nachdenken als zuvor, und ich sah ein, dass es so nicht mit mir weitergehen konnte. In Zukunft, beschloss ich, würde ich all meine Energie ins Haus stecken. Es war vieles zu tun, Handwerker mussten bestellt werden, und mich mit ihnen herumzuschlagen würde mich bestimmt von der elenden Warterei auf Friedhelms Scheidung ablenken.

Aber dann kam eine ganz andere Ablenkung, nämlich eine verspätete Glückwunschkarte zum Geburtstag meines Sohnes aus Miami von meinem Stiefsohn Jochen und seiner Frau Heike. Wie immer ein paar glückliche Zeilen, die vom Urlaub schwärmten, und nebenbei wurde die bevorstehende Hochzeit von Tochter Yvonne in São Paulo für den kommenden Juli angekündigt. Zu dieser seien wir herzlich eingeladen.

Das brachte mich einigermaßen aus der Fassung. Dennoch las ich diese Karte meinen Kindern und ihren Partnern vor, als wir am Wochenende Peters Geburtstag nachfeierten. Alle waren hellauf begeistert.

»Da fliegen wir natürlich alle fünf hin«, verkündete mein Sohn.

»Ja, und dann lassen wir es uns im Hilton so richtig gut gehen«, ergänzte Jasmin. »Eines ist doch klar, das wird eine Märchenhochzeit.«

Das vermutete ich auch. Denn nicht nur, dass Jochen Direktor des Hilton-Hotels in São Paulo war, ich nahm an, er hatte auch das Bedürfnis, mal eine richtig große Hochzeit in der Familie zu feiern. Ich erinnerte mich daran, wie heimlich und bescheiden er damals seine eigene Hochzeit in Mainz begangen hatte, weil doch die drohende Enterbung im Raume stand. Und Alois, sein Sohn, hatte es – ohne einen solchen Grund zu haben – ihm dann später gleichgetan, zum Leidwesen seiner Eltern. Klammheimlich, nur mit Führerschein als Ausweis, hatte er vor drei Jahren eine Brasilianerin geheiratet. Bei der Tochter, das war mir klar, sollte jetzt alles ganz anders werden. Dennoch sagte ich – für alle überraschend – in die freudige Aufgeregtheit hinein: »Es ist in Ordnung, dass ihr hinfahrt. Aber ich fliege auf keinen Fall mit.«

»Wieso?« »Warum?« »Was ist los?«, fragten alle besorgt durcheinander.

»Nein, Kinder«, wehrte ich ab, »lasst uns jetzt unbeschwert Geburtstag feiern, und ihr sollt auch unbelastet hinüberfliegen. Genießt den Aufenthalt dort und erlebt die Traumhochzeit, die Jochen ganz sicher für seine Tochter ausrichten wird. Nachher, wenn ihr zurück seid, erzähle ich euch in Ruhe, was mich daran hindert mitzukommen. Falls euch das dann noch interessiert.«

Ein bisschen versuchten die vier jungen Menschen noch nachzubohren, doch zu meiner heimlichen Erleichterung waren sie schnell wieder abgelenkt, ergingen sich in Reiseplänen und die jungen Damen erörterten zusätzlich die Garderobefrage ausgiebig. Ich aber hing meinen Gedanken nach. Nein, so verlockend es auch gewesen wäre, für einige Tage oder gar Wochen hier allem zu entfliehen, ich wäre ja doch nur vom Regen in die Traufe gekommen. So sehr ich Jochen und Heike und ihre Kinder mochte und so gerne ich sie alle wiedergesehen hätte, aber eine weitere Begegnung mit dieser Frau, Jochens Mutter nämlich, wollte ich mir nicht antun! Lieber verzichtete ich auf den Flug, auf die märchenhafte Feier, den sicherlich luxuriösen Aufenthalt im Hilton und das Wiedersehen mit lieben Menschen. Dass ich auf diese Weise auch Geld sparte, das ich notwendig für mein Haus brauchte, war ein angenehmer Nebeneffekt, aber letztlich zweitrangig.

Im Jahre 1996 war es gewesen, da hatten wir, Peter, Jasmin und ich, uns ganz spontan entschlossen, Jochen zu seinem fünfzigsten Geburtstag zu überraschen, und waren kurzerhand nach Brasilien geflogen. Die Überraschung war uns geglückt. Jochen war überwältigt. »Das ist mein schönstes Geburtstagsgeschenk«, hatte er behauptet.

Aber auch ich erlebte meine Überraschung! Völlig unvorbereitet wurde ich bereits am ersten Abend der »lieben« Erna, Jimmys erster Ehefrau, und deren jetzigem Ehemann, dem »lieben« Richard vorgestellt. Ich war wie vom Donner gerührt, denn ich wähnte die beiden doch im viele tausend Meilen entfernten Portugal. Wenn ich nur geahnt hätte, dass die dort aufkreuzen würden, wäre ich in meinen Taunuswäldern geblieben.

Andererseits, fand ich nach einigem Nachdenken, war es ja nur logisch, dass Jochen zu seinem Ehrenfest seine leibliche Mutter eingeladen hatte. Eigentlich hatte ich damit rechnen müssen. Mir blieb also nichts anderes übrig, als eine gute Miene dazu aufzusetzen, aber in mir arbeitete es. Wie gerne hätte ich dieser Person ins Gesicht geschleudert, was ich über sie dachte. Sie war es doch, die Jimmy und dadurch auch mich ins Unglück gestürzt hatte. Abgesehen davon, dass er, davon war ich felsenfest überzeugt, nur ihretwegen – weil sie mit diesem »Cousin« Richard und all seinem Geld durchgebrannt war – zum Alkoholiker geworden war: Hätte sie nachher nicht unseren Betrieb zusätzlich auch noch durch ihre unverschämten Geldforderungen und dadurch, dass sie uns immer wieder Gläubiger auf den Hals hetzte, ausgeblutet, dann hätten wir uns ganz sicher trotzdem einen kleinen Wohlstand schaffen können.

Unter großer Anstrengung versuchte ich, meine Gefühle zu unterdrücken, die Vergangenheit zu vergessen und über den Dingen zu stehen. Und so lange wir zwei Damen uns in diesem großen Hotel in São Paulo aus dem Weg gehen konnten, war es ja auch noch zu ertragen. Doch am Abend musste ich mich in der Lounge blicken lassen, um nicht den Eindruck zu erwecken, ich wolle mich von der Familie absondern.

Wenn ich dann Erna da stehen sah, in der einen Hand das Whiskyglas, in der anderen die Zigarette und an ihrer Seite ihren gut aussehenden, charmanten, aufmerksamen Ehemann, gut zehn Jahre jünger als sie, kam mir jedes Mal die Galle hoch.

Das Furchtbarste aber waren die Mahlzeiten. Da saßen wir uns an derselben Tafel entweder gegenüber oder nebeneinander. ›Wo war Erna‹, musste ich jedes Mal denken, ›als Jim beerdigt wurde? Warum hatte sie die Beisetzung mir, die ich kein Geld hatte, überlassen? Warum hatte sie diese nicht von seinen Millionen bezahlt, von denen sie sich ein flottes Leben machte?‹ Was blieb mir aber anderes übrig, als Smalltalk zu machen, um das Gesicht zu wahren. Denn mit uns an der Tafel saßen auch alle anderen, wie eine richtige, große Familie. Das waren die drei Kinder, die ihr Dasein Jimmy, einem Mann, der längst tot war, verdankten. Da waren seine Enkel Alois und Yvonne, natürlich alle mit Partner. Jimmy, dachte ich, wäre recht stolz auf diese Familie gewesen. Aus allen war etwas Ordentliches geworden. Mit dabei saß aber auch die Frau, die Jimmys – und auch unser – Vermögen sowie unsere Existenz geraubt und dabei auch mich fast in den Ruin getrieben hatte.

Als Heike einmal, als wir alleine waren, auf die Vergangenheit ihrer Schwiegermutter zu sprechen kam, horchte ich dennoch auf. Jimmy hatte seine erste Frau 1945 in Garmisch-Partenkirchen kurz vor Kriegsende kennengelernt, da war sie vierundzwanzig Jahre alt gewesen. Sie war schwanger, als der Krieg zu Ende war und sie von den Amerikanern inhaftiert wurde. Warum genau sie gesessen hatte, wusste Heike auch nicht, aber es soll etwas mit Agententätigkeit zu tun gehabt haben. Jochen war in der Haftanstalt in Garmisch-Partenkirchen geboren worden und wurde in ein Kloster gegeben, weil er im Gefängnis natürlich nicht bleiben konnte. Wie Jimmy es geschafft hatte, Erna vorzeitig aus dem Gefängnis zu holen, wisse niemand außer ihr selbst, berichtete Heike, und sie schweige darüber beharrlich. Fest stehe nur, dass Jochen zwei Jahre alt war, als seine Eltern endlich heiraten konnten.

»Um sich an diese Zeit zu erinnern, war Jochen natürlich noch zu klein«, meinte Heike. »Aber auch von den häufigen Besuchen des angeblichen Cousins, der dann sein Stiefvater wurde, hat er nicht viel mitbekommen. Vielleicht hat er es auch verdrängt.«

»Erinnert er sich denn noch an das Internat, in das er abgeschoben worden ist?«, wollte ich wissen.

»Als Abschieben hat er das gar nicht empfunden, oder jedenfalls empfand er es später nicht mehr so«, erklärte Heike. »Er fühlte sich dort wohler als zu Hause, das hat er mir glaubhaft versichert.«

Was genau hinter dieser Agentengeschichte stecken mochte? Vermutlich würde man es nie erfahren. Sympathischer wurde Erna mir allerdings auch nicht durch die Vorstellung, dass sie vielleicht einmal eine Mata Hari gewesen war. Dass Jimmy sie damals aus dem Gefängnis freibekommen hatte – sicherlich durch die geschäftlichen Verbindungen, die sich mit den Amerikanern allmählich entwickelt hatten – ließ ihr späteres Verhalten ihm gegenüber sogar noch schäbiger erscheinen.

Ich kann gar nicht sagen, wie erleichtert ich war, als ich endlich meine Koffer für die Heimreise packen konnte. Während des Rückflugs schwor ich mir: Nach

São Paulo ins Hilton kriegt mich keiner mehr. Es sei denn, es steht hundertprozentig fest, dass sich Erna Tausende von Meilen davon entfernt aufhält. Zur Hochzeit ihrer einzigen Enkelin aber – da war ich mir ganz sicher – würde sie auf jeden Fall dort zu finden sein.

Meine Kinder mit ihren Partnern flogen also hinüber, und ich hielt in meinem Haus die Stellung und überwachte die Renovierungsarbeiten. Es lenkte mich aber nur unzureichend von meinen Gedanken an Friedhelm ab. Auch meine Kreuz- und Querfahrten durch den Taunus, wo ich mich auf die Suche nach einer soliden Haustür begeben hatte, vermochten es nicht, ihn aus meinem Kopf zu verscheuchen. Völlig erschöpft kehrte ich auf einer meiner Rückfahrten in einer alten, verräucherten Bauernschänke ein. Ich kam, wie sich herausstellte, außerhalb der Essenszeiten, aber der Koch, hieß es, werde gleich kommen. So begnügte ich mich zunächst mit einer Tasse Kaffee. Um die Wartezeit zu überbrücken, kramte ich einen Kugelschreiber und ein Blatt Papier aus meiner Handtasche und begann zu schreiben. Nicht, dass ich die Absicht gehabt hätte, mein Geschreibsel jemals abzuschicken, mir war es einfach danach, mir mal alles Ungesagte von der Seele zu schreiben. Es wurde ein wildes Durcheinander, wie es mir gerade in den Sinn kam.

Hühnerkirche, 10. Juli 2000
»Lieber Friedhelm,
du musst mich ja für sehr naiv und geradezu für bescheuert halten. Verständnis ist ja gut und schön,

aber meine Geduld und Gutmütigkeit grenzen schon an Dummheit. Dass an erster Stelle dein Sohn kommt, der von meiner Existenz nichts wissen soll, kann ich ja noch verstehen! Er würde mit Recht sagen: Jetzt ist die Mama noch kein halbes Jahr ausgezogen, und du hast schon eine Neue! Und woher soll er denn wissen, dass wir uns schon drei Jahre kennen?

Doch wenn du für Nachbarschaftshilfe, für Konzertbesuche, für Geburtstage, Geschäftsreisen und Überstunden, ja sogar vierzehn Tage Urlaub den Jungen sich selbst überlassen kannst – wovon ich zufällig erfahren habe –, dann frage ich mich schon, welche Rolle spiele ich eigentlich in deinem Leben?

Wenn du mir nicht gut genug oder zu alt bin und du für mich nicht genug Gefühle aufbringen kannst, dann sei doch bitte so fair und sag es mir. Du hast ja gar keine Ahnung, wie sehr ich leide! Ich dachte immer, wir beide könnten über alles reden.

Als ich mich in dich verliebt habe, war ich mir so sicher, in dir einem Mann begegnet zu sein, der Charakter und Format hat, aufrichtig, fleißig, ehrgeizig und treu ist.

Auch ich habe Probleme, doch dich interessiert noch nicht mal, wie ich meine langen Wochenenden über die Runden kriege. Ja, ich verstehe, dass du den Scheidungstermin abwarten willst, ehe du dich auf eine neue Bindung einlässt. Aber sind wir nicht schon seit drei Jahren aneinander gebunden? Wieso hast du es fertiggebracht, mit mir eine Beziehung anzufangen, als du noch mit deiner Frau in einer Wohnung lebtest? Wieso kannst du diese Beziehung nicht aufrechterhalten, jetzt, wo sie aus der gemeinsamen Wohnung ausgezogen ist?

Mir will es einfach nicht in den Kopf, dass ich mich in dir so getäuscht haben soll. Ich habe halt geglaubt, wir zwei wären etwas ganz Besonderes und wären füreinander bestimmt. Wenn du mich nur halb so viel lieben würdest, wie ich dich, würdest du dich anders verhalten. Aber leider stehst du nicht so hinter mir, wie ich hinter dir.

Nimm mir doch bitte meine Zweifel!!!

Dein gesamtes Verhalten lässt nur den einen Schluss zu: Du hältst mich so lange hin, wie es geht, und so lange ich mitspiele.

Ich bin so maßlos enttäuscht und fühle mich unsagbar erniedrigt.

Deine Liesl.«

Wieder zurück in meinem Haus, ging die ungeduldige Warterei weiter. Im November sollte es soweit sein, dann war das Trennungsjahr um. Dann sollte die Scheidung ausgesprochen werden, falls … Ja, falls seine Frau in der Zwischenzeit nicht reumütig wieder bei ihm einziehen würde. Je näher es auf diesen Termin zuging, desto nervöser wurde ich. Zeitweilig flüchtete ich vor mir selbst. Da für größere Reisen kein Geld vorhanden war, fuhr ich mit meinem Auto durch die Gegend. Ich besuchte einige Freundinnen und Verwandte, hielt es aber nirgends lange aus. Nur bei meiner Tante Gerburg am Tegernsee verbrachte ich eine ganze Woche. Das war besser, als mutterseelenallein in meiner Wohnung herumzuhängen und auf ein Lebenszeichen von dem treulosen Geliebten zu warten. Dennoch, vor mir selbst konnte ich nicht fliehen. Überall hin nahm ich mein verwundetes Herz und die traurigen, zweifelnden Gedanken an den Mann meiner Träume mit.

Rechtzeitig zum 26. November war ich wieder daheim. Das war der Tag, an dem der Richtspruch über mein Schicksal gefällt werden sollte. An diesem Tag wollte ich auf jeden Fall erreichbar sein. Aber das Telefon blieb stumm. So sehr ich es auch anstarrte, ja, es mit meinen Blicken zu hypnotisieren versuchte – es gab keinen Laut von sich. Die Stunden quälten sich dahin, es wurde Abend, es wurde Nacht. Geradezu bösartig starrten mich die vielen Augen der Tastatur an. Um Mitternacht zog ich mich in mein Bett zurück. Schlafen konnte ich indes nicht, lesen auch nicht. Ich schaltete den Fernseher ein und ließ irgendetwas über mich ergehen. Ich vermag nicht zu sagen, ob es ein Spielfilm war, eine Musiksendung oder Sport. Mit leeren Augen starrte ich in den Kasten, bis mir die Augen zufielen.

Nach wirren Träumen erwachte ich am nächsten Morgen, leidlich erfrischt. Doch sofort überfiel mich wieder dieses Schreckgespenst: dieses zermürbende Warten.

Loslassen

Ein Tag reiht sich an den anderen, ein Tag so gleichförmig wie der andere. Außer der Erledigung der alltäglichen Notwendigkeiten besteht mein Dasein nur daraus, das Telefon anzuschauen und am Mittag zum Briefkasten zu eilen. Gibt das Telefon wirklich mal einen Ton von sich, stürze ich wie elektrisiert hin. Dann ist entweder eines meiner Kinder dran oder meine Freundin oder es ist falsch verbunden. Von Friedhelm kein Lebenszeichen, kein Anruf, kein Brief und erst recht nicht er selbst.

Nach einer Woche halte ich diese Warterei nicht mehr aus. Ich setze mich hin und schreibe einen neuen Brief:

Lieber Friedhelm,
bis heute habe ich vergeblich auf deine Rückkehr gewartet. Ich weiß, dass ich kein Recht auf dich habe, deshalb werde ich mich freiwillig aus deinem Leben zurückziehen, so schwer es mir auch fällt.

Leider hast du es noch nicht mal für nötig gehalten, mir mitzuteilen, wie dein Scheidungstermin ausgegangen ist. Mich würde aber vor allem interessieren, warum dein Interesse an mir so plötzlich erloschen ist. Es kann doch nicht sein, dass dir auf einmal der Altersunterschied zu groß gewesen ist? Von Anfang an habe ich nicht hinterm Berg gehalten, dass ich zehn Jahre mehr auf dem Buckel habe als du. Das hat dich nicht gestört, ein Verhältnis mit mir zu beginnen, zumal man uns das auch nicht angesehen hat. Du weißt, dass man uns immer für gleichaltrig gehalten hat. Dir hatte man fünf Jahre mehr und mir fünf Jahre weniger gegeben, als in unseren Ausweisen steht. Sicher, bei deinem Aussehen, deinem Charme und deinen vielen Fähigkeiten werden dir Dutzende von Frauen, die zehn Jahre jünger sind als du, zu Füßen liegen. Aber egal, ich versuche nicht mehr mit ihnen zu konkurrieren.

Das einzige, was ich dir ankreide: ist deine Feigheit. Bei all den guten Charaktereigenschaften, die ich bei dir entdeckt habe, wundert es mich einfach, dass du nicht den Mut aufgebracht hast, mir wenigstens zu sagen: »Es war eine schöne Zeit mit dir Liesl, aber jetzt trennen sich unsere Wege.«

Seit 1991 war ich jeder Versuchung aus dem Weg gegangen, die mich in eine ähnliche Situation hätte bringen können. Aus Angst vor einem schmerzlichen Ende, egal welcher Art, ließ ich keinen Mann mehr an mich ran. Du jedoch warst stärker als meine guten Vorsätze. Durch dich wurde ich wieder zur geliebten Frau. Du gabst mir zudem Kraft, sowie Impulse, an meinem Haus viel zu verbessern. Ich danke dir von ganzem Herzen für dies alles, vor allem jedoch für deine große Liebe und Zärtlichkeit. Vor mehr als drei Jahren hast du mich auf wunderbare Weise zum Leben erweckt, als ich eigentlich nicht mehr erwartet hätte, dass ich noch einmal wie ein junges Mädchen verliebt sein würde. Nach dir wird es niemanden mehr geben! Ich *glaube an die Zahl sieben. Du warst der siebte Mann in meinem Leben und warst meine größte Liebe.*

Sicher werde ich durch meinen Verzicht auf dich unmenschlich leiden. Bei dem Gedanken, deine Stimme nicht mehr zu hören, dich nicht mehr sehen und fühlen zu dürfen, würde ich mir am liebsten das Herz aus der Brust reißen. Du wirst immer meine größte Liebe bleiben, auch wenn du schändlich an mir gehandelt hast. Schändlich insofern, dass du mir so lange Zeit verschwiegen hast, dass du verheiratet bist. Hättest du mir das gleich offenbart, wäre ich nie deine Geliebte geworden – zugegeben, dann hätte ich viel Schönes versäumt. Denn erst jetzt, in reiferen Jahren, war es mir vergönnt, zu solch großen Gefühlen fähig zu sein.

Leider war es uns nicht vergönnt, miteinander alt zu werden. Es fällt mir sehr schwer, in Zukunft auf all das, was du mir gabst und warst, verzichten zu müssen. Aber bevor du eines Tages doch noch auftauchst und mir sagst: »Verschwinde aus meinem Leben!«, will ich lieber freiwillig diesen Schritt tun.

Hab also nochmals Dank für alles. Für deine Zukunft, wie immer du sie dir gestalten wirst, wünsche ich dir alles Gute. Deine Liesl

Nachdem ich mir dies alles vom Herzen geschrieben hatte, kam eine große Ruhe über mich. Lange Zeit schwankte ich, ob ich diesen Brief abschicken soll. Jeden Tag holte ich ihn hervor und las ihn sorgfältig durch. Nein, es war nichts mehr hinzuzufügen und auch nichts zu streichen. Dennoch konnte ich mich nicht dazu entschließen, ihn dem Briefkasten anzuvertrauen. Zum einen vielleicht, weil er so etwas

Endgültiges enthielt, zum andern vielleicht, weil er mir mit einem Male zu aufdringlich erschien. Friedhelm konnte ihn doch so auslegen, dass ich auf diese Weise wieder anbandeln wollte. Nein, diesen Eindruck wollte ich auf keinen Fall erwecken.

Während ich noch immer hin- und hergerissen war von der Frage: Brief abschicken oder nicht?, erreichte mich ein Anruf von meiner Zwillingsschwester. »Ach, Liesl, ich werde bald sterben«, schluchzte sie ins Telefon.

Seit unserer Reise an den Gardasee hatte ich von ihr nichts mehr gehört. Meine Geburtstagsbriefe blieben grundsätzlich unbeantwortet, deshalb hatte ich es vor einigen Jahren aufgegeben, welche zu schreiben.

»Aber Gretl, wie kommst du dazu, so etwas zu behaupten?«

»Meine Nieren arbeiten nicht mehr«, jammerte sie.

»Ach, Gretl, das ist doch noch kein Todesurteil«, versuchte ich, sie zu beruhigen. »Es gibt doch heutzutage die Möglichkeit, an die Dialyse gehängt zu werden, damit kannst du doch noch viele Jahre leben.«

»Du hast gut reden!«, brauste sie auf. »An der Dialyse hänge ich bereits. Du weißt ja gar nicht, was das bedeutet. Mein ganzes Leben wird dadurch umgekrempelt. Ich werde nicht mehr reisen können. Den Gardasee können wir vergessen. Den Wohnwagen können wir verkaufen. Ab jetzt muss ich immer in der Nähe meiner Klinik bleiben. Dreimal in der Woche muss ich nämlich an die künstliche Niere.«

Was hätte ich ihr Tröstliches sagen können? Mir fiel nur auf, wie sehr sich unsere Lebensform wieder einander anglich. Beide mussten wir unsere Tage zu

Hause verbringen, sie aus gesundheitlichen Gründen, ich aus finanziellen. Dennoch erschien es mir, dass mein Leben, trotz des massiven Liebeskummers, den ich gerade durchmachte, dem ihren vorzuziehen sei. Mit einem Male durchströmte mich ein warmes Gefühl für meine Schwester, vergessen waren alle Dinge, die sich im Laufe der Jahre zwischen uns gedrängt hatten. Schlagartig wurde mir klar, hier halfen nicht Worte, hier half nur Nähe.

»Weißt du was, Gretl?«, sagte ich spontan. »Ich packe meinen Koffer und komme zu dir. Dann können wir in aller Ruhe über alles reden.«

Weinend fielen wir Schwestern uns in die Arme, und in dem Moment begriff ich die Bedeutung des Wortes: Blut ist dicker als Wasser. Mein Liebeskummer erschien mir kleinlich und unbedeutend angesichts dessen, was meine Schwester gerade durchmachte. Stundenlang führten wir Gespräche, in denen so einiges aufgearbeitet wurde. Dabei ging es zunächst um unsere Mutter.

»Ja, sie hat vieles falsch gemacht«, seufzte ich. »Sie hätte uns nicht so ungleich behandeln dürfen.«

»Da hast du recht. Sie hätte mich nicht so einengen, so bevormunden, so beglucken dürfen«, brach es aus meiner Schwester heraus. »Dadurch wurde ich so unselbstständig, so hilflos. Du dagegen konntest deine Schwingen ausbreiten und in die weite Welt fliegen.«

Erstaunt sah ich sie an. »So hast du das also gesehen! Weißt du, wie ich es sah? Du wurdest, dachte ich damals, verhätschelt und verwöhnt. Du konntest die Geborgenheit im Elternhaus genießen, ich aber wurde viel zu früh aus dem Nest gestoßen und musste sehen, wo ich bleibe.«

Gretl spann ihre Gedanken weiter fort: »Du warst immer die Gesunde, die Große, die Schöne, ich dagegen war die Kranke, die Verwachsene, die Hässliche. Immer habe ich in deinem Schatten gestanden.«

Da hatte ich mir mein ganzes Leben lang eingebildet, dass ich in ihrem Schatten stand, und jetzt hörte ich so etwas. »Aber du warst doch das von der Mutter geliebte Kind, dir wurde alles zugesteckt, du wurdest vor aller Arbeit geschont.«

»Du wurdest vom Vater mehr geliebt!«

»Das stimmt. Aber wann war er denn schon da?«, fragte ich zurück. »Bis 1945 war er aus beruflichen Gründen kaum zu Hause. Dann war er vier Jahre in Haft. Und als er endlich nach Hause kam, war er ein gebrochener Mann. Dass er zu Hause nichts mehr zu melden hatte, kann dir doch sicherlich nicht entgangen sein. Ja, und anderthalb Jahre nach seiner Heimkehr wurde ich doch schon in die Fremde geschickt.«

»Wie habe ich dich darum beneidet! Du durftest hinaus, du durftest etwas erleben, du konntest deinen Blick weiten. Ich bin stattdessen immer nur zu Hause gehockt, in den engen, verräucherten Stuben, von der Mutter auf Schritt und Tritt bewacht.« Leidenschaftlich und erbittert schleuderte Gretl das heraus. »Freilich, sie hat mich geliebt, aber mit einer Liebe, die mich erdrückt hat. Ich durfte weder Freunde noch Freundinnen haben. Und was waren das für Kämpfe, bis ich wenigstens nach München in die Hauswirtschaftsschule durfte. ›Das kannst du nicht. Das schaffst du nicht. Das ist körperlich für dich alles zu schwer‹, waren ihre ›aufmunternden‹ Worte.« Ein bitteres Lachen kam aus der Kehle meiner Schwester.

Nun erzählte ich ihr, wie ich mich durch die verschiedenen Stationen meines Berufslebens hatte durchboxen müssen.

»Ach, und ich dachte, dir sei immer alles so zugeflogen«, staunte sie. Dann fuhr sie fort: »Als ich von München zurück war, gab es erneute Kämpfe. Ich wollte die Säuglingspflegeschule besuchen. Wieder hieß es: ›Das schaffst du nicht! Das kannst du nicht!‹ Mit Mühe und Not setzte ich es durch, dass ich die Fremdsprachenschule besuchen durfte. Was war das Ende vom Lied? Nachdem ich mein Examen bestanden hatte, wollte die Mutter nicht, dass ich mir eine Stelle suche. ›Wer nimmt denn schon eine zu klein geratene Person? Und wenn, dann wirst du dem Gespött der Mitarbeiter ausgesetzt sein.‹ Und ich hatte doch ohnehin schon so wenig Selbstwertgefühl! Natürlich habe ich es dann nicht mehr riskiert, mich dem Gespött auszusetzen,das sie mir angedroht hatte. Um mich darüber hinwegzutrösten, schenkte mir die Mutter eine goldene Halskette mit einem Rubin und winzigen Brillanten.«

»So war das also!« Ich schilderte ihr diese Geschichte mit der Halskette aus meiner Sicht.

Noch viel mehr erfuhr ich über das Leben, das meine heimlich von mir beneidete Schwester daheim geführt hatte, und ich begann mich dafür zu schämen, sie beneidet zu haben. Da saß sie damals daheim und wusste gar nicht, was sie mit sich anfangen sollte. Beim Nähen hätte sie der Mutter ja helfen können, aber dazu fehlte ihr die Lust und das Geschick. Sie hätte gerne gearbeitet, und was musste sie sich dafür anhören? »Sei froh, dass du das nicht nötig hast. Du kriegst dein Essen, du hast dein Dach überm Kopf, du bist gekleidet wie eine Prinzessin. Das ist mehr, als mancher Mensch hat, der sich den ganzen Tag im Beruf abschinden muss.« Doch Gretl setzte sich dieses eine Mal durch und begann, Bewerbungen zu schreiben. »Ihr lebt doch auch nicht ewig!«, begründete sie das der Mutter gegenüber. »Und was soll dann aus mir werden?« Aber vor allem wollte sie der Mutter und allen anderen beweisen, dass sie sich selbst erhalten konnte. Doch ihre Bemühungen brachten ihr nur neue Enttäuschungen ein: Absagen, Absagen, Absagen. Endlich gab es doch einen Firmenchef, der Erbarmen mit ihr hatte. Er bot ihr einen Arbeitsplatz, bei dem es keinen Publikumsverkehr gab, und auch den Blicken der Mitarbeiter war sie entzogen.

»Kurzum, ich landete in einem Büro, wo ich von der Außenwelt völlig abgeschottet war. Wundert es dich nun noch, dass ich mich auch von allen Verwandten und Bekannten und sogar von dir zurückzog?«

Nein, das wunderte mich nun nicht mehr. Auf einmal sah ich meine Schwester in einem ganz neuen Licht.

»Da du so isoliert gelebt hast, wo hast du dann eigentlich deinen Mann gefunden?«, fragte ich neugierig.

Sie hatte, wie ich erfuhr, Edmund durch ein Inserat gefunden, eines, das genau widerspiegelt, wie es damals in ihr aussah, als Gudrun in den Hafen der Ehe eingelaufen war und ich mit Alfons bei ihrer Hochzeit aufgetaucht war und sie sicher war, ich würde demnächst mit ihm verheiratet sein: »Vom Leben benachteiligtes Mädchen, 1,53 m, 27 J., sucht lieben, treuen Ehemann, gerne auch älter, dem sie gute Kameradin sein will.« Und tatsächlich bekam sie mehrere Briefe.

»Bei den meisten gefiel mir schon das Foto nicht«, bekannte sie. »Der erste, mit dem ich ein Rendezvous ausmachte, war Edmund. Als er an unserem Treffpunkt so vor mir stand, etwas unbeholfen, tapsig wie ein Bär, mit traurigem Gesichtsausdruck und mit einer Promenadenmischung an der Leine, die ein ebenso trauriges Gesicht machte, ist mein Herz sofort für beide entflammt. ›Der ist‹, dachte ich, ›ebenso wie ich vom Leben benachteiligt. Wir ergeben bestimmt ein gutes Gespann‹. Edmund, musst du wissen, stand völlig allein auf der Welt. Er hatte nie einen Beruf erlernt und verdiente sein Geld als Fernfahrer. Weißt du, dass Fernfahrer die einsamsten Menschen sind, die es gibt?«

Ich hatte es bis dahin nicht gewusst, aber jetzt, wo sie mich das fragte, konnte ich es mir auf einmal gut vorstellen: Immer auf der Straße, ganz allein im Führerhaus seines Brummis, ja, ein solcher Mensch hatte natürlich weder Zeit noch Gelegenheit, eine Frau zu finden. Schon redete meine Schwester weiter: »Als ich zu ihm ja gesagt habe, meinte er: ›Jetzt hat mein Leben endlich einen Sinn. Die ganze Woche kann ich mich nun aufs Heimkommen freuen.‹ Er fuhr nämlich oft ins Ausland, musst du wissen, dann war er die ganze Woche unterwegs.« Sie zögerte einen Moment. »Weißt du, es war zwischen uns nie die himmelhochjauchzende Liebe wie in einem Kinofilm«, gestand sie dann. »Aber wir haben vom ersten Moment an gewusst, was wir aneinander haben. Seit Edmund im Ruhestand ist, achtet er sehr auf meine Gesundheit. Ein paar Mal schon ist es passiert, dass er mich gerade noch rechtzeitig in die Klinik gebracht hat.«

Ich war in Gedanken aber schon wieder weit in der Vergangenheit.

»Was hat eigentlich Mutter damals zu Edmund gesagt?«

»Kannst du dir das nicht denken?« Sie verzog das Gesicht zu einer Grimasse und imitierte die klagende, unzufriedene Stimme unserer Mutter: »›Aber Kind, der ist doch nichts für dich.‹ Später freilich hat sie es eingesehen, dass sich ja auch noch jemand um mich kümmern musste, wenn sie einmal nicht mehr da war, und da hat sie sich mit unserer Ehe ausgesöhnt.«

Erst jetzt fiel mir auf, dass ich meinen Schwager seit meiner Ankunft noch gar nicht gesehen hatte.

»Er macht seinen täglichen Spaziergang im Park, er wird wohl bald zurück sein«, erklärte Gretl.

»Und dein Sohn, wo steckt der?«

»Er ist schon vor einiger Zeit ausgezogen und führt sein eigenes Leben. Ab und zu taucht er auf, wenn er Geld braucht.« Ich sagte nichts, denn ich erkannte, dass Edis Verhalten ihr Kummer bereitete, und wollte nicht versehentlich eine Wunde unnötig neu aufreißen.

In den folgenden Tagen besprachen wir noch vieles miteinander und kamen uns wieder viel näher, wenn auch nicht so nah, wie wir uns bis zum zwölften Lebensjahr gestanden hatten. Das konnte man aber auch nicht erwarten, dass zweiundfünfzig Jahre in wenigen Tagen aufgearbeitet waren.

Nachdem ich Gewissheit hatte, dass sie gesundheitsmäßig bestens versorgt wurde und psychisch stabil war, lenkte ich meinen Wagen nach ein paar Tagen wieder Richtung Taunus. Noch bevor ich daheim angekommen war, begannen meine eigenen Probleme wieder auf mich einzustürmen, und meine Seelenqual begann von neuem. Doch zu Hause angekommen, standen an meinem Haus so viele Arbeiten an, dass ich für eine weitere Weile einigermaßen abgelenkt war. Und dann, urplötzlich, wurde mein Seelenschmerz von so heftigen Zahnschmerzen überdeckt, dass ich schnellstmöglich zum Zahnarzt musste. Dazu fuhr ich in einen Nachbarort, weil es bei uns am Ort keinen gab.

Als ich das Wartezimmer betrat, saß dort außer einer Mutter mit einem Buben noch eine mollige Dame, die in meinem Alter sein mochte. Ich nickte den Anwesenden freundlich zu und vertiefte mich gleich in eine Illustrierte. So bemerkte ich es erst gar nicht, dass eine weitere Dame den Raum betrat. Darauf wurde erst aufmerksam, als sie die Mollige freudig begrüßte. Auch die Neue mochte in meinem Alter sein, aber gegen mich, die ich eine Normalfigur habe, war sie ausgesprochen hager. Sogleich verfielen die Damen in ein lebhaftes Gespräch, von dem ich aber nichts mitbekam, weil ich mich wieder meiner Zeitschrift zugewandt hatte. Kaum, dass ich mitbekam, dass die Mutter mit ihrem Sohn ins Behandlungszimmer gerufen wurden. Plötzlich aber fiel neben mir ein Name, der mich aufhorchen ließ.

»Hast du schon gehört, der Friedhelm hat wieder geheiratet.«

So häufig kommt dieser Vorname auch wieder nicht vor, und so war meine Neugier geweckt. Ich tat so, als würde ich weiterlesen, aber kein Wort des Gesprächs ließ ich mir mehr entgehen.

»Meinst du den Friedhelm Meinhardt?«, fragte die Mollige.

»Wen denn sonst?«, antwortete die Hagere.

»Dem ist doch voriges Jahr die Frau mit ihrem Kurschatten durchgebrannt?«, stellte die Mollige mehr als Frage in den Raum.

»Genau der. Erst hat man gemeint, er komme über den Verlust nicht hinweg, und jetzt ist er schon wieder verheiratet.«

»Das ging aber flott. Ja, ja, die Männer!«

»Nicht nur die Männer! Seine Neue war genauso flott. Sie ist ebenfalls frisch geschieden.«

»Was du nicht sagst! Kennst du sie etwa auch?«, wollte die Mollige wissen.

»Nicht direkt. Aber sie ist die Cousine einer Freundin von mir. Und die war sogar auf der Hochzeit.«

»Dann weißt du sicher auch, wo er die Neue aufgegabelt hat.«

»Die brauchte er gar nicht aufzugabeln.«

Während ich mich hinter meiner Zeitschrift versteckte, wurden meine Ohren immer länger. Mein Herz begann so wild zu pochen, dass ich schon befürchtete, die beiden Tratschtanten könnten es hören. Aber die Hagere berichtete unbeirrt weiter: »Die Neue war die beste Freundin seiner Frau.«

»Nein, so ein scheinheiliges Biest! Sie hat sich also in die Ehe gedrängt?« Die Stimme der Molligen vibrierte vor Empörung.

Ihre Freundin lachte boshaft. »Ganz so schlimm ist es auch wieder nicht. Sie hat sich erst an ihn rangeschmissen, nachdem seine Frau längst ausgezogen war. Es waren ja nicht nur die beiden Frauen miteinander befreundet, die Männer waren es auch. Seit über dreißig Jahren hatten sie sich gekannt.«

»Ach, und als sie gemerkt hat, dass der Friedhelm wieder solo war, hat sie ihren Alten einfach sitzen lassen?«, vermutete die Mollige.

»Nein, Margot« – die Hagere lachte wieder auf – »die Sache ist noch viel komplizierter. Angefangen hat es damit, dass der Mann zu seiner jungen, blonden, bildhübschen Sekretärin ins Appartement gezogen ist.«

»Der Friedhelm Meinhardt?« Die Stimme der Molligen klang ungläubig.

»Aber nein! Der damalige Mann von Friedhelms neuer Frau! Und da ist seine Frau in ihrer Verzweiflung zum Friedhelm gegangen und hat sich ausgeweint.«

»Und der war gerade selbst sitzen gelassen worden und hat die Gelegenheit gleich beim Schopf gepackt«, gluckste die Mollige.

»Nicht gleich. Friedhelm hat seinem Freund erst gehörig die Leviten gelesen. Er solle zurückkommen. Aber der alte Gockel wollte von seiner Sekretärin nicht lassen, und der Meinhardt musste weiterhin den Tröster spielen. Und da kam es wohl, wie es kommen musste …«

Beide Frauen schüttelten lachend die Köpfe. Im selben Moment tauchte die Sprechstundenhilfe auf und entführte die Mollige. Ich aber hatte schon mehr als genug gehört und blieb wie betäubt sitzen. Diese Betäubung hielt auch noch an, als ich ins Sprechzimmer gerufen wurde. Ich bekam kaum mit, was der Zahnarzt äußerte oder machte. Als er von einer Betäubungsspritze sprach, nickte ich nur mechanisch und dachte: ›Wozu? Ich bin doch schon betäubt‹. Von der Spritze und dem Ziehen des Backenzahnes bekam ich so gut wie nichts mit. Erst zu Hause, als in meinem Herzen die Betäubung allmählich nachließ, spürte ich, dass meine linke Gesichtshälfte immer noch taub war.

Während ich meine Wände anstarrte, begann das Bild, das ich von Friedhelm im Herzen trug, Risse zu kriegen. So sah das also aus! Dieser feige Typ hatte hinter meinem Rücken ein Techtelmechtel angefangen und nicht den Schneid besessen, mit mir offiziell Schluss zu machen.

Am nächsten Tag kramte ich die beiden Briefe hervor, die ich ihm geschrieben, aber nie abgeschickt hatte. Aufmerksam las ich sie mir noch mal durch. Wie froh war ich nun darüber, dass mich mein Instinkt davor bewahrt hatte, ihm diese Zeilen zukommen zu lassen. Er und seine zweite Frau hätten sich doch kaputtgelacht, wenn sie gelesen hätten, wie ich ihn idealisiert und meine Gefühle offenbart hatte. Wegwerfen mochte ich sie aber auch nicht. Also verwahrte ich sie wieder an dem Platz, wo sie bisher gelegen hatten.

Erstaunlicherweise ging das Leben auch ohne Friedhelm weiter. Jetzt, wo ich endlich wusste, woran ich war, konnte ich ihn innerlich loslassen. Je mehr ich aber losließ, desto mehr kehrten bei mir Schaffensdrang und Unternehmungslust zurück. Sein Bild in mir verblasste immer mehr. Von Zeit zu Zeit holte ich jedoch die beiden Briefe hervor, las sie und verstaute sie wieder. Nein, war ich froh, dass ihm diese Bekenntnisse nicht in die Hände gefallen waren.

In den Wanderverein zurück konnte ich nicht mehr, denn die meisten hatten schließlich mitbekommen, dass Friedhelm und ich ein Liebespaar gewesen waren. Da ich aber gerne wanderte und es für zu gefährlich hielt, als Frau allein die Taunuswälder zu durchstreifen, hielt ich Ausschau nach einem neuen Verein. Da ergab es sich, dass ein Kurort in meiner Nähe jemanden suchte als Wanderführer für die Kurgäste. Trotz meiner fünfundsechzig Jahre bewarb ich mich und wurde sofort genommen. Sicher kamen mir meine Lebenserfahrung und meine ausgezeichneten, durch die bisherigen Wanderungen erworbenen Ortskenntnisse zugute.

Es erwies sich als genau die richtige Aufgabe für mich. Ich konnte frei schalten und walten. Die Wandertouren konnte ich selbst festlegen, die Lokale zum Einkehren aussuchen, die Zeitdauer bestimmen. Das Reizvolle an dieser Aufgabe war, dass ich ständig neue Gesichter zu sehen bekam. Eine Kur dauerte meist nur drei Wochen, also nahm ein Wandergast höchstens dreimal an einer Wanderung teil. Über dieser neuen Aufgabe vergaß ich natürlich auch meine Zwillingsschwester nicht. Jede Woche telefonierten wir miteinander, und ich war erleichtert, dass sie sich mit ihrem Los abgefunden zu haben schien. Der Arzt hatte ihr nämlich eröffnet, sie könne schon verreisen. Nur müsse sie sich den Urlaubsort so wählen, dass eine Klinik vorhanden sei mit einer Dialysestation. Daraufhin setzten Gretl und Edmund alle Hebel in Bewegung, und sie fand tatsächlich für drei Wochen einen

Dialyseplatz an einem Traumurlaubsort auf Zypern. Von dort bekam ich im Sommer 2002 eine farbenfrohe Ansichtskarte mit einer begeisterten Schilderung. Für das Jahr darauf ließen sie sich schon frühzeitig die künstliche Niere reservieren und buchten rechtzeitig ihren Flug. Wenig später rief Gretl mich ganz euphorisch an: »Liesl, willst du nicht mitkommen? Du hast doch nichts zu versäumen. Du glaubst gar nicht, wie herrlich es auf Zypern ist.«

»Doch das glaube ich dir schon, Gretl, aber einen so teuren Urlaub kann ich mir nicht leisten.«

»Außer dem Flug würde dich der nichts kosten. Wir haben von Bekannten ein Ferienhäuschen gemietet, in dem könntest du kostenlos mit uns wohnen.«

Mit Schrecken erinnerte ich mich an die »Hundehütte« am Gardasee, die man uns als Ferienbungalow vermietet hatte. Noch während ich mir im Kopf Worte zurechtlegte, mit denen ich höflich, aber bestimmt absagen konnte, ohne meine Schwester zu verletzen, sprudelte sie schon – als könne sie Gedanken lesen – heraus: »Du brauchst keine Angst zu haben. So wie am Gardasee ist das nicht. Wir haben Fotos von außen und innen gesehen. Dort ist genug Platz für uns drei. Es ist ein wirklich allerliebstes Feriendomizil mit Terrasse und Garten. Alles sauber, die Luft, der Strand und das Wasser, kein Staub und kein Dreck.«

»Also gut, vielen Dank für das Angebot. Ich nehme an.«

Am Flughafen in Nikosia wurde ich bereits von ihnen erwartet, als ich von Frankfurt kommend hereinschwebte. Mit einem Taxi ging es dann zu dem Feriendomizil, und siehe da: Es war wirklich zauberhaft.

Das Wetter war an einem Tag so schön wie am anderen. Dennoch konnten wir Strand und Wasser nicht so genießen, wie ich mir das vorgestellt hatte. Denn Gretl musste dreimal in der Woche per Taxi nach Nikosia zur Dialyse. Sicher hätte ihr Ehemann sie auf diesen Fahrten begleiten können, aber da ich nun schon kostenlos mit ihnen in dem Häuschen wohnen durfte, war es das Mindeste, dass ich meine Schwester auf ihrem schweren Weg begleitete. Auch in der übrigen Zeit lagen wir nicht pausenlos am Strand. Wir mieteten mal einen Wagen und erkundeten die Insel. An den Abenden blieb Zeit genug für lange Gespräche von Schwester zu Schwester, in denen wir unsere Vergangenheit aufarbeiteten und uns noch näher kamen als bei meinem Besuch in München. Einhellig waren wir der Meinung, dass unsere Mutter einen großen Fehler begangen hatte, dass sie uns auf so unterschiedliche Weise aufgezogen und uns frühzeitig getrennt hatte. Wir sahen aber auch ein, dass sie mit Zwillingen, von denen einer seit dem Kleinkindalter chronisch erkrankt war, noch dazu mitten im Krieg, völlig überfordert gewesen war. So waren wir imstande, das Gute und das Schlechte in das richtige Verhältnis zu setzen und alles gewissermaßen aufzuarbeiten.

Bevor Gretl die nächste Zypernreise buchte, fragte sie bei mir an, ob ich nicht wieder dazukommen wolle, aber ich lehnte ab.

»Das ist sehr nett von dir, Gretl, aber einmal Zypern reicht mir. Genießt ihr mal schön eure Zweisamkeit. Ich habe in diesem Jahr eine Englandreise geplant und spare schon fleißig darauf. Einmal wenigstens will ich meine aufgefrischten Englischkenntnisse doch anwenden.«

Eigentlich hatte ich in jenem Jahr gar keine Urlaubsreise vorgehabt. Das war mir nur während des Telefonats spontan als Ausrede eingefallen. Ich hatte nämlich das Gefühl, dass Gretl mich einlud, weil sie Mitleid mit der einsamen Schwester hatte, oder vielleicht auch, weil sie in mir eine praktische Haushälterin sah. Aber warum sollte ich eigentlich nicht wirklich nach England fliegen? Um mich nicht selbst Lügen zu strafen, marschierte ich anderntags schnurstracks ins Reisebüro und buchte eine Reise nach London. Aber nur eine Woche, um meinen Etat zu schonen. Diese eine Woche war wirklich ein Erlebnis, und schon auf dem Rückflug dachte ich darüber nach, wohin ich im nächsten Jahr fliegen solle. Damit hätte ich auch gleich wieder eine Ausrede, um nicht mit nach Zypern zu müssen.

Doch diese Ausrede, stellte sich alsbald heraus, brauchte ich im nächsten Jahr nicht mehr.

Den Urlaub auf der Mittelmeerinsel hatten meine Schwester und ihr Mann gut überstanden. Einige Wochen später rief Gretl bei mir an. Ob ich nicht kommen könnte? Sie habe etwas äußerst Wichtiges mit mir zu besprechen. Nein, am Telefon ginge es nicht. Nichts Gutes ahnend machte ich mich auf den Weg nach München. Nach der herzlichen Begrüßung und einem bescheidenen Abendessen blieben wir beide in der Küche sitzen, während Edmund sich zum Fernsehen ins Wohnzimmer verzog. Gretl war auffallend nervös, sie rutschte auf ihrem Stuhl hin und her und druckste herum. Endlich presste sie hervor: »Du, Liesl, ich habe eine große Bitte an dich.«

»Wenn ich sie erfüllen kann, werde ich das gerne tun. Das weißt du doch.«

»Ja, darauf rechne ich sehr. Du bist meine einzige Hoffnung.«

»Das klingt ja sehr dramatisch. Heraus mit der Sprache. Was ist es?«

»Ich möchte, dass du mir eine Niere spendest.«

Einige Sekunden lang herrschte Stille im Raum. Dann hatte ich mich so weit gefasst, dass ich eine Antwort geben konnte, die weder ein Ja noch ein Nein enthielt: »Weißt du, was du da von mir verlangst?«

»Ja, das habe ich mir reiflich überlegt.«

»Und warum möchtest du das?«

»Damit ich von der Dialyse wegkomme.«

»Bis jetzt bist du doch ganz gut damit zurechtgekommen«, wagte ich einen Einwand.

»Ja schon … aber verstehst du nicht, dass ich gerne wieder ein unabhängiges Leben führen können möchte, so wie vorher?«

Doch, das verstand ich schon. »Aber wieso bist du da auf mich gekommen?«

Es stellte sich heraus, dass sie ihren Arzt gefragt hatte, ob sie jemals wieder von der Dialyse wegkommen würde. Er hatte gemeint, die einzige Möglichkeit sei eine Spenderniere, aber die Warteliste sei sehr lang, und es gäbe zu wenig Menschen, die sich zu Lebzeiten bereit erklären, nach ihrem Tod ein Organ zu spenden. »Und was ist mit einer Lebendspende?«, hatte sie danach gefragt. Darauf sagte der Arzt: »Ja, wenn Sie in der Verwandtschaft jemanden finden könnten. Der Idealfall wäre natürlich eine Zwillingsschwester.«

Jetzt sah ich klarer.

»Hast du ihm auch erklärt, dass wir zweieiige Zwillinge sind?«, wollte ich wissen.

»Warum denn?«, fragte sie ganz erstaunt. »Das spielt doch gar keine Rolle.«

»Und ob das eine Rolle spielt!« Ich erinnerte mich, darüber vor einiger Zeit einen Fernsehbericht gesehen zu haben. »Es geht um die Übereinstimmung des genetischen Materials. Bei eineiigen Zwillingen ist es ziemlich identisch, soviel ich weiß. Bei zweieiigen Zwillingen ist die Übereinstimmung aber auch nicht größer als bei jedem anderen Geschwister.« Ich sah ihr betretenes Gesicht. »Trotzdem«, versprach ich, »ich werde mir die Sache natürlich durch den Kopf gehen lassen.«

Verständlicherweise verbrachte ich eine unruhige Nacht. Wilde Albträume wechselten mit schlaflosen Phasen ab, in denen ich mir immer wieder alle Möglichkeiten durch den Kopf gehen ließ.

»Gretl, es ist zu viel, was du von mir verlangst«, erklärte ich meiner Schwester am nächsten Morgen. »Ich setze womöglich mein Leben aufs Spiel, nur um das deine vielleicht zu retten. Ich betone ›vielleicht‹.«

»Was heißt hier Leben aufs Spiel setzen? Du bist gesund und kräftig. Du wirst die Operation leicht überstehen.«

Ich lachte freudlos auf. »Auch an mir sind die Jahre nicht spurlos vorübergegangen. Auch wenn ich kein so schlimmes Leiden habe wie du, ich bin die letzten Jahre dauernd beim Arzt herumgesessen. Für mich würde dieser Eingriff ebenfalls ein sehr hohes Risiko bedeuten. Und dabei ist ja noch nicht mal sicher, ob dein Körper meine Niere überhaupt annehmen würde. Mal Hand aufs Herz, was würdest du denn tun, wenn ich von dir eine Niere haben wollte?«

Eine ganz Weile herrschte betretenes Schweigen. »Dazu kann ich nichts sagen«, wich sie nach einer Weile aus. »Die Notwendigkeit, darüber nachzudenken, besteht ja gar nicht. Und wenn sie bestünde, könntest du mit meinen kaputten Nieren nichts anfangen.«

»Siehst du, du hast auch nicht spontan ja gesagt, obwohl du dabei gar nichts riskieren würdest.«

»Wenn deine Tochter eine Niere bräuchte, wärst du dann zu einer Spende bereit?«, brachte meine Schwester nun einen neuen Aspekt ins Spiel.

»Aber gewiss«, antwortete ich spontan. »In diesem Fall würde es für mich keine Rolle spielen, ob ich dabei draufgehe. Dann wäre es mir wichtig, dass sie statt meiner weiterleben kann.«

»Aha, in dem Falle wäre es dir egal«, wurde Gretl nun giftig. »Aber wenn ich draufgehe, das kümmert dich nicht.«

Ich lachte auf. »Siehst du denn den Unterschied wirklich nicht? Jasmin ist ja noch so jung, und sie hat kleine Kinder, denen die Mutter erhalten bleiben sollte. Aber du bist auf den Tag genauso alt wie ich, warum sollte ich mich dann opfern, damit du weiterlebst? Du würdest das für mich doch auch nicht tun. Außerdem besteht bei dir ja gar keine Lebensgefahr, und mit der künstlichen Niere lebst du ja ganz gut.«

So diskutierten wir noch eine Weile weiter, und Gretl zog alle Register, appellierte an meine Menschlichkeit und an die christliche Nächstenliebe. Schließlich machte ich ein Zugeständnis: »Also gut – das ganze Gerede um des Kaisers Bart bringt ja nichts. Damit wir überhaupt eine Diskussionsgrundlage haben, sollten wir beide jedenfalls einmal unsere Blutgruppen bestimmen lassen.«

Das taten wir schon am nächsten Tag, als sie wieder zur Blutwäsche in die Klinik musste. Ich konnte erleichtert aufatmen, als das Ergebnis kam, und Gretl war völlig niedergeschmettert – unsere Blutgruppen stimmten nicht überein! Angesichts der tiefen Enttäuschung meiner Schwester war ich selbst in meinen Gefühlen hin- und hergerissen. Sie war doch meine Schwester! Hätte ich nicht eigentlich den Wunsch haben müssen, ihr zu helfen, statt so erleichtert zu sein, dass ich ihr nicht helfen konnte? Aber das Thema Nierentransplantation war nun erst mal wieder vom Tisch. Ich packte meinen Koffer und fuhr nach Hause. Gretl aber besuchte weiterhin gewissenhaft die Dialyseabteilung.

Dennoch spukte ihr die Sache mit der Nierenspende weiterhin durch den Kopf. Als Erstes ließ sie sich auf die Warteliste setzen, und dann kam ihr ein Geistesblitz. Den musste sie sofort mit mir durchdiskutieren. »Was meinst du, Liesl«, wollte sie von mir wissen, »ob eine Niere meines Sohnes bei mir passen könnte?«

»Da bist du bei mir an der falschen Adresse, Gretl. Das kann dir nur ein Arzt beantworten, nachdem er bei Edi eine Blutgruppenbestimmung gemacht hat. Und dann geht es erst recht los mit Untersuchungen. Soviel ich gehört habe, gibt es sehr viele Merkmale im Blut oder in der Niere oder im ganzen Körper – ich kenne mich da nicht so aus – die übereinstimmen müssen.«

»Aha, dann werde ich mal mit ihm reden.«

Wenige Stunden später ein erneuter Anruf aus München: »Ich habe die Idee wieder verworfen. Ich werde doch nicht mit Edi reden. Er braucht sein Blut gar nicht untersuchen zu lassen. Er ist ja noch so jung! Wenn dem was passieren würde – nein, das könnte ich nicht verantworten.«

›Aha‹, dachte ich. ›Bei dem macht sie sich Sorgen, bei mir aber hat sie die Gefahr heruntergespielt.‹ Ich enthielt mich jedoch jeden Kommentars.

Danach fragte Gretl verzweifelt in der ganzen Verwandtschaft herum, um einen Spender zu finden. Alle, sämtliche Cousinen und Cousins und auch unsere Schwester Gudrun, lehnten dieses Ansinnen entrüstet ab.

Einige Wochen danach entdeckte ich zufällig in der Zeitung einen Artikel über Nierentransplantationen. Da ich durch meine Schwester für dieses Thema sensibilisiert war, las ich ihn aufmerksam durch. Da schrieben die doch tatsächlich, dass die Übereinstimmung der Blutgruppen nicht unbedingt ausschlaggebend ist. Und ich Riesenrindvieh erzählte das meiner Schwester brühwarm am Telefon. Klar, dass ihre spontane Reaktion war: »Dann kannst du mir ja jetzt eine Niere spenden!«

»So einfach geht das nicht«, versuchte ich, das zu relativieren. »Da sind noch viele andere Faktoren, die übereinstimmen müssen. Aber wenn dir so daran gelegen ist, werde ich mich daraufhin untersuchen lassen.«

Ich suchte meinen Hausarzt auf, um mich auf »Herz und Nieren« prüfen zu lassen. Doch es kam gar nicht erst zu einer Untersuchung. Er wies mein Ansinnen sogleich energisch zurück: »Aber Frau Koch, was sind denn das für Ideen? Diese Untersuchung können wir uns sparen. Oder wollen Sie Ihr Leben aufs Spiel setzen? Angenommen, die Merkmale stimmen überein, dann stehen wir beide vor der Entscheidung: Transplantation ja oder nein. Diesen Gewissenskonflikt möchte ich Ihnen ersparen. Ich selber bin entschieden dagegen, dass man einer Frau Ihres Alters – verzeihen Sie, dass ich das so hart formuliere – eine Niere entnimmt. Das ist immerhin ein schwerer Eingriff. Alleine schon durch die Narkose besteht die Möglichkeit, dass Sie auf dem Operationstisch liegen bleiben. Aber nehmen wir mal an, die Operation verläuft gut. Später braucht nur Ihre eine verbleibende Niere – aus welchem Grund auch immer – zu versagen, was dann? Dann sind Sie es nachher, die an der künstlichen Niere hängt – falls es dazu überhaupt noch kommt.«

Noch während ich nach Worten rang, dozierte der Mediziner weiter: »Aber das ist noch nicht einmal das größte Problem. Nach dem, wie sie mir den Gesundheitszustand Ihrer Schwester geschildert haben, würde ihr Ihre Niere vermutlich gar nichts nützen. Der Nierenschaden ist ja, das wissen Sie vielleicht, eine Folge ihrer Diabeteserkrankung. Aus genau dem gleichen Grund sind aber vermutlich auch noch andere Organe geschädigt, wie Leber, Herz und Augen. Man müsste für sie quasi ein ganzes körperliches Ersatzteillager bereitstellen, und das ist einfach utopisch. Ich bezweifle sogar, ob Ihre Schwester eine Nierentransplantation überhaupt überleben würde. Vorausgesetzt, Ihre Niere passt und Sie würden in die Operation einwilligen, Ihre Schwester aber bliebe auf dem Operationstisch liegen – es ist sehr wahrscheinlich, dass ihr Kreislauf das nicht mitmachen würde –, dann fühlen Sie sich nachher womöglich sogar noch schuldig an ihrem Tod und machen sich für den Rest Ihres Lebens Vorwürfe. Wenn Sie Ihrer Schwester wirklich etwas Gutes tun wollen, dann machen Sie ihr klar, dass ihre Chance, an der Dialyse noch mehr als fünf Jahre zu leben, wesentlich größer ist, als diese Operation lebend zu überstehen. Glauben Sie mir, eine Nierentransplantation in ihrem Alter, noch dazu bei den anzunehmenden vielen Organschäden, ist eine ganz große, gefährliche Sache.«

Das alles erzählte ich Gretl bei meinem nächsten Besuch so ziemlich wortwörtlich. Damit, dachte ich, sei dieses Thema für mich ein für allemal abgehakt. Doch meine Schwester zeigte keinerlei Einsicht, sondern wurde sehr wütend auf mich. »Du bist auch nicht besser als alle die anderen, als die Cousinen und Cousins und als Gudrun. Dabei hatte ich gerade von dir, als meiner Zwillingsschwester, erwartet, dass du mir näher stehst als die übrige Verwandtschaft.«

Bei einem erneuten Versuch, ihr klarzumachen, dass mein Arzt sicher war, ihre Überlebenschancen ohne Operation seien wesentlich größer als mit ihr, schnitt sie mir das Wort ab: »Wenn du deiner Schwester nicht helfen willst, dann werde ich auf andere Weise an eine Niere kommen. Darauf kannst du dich verlassen!«

Mir war bekannt, dass sie seit einigen Monaten auf der sehr langen Warteliste für Spendernieren stand. Wie sie es dann geschafft hat, so schnell auf Platz eins zu geraten, weiß ich nicht. Jedenfalls rief sie mich noch vor Weihnachten geradezu euphorisch an: »Du, Liesl, ich bin gerade benachrichtigt worden, dass man für mich eine passende Niere gefunden hat. Auf die Verwandten kann man sich ja nicht verlassen.«

Nach diesem Anruf begab sie sich in die Klinik. Doch am folgenden Tag war sie schon wieder zu Hause. Der zuständige Chirurg hatte, nachdem er sich ihre Anamnese angeschaut hatte, rundweg erklärt: »Diese Operation lehne ich ab; die überleben Sie nicht.«

Im Oktober darauf, also 2005, war es abermals so weit. Ein hysterischer Anruf von Gretl: »Du Liesl, ich wollte dir nur mitteilen, es steht erneut eine Spenderniere für mich bereit. Diesmal gehe ich aber in ein Krankenhaus, wo die Ärzte nicht so schissig sind. Mit dem neuen Operateur habe ich schon vor einiger Zeit alles besprochen. Der ist bereit, den Eingriff vorzunehmen.«

»Und wenn du die Operation nicht überlebst?«, wagte ich eine letzte Warnung.

»Dann habe ich Pech gehabt«, sagte sie leichthin. »Aber es wird schon gut gehen.«

»Dann wünsch ich dir viel Glück, Schwesterherz. Ich komme gleich morgen nach München, um mich um dich zu kümmern und auch um deinen Mann.«

Das war ihr eine große Beruhigung.

Vernünftigerweise hatte sie – ihre Wut auf mich war wohl durch die in ihren Augen positive Entwicklung verraucht – mich als nächste Angehörige angegeben. Ihr alter Ehemann, er zählte nun immerhin schon vierundachtzig Lenze und war sowohl geistig als auch körperlich nicht mehr ganz auf der Höhe, wäre mit den anstehenden Problemen heillos überfordert gewesen. Und der Sohn war – wie meistens – unauffindbar.

Noch vor dem Morgengrauen war ich losgefahren. Doch als ich im Klinikum eintraf, lag meine Schwester bereits auf dem OP-Tisch. Ruhelos wanderte ich die langen Gänge auf und ab und dachte ein ums andere Mal: »Mein Gott, wenn das nur gut geht!« Beten konnte ich nicht. Das hatte ich in den vielen Jahren, in denen ich es nicht geübt hatte, verlernt.

Mir wurde sehr viel Geduld abverlangt. Während der Wartezeit ernährte ich mich ausschließlich von dem Kaffee, den ich mir aus dem klinikeigenen Automaten holte. Sieben Stunden dauerte die Operation insgesamt.

»Wie sieht es aus?«, stürzte ich mich auf die junge Assistenzärztin, die als erste meinen Weg kreuzte. »Wird der Körper die Niere annehmen?«

»Sie müssen Geduld haben. Ob das fremde Organ angenommen wird, lässt sich frühestens nach acht Tagen sagen. Es ist etwas anderes, das uns Sorgen macht. Die Operation verlief äußerst dramatisch. Wir mussten mittendrin unterbrechen, weil Ihre Schwester einen Herzinfarkt erlitten hat.«

»O mein Gott! Und?« Mir wankten die Knie, ich musste mich setzen.

»Wir machten sofort eine Herzanimation und konnten danach weiter operieren. Nach der Operation ist Ihre Schwester kurz aufgewacht und war sogar ansprechbar.«

»Gott sei Dank!« Das kam bei mir aus tiefstem Herzen. Doch die Ärztin dämpfte meinen Optimismus: »Kurz danach erlitt die Patientin einen zweiten Herzinfarkt. Wieder gelang es uns, sie schnell ins Leben zurückzuholen. Da hat sie sogar ein paar zusammenhanglose Wörter geredet. Mehrmals fiel der Name Liesl und das Wort Zwillingsschwester.«

»Ja, das bin ich. Ich bin ihre Zwillingsschwester.«

»Aha, dann sollten wir Sie doch bald zu ihr lassen. Ihre Nähe wird ihr sicher guttun.«

Die Nacht verbrachte ich im Hause meines Schwagers. Da ich für ihn etwas zu essen machen musste, merkte ich erst, was für einen Hunger ich hatte. Am Tag darauf eilte ich zur Intensivstation. Ich durfte Gretl nicht nur sehen, ich durfte sie sogar ein bisschen im Rollstuhl umherfahren. Sagen konnte sie nichts, aber sie ergriff mehrmals dankbar meine Hand. Am folgenden Tag erfuhr ich, dass meine Schwester nach einem dritten Herzinfarkt im Koma lag. Sechs Tage verbrachte ich danach an ihrem Krankenlager. In dieser Zeit erlitt sie zwei weitere Herzinfarkte. Jedes Mal holte man sie zurück ins Leben – was man so Leben nennt, wenn ein Mensch nur durch Apparate und Schläuche daran gehindert wird, in Würde zu sterben – aber zu Bewusstsein kam sie nicht mehr. Da sie eiskalte Füße hatte, massierte ich ihr die Beine, ließ mir Strümpfe bringen und zog sie ihr an. Sogar ein Elektro-Öfchen ließ ich kommen und stellte es ihr zu Füßen auf. Als die Schwester kam, um den Verband zu wechseln, ließ ich mir die Operationsnarbe zeigen. Du lieber Gott, war das ein Riesending!

Bei der fünften Reanimation war ich dabei. Danach stellte man bei Gretl auch noch eine Lungenentzündung fest. Deshalb fragte ich die Ärztin: »Sagen Sie mal, wie lange soll das noch so weitergehen? Ich kann doch hier nicht wochenlang am Bett sitzen.«

»Dazu kann ich keine Prognose machen«, war ihre Antwort. »Es existiert keine Patientenverfügung. Ihre Schwester kann ein halbes Jahr im Koma liegen, es kann auch ebenso gut länger dauern. Es kann aber auch sein, dass der nächste Infarkt ihr Leben beendet. Denn nach dem sechsten Herzinfarkt holen wir sie nicht mehr zurück. Ihr Hirn ist inzwischen schon derart geschädigt, dass das unverantwortlich wäre. Auch ist bereits zu erkennen, dass sie die Niere wohl abstoßen wird. Wenn Sie meinen Rat hören wollen, fahren Sie heim. Es nützt wirklich nichts, wenn Sie hier rumsitzen.«

Da habe ich mich von meiner Schwester verabschiedet. Ich streichelte ihr die Hände, ich drückte ihr einen Kuss auf die Stirn und flüsterte ihr ins Ohr: »Schätzchen, lass los! Es bringt doch nichts mehr. Im nächsten Leben kann es nur besser werden. Ich fahre jetzt heim.«

Eigenartigerweise hatte sie von dem Moment an einen anderen Gesichtsausdruck. Sie wirkte so gelöst, so entspannt und war viel glatter im Gesicht. Sie sah richtig gut aus, während sie zuvor immer verbittert und verkrampft ausgesehen hatte. Ich hätte ja geglaubt, ich bilde mir das nur ein. Aber wenig später trat eine Krankenschwester ans Bett, der fiel diese Veränderung ebenfalls auf. »Jetzt ist es soweit«, war ihr kurzer Kommentar. Wenig später tat Gretl wirklich ihren letzten Atemzug.

Nun war ans Heimfahren natürlich nicht mehr zu denken. Ich fühlte mich verpflichtet, die Beerdigung in die Hand zu nehmen, denn mein Schwager wäre damit überfordert gewesen. Und Sohn Edi, dreißig Jahre alt, blieb weiterhin unauffindbar. An mir blieb also alles hängen. Aber damit hatte ich kein Problem. Nachdem ich drei Ehemänner unter die Erde gebracht hatte, blickte ich auf ausreichend Erfahrung auf diesem Gebiet zurück.

Auf Wunsch meines Schwagers nahm ich ein Urnengrab auf dem Waldfriedhof in München-Großhadern, in dem er ebenfalls beigesetzt werden wollte. Es war ihm eine große Beruhigung, zu wissen, wo einst seine letzte Ruhestätte sein würde.

Meine Schwester Gudrun erschien zwar zur Beerdigung, war aber gleich danach wieder verschwunden. Sie war mir also keine Hilfe. Mir oblag nämlich noch die Aufgabe, für meinen Schwager einen Heimplatz zu suchen. Der Tod seiner Frau hatte ihm sozusagen den Rest gegeben. Er war sichtlich nicht mehr in der Lage, allein in seinem Haus zu leben. Nach einigen Telefonaten hatte ich eine Zusage und konnte Edmund schon fünf Tage später ins Heim bringen. Bis dahin hatte ich seine Wäsche und Kleidung in Ordnung gebracht und seine Siebensachen gepackt. Auch in der Wohnung gab es noch einiges zu tun. Alles, was sich an Gläsern, Zeitungen und sonstigem Müll angesammelt hatte, beförderte ich hinaus. Was Edmund und ich an Lebensmitteln aus Kühlschrank und Gefriertruhe nicht aufgebraucht hatten, packte ich in eine Kühltasche und nahm es mit, damit es nicht vergammelte. Denn wer konnte wissen, wann sich mein Neffe mal blicken lassen würde.

Von zu Hause aus, wo es inzwischen auch wieder genug zu tun gab, rief ich in regelmäßigen Abständen bei meinem Schwager an. Er war nun völlig verwirrt und hielt mich für seine Frau. Jedes Mal fragte er: »Ja, Gretl, wo bist du denn? Wann kommst du endlich?«

Nach einem halben Jahr bekam ich einen Anruf von der Heimleitung: »Wir müssen Ihnen die traurige Mitteilung machen, dass Ihr Schwager heute Nacht gestorben ist.«

So traurig war diese Mitteilung gar nicht für mich. Erstens hatte ich schon längst mit so etwas gerechnet, und zweitens war es eine Erlösung für den alten Mann, der sich im Leben nicht mehr zurechtfand. Das einzig Traurige daran war, dass ich nun wieder nach München fahren und die Beerdigung in die Hand nehmen musste. Es war wohl mein Schicksal, Männer zu beerdigen. Von dem Sohn, dem Herumtreiber, war noch immer keine Spur zu finden, obwohl die Polizei schon nach ihm fahndete. Dass der Edi so missraten ist, lag sicher nicht nur daran, dass er ein kränkliches Kind gewesen war. Vor lauter Affenliebe hatten seine Eltern vergessen, ihn zu erziehen. Er hatte weder das Arbeiten noch den richtigen Umgang mit Geld gelernt. Sein Elternhaus hatte er bereits hoch verschuldet, wie ich den Unterlagen aus Gretls Schreibtisch entnehmen konnte. Es war nur noch eine Frage der Zeit, wann es ihm die Bank wegnehmen würde.

Weil kein Geld vorhanden war, bezahlte ich die Beerdigung aus meiner Tasche und ebenso später die Grabinstandsetzung. Ich konnte doch den Mann meiner Schwester nicht einfach verscharren lassen. Zuerst hatte ich natürlich Gudrun gefragt, ob sie sich an den Kosten beteiligen wolle. Es sei ja schließlich auch ihr Schwager. Sie hatte aber rundweg abgelehnt. Zu Edmunds Beerdigung kam sie erst gar nicht, unter dem Vorwand, sie könne ihren alten pflegebedürftigen Ehemann nicht allein lassen. Durch Zufall erfuhr ich aber wenig später von einer Altenpflegerin, dass Gudrun just an dem Tag von Edmunds Beisetzung an einem Ganztagsausflug des Kirchenchores teilgenommen hatte. Den Gemahl hatte sie unterdessen in der Obhut dieser Pflegerin gelassen.

Nachdem also Edmund seine würdige Bestattung bekommen hatte, putzte ich noch einmal das ganze Haus von oben bis unten. Schließlich hatte ich dort für die Tage, an denen ich mit der ganzen Organisation der Beerdigung beschäftigt gewesen war, Quartier bezogen. Mein Neffe sollte nicht sagen können, ich hätte ihm einen Saustall hinterlassen.

Dann setzte ich mich hin und verfasste für ihn einen langen Brief. In diesem berichtete ich ihm aus den letzten Monaten seiner Eltern. Am Schluss schrieb ich: *Es wäre nett, wen du dich mal telefonisch bei mir meldest, damit wir über die Grabpflege sprechen können. Ich kann mich nämlich nicht auch noch darum kümmern. Ich habe genug mit meinen Gräbern zu tun. Da du jetzt der Alleinerbe bist und dir keiner mehr dreinreden kann, was du mit deinem Leben und deinem Vermögen tun und lassen sollst, wünsche ich dir für die Zukunft, dass du den richtigen Weg findest, und alles Gute,*
    Deine Tante Liesl.

Um sicherzustellen, dass dieser Brief auch wirklich in seine Hände gelange, und um zu erfahren, ob er ihn wirklich erhalten hatte, baute ich eine »Sicherung« ein. Ein Exemplar legte ich in seinem Haus auf den

Küchentisch, ein anderes übergab ich der Nachbarin mit der Bitte, es meinem Neffen auszuhändigen, sobald er sich blicken lasse.

Als ich wieder bei mir zu Hause war, rief ich zusätzlich in seinem Hause an und sprach auf den Anrufbeantworter, dass er mich umgehend anrufen möge.

Einige Wochen später rief mich die Nachbarin tatsächlich an und teilte mir mit, dass sie Edi meinen Brief persönlich übergeben habe. Er ist also im Haus gewesen und muss auch den Automaten abgehört haben. Weder auf meinen Brief noch auf meinen Anruf erfolgte aber eine Reaktion. Danach war das Telefon abgeschaltet, wovon ich mich bei einem erneuten Anrufsversuch überzeugt habe.

Rückblick und Ausschau

Nachdem endlich Ruhe in mein Leben eingekehrt ist, schaue ich gelassen in die Zukunft. Ja, das Leben ist wirklich kein Oktoberfest. Vom Oktoberfest kann man einfach weglaufen, wenn es einem zu bunt wird, aber vom Leben nicht. Das Leben ist eher ein Riesenrad. Mal bist du ganz oben und mal ganz unten. Mein Leben scheint sich jetzt auf halber Höhe eingependelt zu haben. Mit meinem Schicksal bin ich ausgesöhnt, mit meiner Mutter und mit meiner Zwillingsschwester ebenfalls, ja, sogar mit meinem Herrgott.

Und eine sinnvolle Aufgabe habe ich als Wanderführerin ja auch. Ich plane und organisiere die Wanderungen und streife jede Woche mit meinem festen Wanderstamm durch die Taunuswälder, und zusätzlich schließen sich wöchentlich wechselnde Kurgäste an. Diese Aufgabe hält mich nicht nur fit, sie macht mir auch viel Freude und wie mir die Mitwanderer bestätigen, ihnen ebenfalls. Und vielleicht schenkt mir der liebe Gott noch ein paar gute Jahre, in denen ich so weitermachen kann.

Drei Ehemänner habe ich gehabt, was ist mir von ihnen geblieben? Vom ersten habe ich zwei gut geratene Kinder, vom zweiten habe ich die Erinnerung an zwei glückliche Jahre und vom dritten habe ich eine ansehnliche Rente, die mit zu meinem sorgenfreien Alter beiträgt.

Mein Leben ist ein sehr aufregendes gewesen, aber wenn ich es mit dem ruhigen Leben meiner Zwillingsschwester vergleiche: Nein, ich hätte nicht tauschen wollen.

Auch das Leben meiner Schwester Gudrun beziehe ich in meinen Rückblick mit ein. Interessanterweise hatte jede von uns drei Schwestern einen Mann geheiratet, der wesentlich älter war als sie, also einen Mann, der bei der Heirat über vierzig Lenze zählte. War das Zufall? Oder hat unbewusst jede von uns ein Vaterbild gesucht? Denn bedingt durch den Krieg hatten wir unseren Vater entbehren müssen, als er sich just in diesem Alter befunden hatte.

Gretl hinterlässt nur einen missratenen Sohn, und Gudrun, die nie eigene Kinder gehabt hat, versteht sich mit ihren Stiefkindern überhaupt nicht. Ich dagegen habe zwei prächtige Kinder, die gut verheiratet sind, und fünf wundervolle Enkel. Mein Haus ist – endlich! – inzwischen schuldenfrei, und ich fühle mich hier pudelwohl. Das ist doch wirklich Grund genug, dankbar zu sein. Ist es Gott, dem ich diesen Dank schulde? Vielleicht gibt es ihn, vielleicht gibt es ihn nicht. Erwähnen tu ich ihn ja immer wieder. Trotzig hatte ich mich in jungen Jahren von ihm losgesagt, doch je älter ich werde, desto öfter komme ich auf ihn zurück. Allerdings muss ich gestehen, in den Zeiten, als ich ihn am notwendigsten gebraucht hätte, hatte ich ihn verloren. In Zeiten, in denen ich mich von aller Welt verlassen fühlte, in denen ich ums physische und psychische Überleben kämpfte, da hätte ich einen Gott brauchen können, den ich anrufe, den ich um Hilfe bitte, um Trost und um Kraft. Vieles wäre für mich dann leichter gewesen.

Heute bin ich davon überzeugt, dass er mir dennoch beigestanden hat. Er hat mich in seinen Händen gehalten, ohne dass ich es wusste. Aus eigener Kraft hätte ich es wahrscheinlich nicht geschafft, mich immer wieder an meinem Schopf aus dem Sumpf zu ziehen. Ohne Gottes Hilfe wäre ich vermutlich untergegangen. Denn es gab immer wieder Situationen, wo mich der Gedanke überkam, meinem Leben ein gewaltsames Ende zu setzen. Im letzten Moment spürte ich aber immer etwas, das mich hielt. War es das, was wir Gott nennen?

Diesem Gott, nach dem ich immer noch auf der Suche bin, bin ich für alles unendlich dankbar.

Weitere Bücher von Roswitha Gruber

Roswitha Gruber

Landliebe rostet nicht

Erinnerungen einer Schweizer Bergbäuerin

rosenheimer

Landliebe rostet nicht – Erinnerungen einer Schweizer Bergbäuerin
256 Seiten
ISBN 978-3-475-54146-9

In einem bäuerlichen »Mischbetrieb« wächst Vreny sehr behütet auf. Sie kann sich daher nichts Schöneres vorstellen, als ein Leben zwischen Alp und Bauernhof zu führen. Ihre Eltern haben andere Pläne und möchten, dass sie als Lehrerin arbeitet. Doch Vrenys Entschluss steht fest, sie möchte einen Bauern als Ehemann und findet in Franz ihre große Liebe.

Lena – Eine Südtiroler Bergbäuerin
272 Seiten
ISBN 978-3-475-54125-4

Kurz nach dem Ersten Weltkrieg wird Magdalena im Gadertal in Südtirol geboren. Ihre Jugend ist von den Kämpfen um Südtirol überschattet. Als älteste von vier Töchtern muss sie den Bauernhof des Vaters übernehmen und so ihren Traum, Hebamme zu werden, aufgeben. Auch ihre Ehe wird in die Auseinandersetzungen um ihre Heimat hineingezogen. Doch Lena nimmt mit Mut und Gottvertrauen ihre Zukunft in die Hand.

Nach mir kräht kein Schwein – Eine Bäuerin erzählt
256 Seiten
ISBN 978-3-475-54091-2

In einem kleinen Dorf wächst Helena in einer bäuerlichen Großfamilie auf. Schon früh ins Arbeitsleben eingespannt, kann sie sich nichts anderes vorstellen, als selbst Landwirtin zu werden. Sie hat den Ehrgeiz, eine richtige Ausbildung zu durchlaufen, genau wie ihre männlichen Kollegen. Trotz aller Widerstände meistert Helena ihr Schicksal mit Humor und Tatkraft.

Hanni – Eine Schweizer Bergbäuerin
256 Seiten
ISBN 978-3-475-54047-9

Die Magd Hanni heiratet den Witwer ihrer Schwester, denn der Bergbauer braucht eine Mutter für sein Kind und eine Bäuerin für seinen Hof. Daraus entwickelt sich eine tiefe Liebe, aus der zwölf Kinder hervorgehen. Das Leben der Familie ist von Armut, harter Arbeit und vielen Schicksalsschlägen geprägt. Doch Gottvertrauen und die tiefe Zuneigung der Eheleute lassen sie alle Schwierigkeiten meistern.

Anna – Eine Sennerin aus dem Salzburger Land
256 Seiten
ISBN 978-3-475-54073-8

Auf dem Bauernhof ihrer Pflegeeltern verbringt Anna eine arbeitsreiche, aber schöne Kindheit. Schon früh erfährt sie von der Urgroßmutter viel über ihre verwickelte Familiengeschichte. Beruflich bleibt Anna keine Wahl: Sie wird Sennerin, wie ihre Mutter und Großmutter vor ihr. Wie diese liebt Anna das Leben und Arbeiten auf der Alm, keinesfalls aber möchte sie ihnen in jeder Hinsicht nacheifern.

Aloisia – Eine Hebamme spielt Schicksal
352 Seiten
ISBN: 978-3-475-53874-2

Gleich zwei Frauen liegen in einem kleinen Münchener Krankenhaus in den Wehen. Die Hebamme Aloisia fühlt sich überfordert. Doch da die Ärzte nicht rechtzeitig eintreffen, ist sie, ganz auf sich allein gestellt, zum Handeln gezwungen. Sie trifft eine Entscheidung, die über viele Jahre ihr Gewissen belasten wird. Erst als sie 94 Jahre alt ist, kommt die Wahrheit durch einen sonderbaren Zufall ans Licht.

Großmütter erzählen – Geschichten aus der guten alten Zeit
240 Seiten
ISBN: 978-3-475-53750-9

Frauen, zwischen 1900 und 1930 geboren, erzählen aus ihrem Leben: von ihrer Schulzeit und Ausbildung, ihrer ersten Begegnung mit elektrischem Licht oder einer Radiosendung. Berichtet wird über das Leben in kinderreichen Familien, den anstrengenden Alltag in der Landwirtschaft und dem Leben in der Stadt. Authentische Geschichten, von Roswitha Gruber sorgfältig recherchiert und liebevoll erzählt.

Wunderbare Kindertage – Großmütter erzählen
240 Seiten
ISBN 978-3-475-53879-7

In Einzelgesprächen sorgfältig recherchiert und erzählerisch wertvoll aufbereitet, schildert die Autorin Geschichten aus der »guten alten Zeit«. Es ging natürlich nicht immer sorgenfrei zu. Wir lesen über das Leben in kinderreichen Familien, über den Schulbesuch, der vielen Mädchen nur kurze Zeit möglich war, über den anstrengenden Alltag in der Landwirtschaft, aber auch über das Leben in der Stadt als Dienstmädchen.

Vom Zauber der Kindheit – Großmütter erzählen
256 Seiten
ISBN 978-3-475-53840-7

Roswitha Gruber schildert in diesem Buch das Leben in der »guten alten Zeit«, das natürlich auch nicht immer frei von Sorgen und Nöten war. Viel harte Arbeit gab es auf dem Land, Kriegs- und Nachkriegsnöte galt es zu überstehen. Daneben erzählen die Geschichten von Kinderstreichen, von lustigen und traurigen Begebenheiten, Glücks- und Unglücksfällen, der Suche nach einem passenden Beruf oder der großen Liebe.

Informationen zu unserem Verlagsprogramm finden Sie unter www.rosenheimer.com